Eberhard Krüger

Der neue Rätseljumbo für Kids

3. Auflage 2023

© 2021 by Bassermann Verlag, einem Unternehmen der Penguin Random House Verlagsgruppe GmbH,
Neumarkter Straße 28, 81673 München

ISBN 978-3-8094-4385-8

Umschlaggestaltung: Atelier Versen, Bad Aibling

Penguin Random House Verlagsgruppe GmbH FSC® N001967

Rebus-Rätsel

Finde die gesuchten Begriffe zu den Bildern und trage die ausgewählten Buchstaben dieser Begriffe in den grau unterlegten Streifen im Rätsel als Startwort ein.

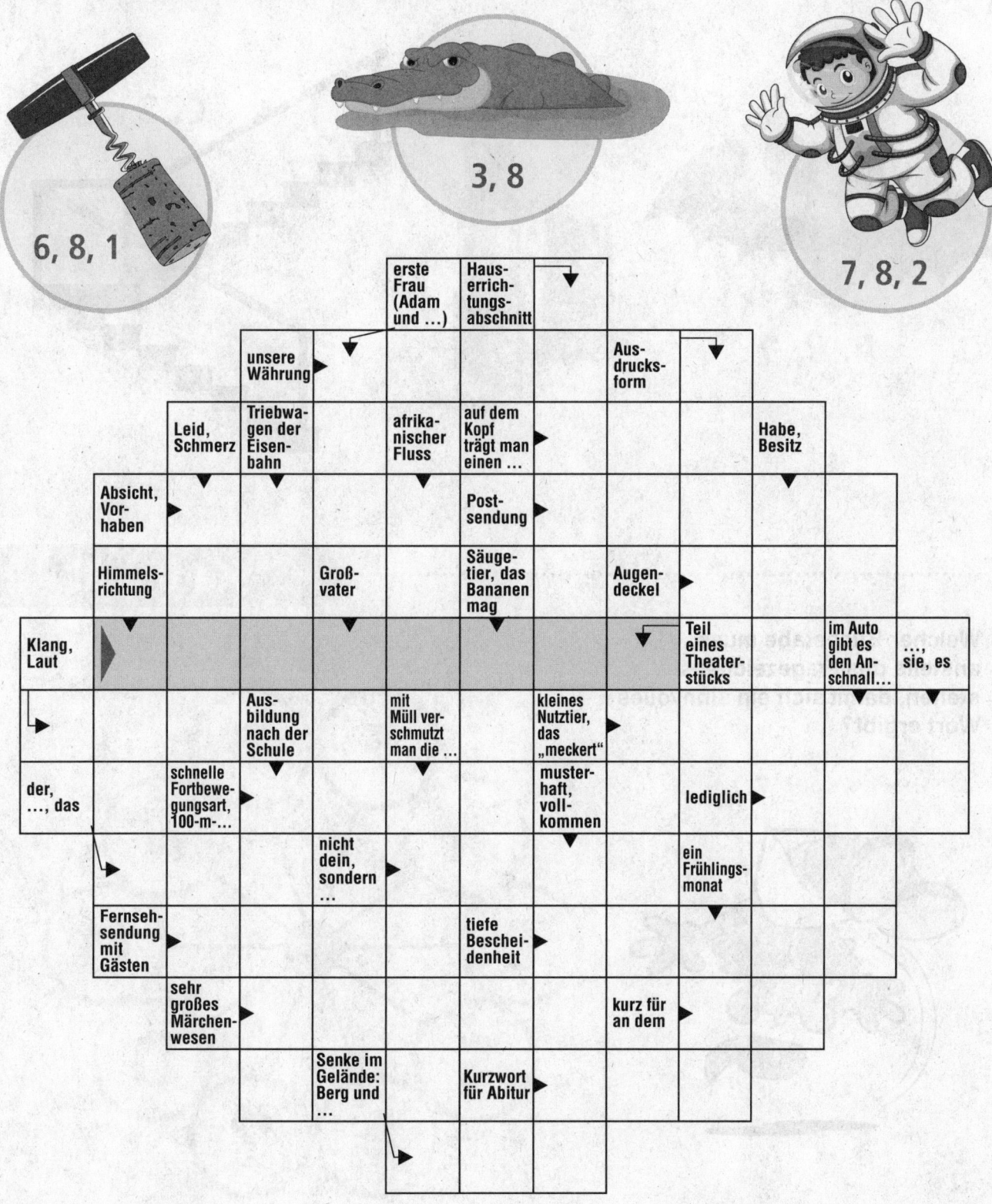

6, 8, 1

3, 8

7, 8, 2

			erste Frau (Adam und ...)	Haus-errich-tungs-abschnitt					
		unsere Währung				Aus-drucks-form			
	Leid, Schmerz	Triebwa-gen der Eisen-bahn		afrika-nischer Fluss	auf dem Kopf trägt man einen ...			Habe, Besitz	
Absicht, Vor-haben					Post-sendung				
Himmels-richtung			Groß-vater		Säuge-tier, das Bananen mag		Augen-deckel		
Klang, Laut							Teil eines Theater-stücks	im Auto gibt es den An-schnall...	..., sie, es
		Aus-bildung nach der Schule		mit Müll ver-schmutzt man die ...		kleines Nutztier, das „meckert"			
der, ..., das	schnelle Fortbewe-gungsart, 100-m-...					muster-haft, voll-kommen	lediglich		
			nicht dein, sondern ...				ein Frühlings-monat		
Fernseh-sendung mit Gästen					tiefe Beschei-denheit				
	sehr großes Märchen-wesen						kurz für an dem		
			Senke im Gelände: Berg und ...		Kurzwort für Abitur				

— 3 —

Finde die gesuchten Begriffe zu den Bildern. Die angegebenen Buchstaben ergeben das Lösungswort.

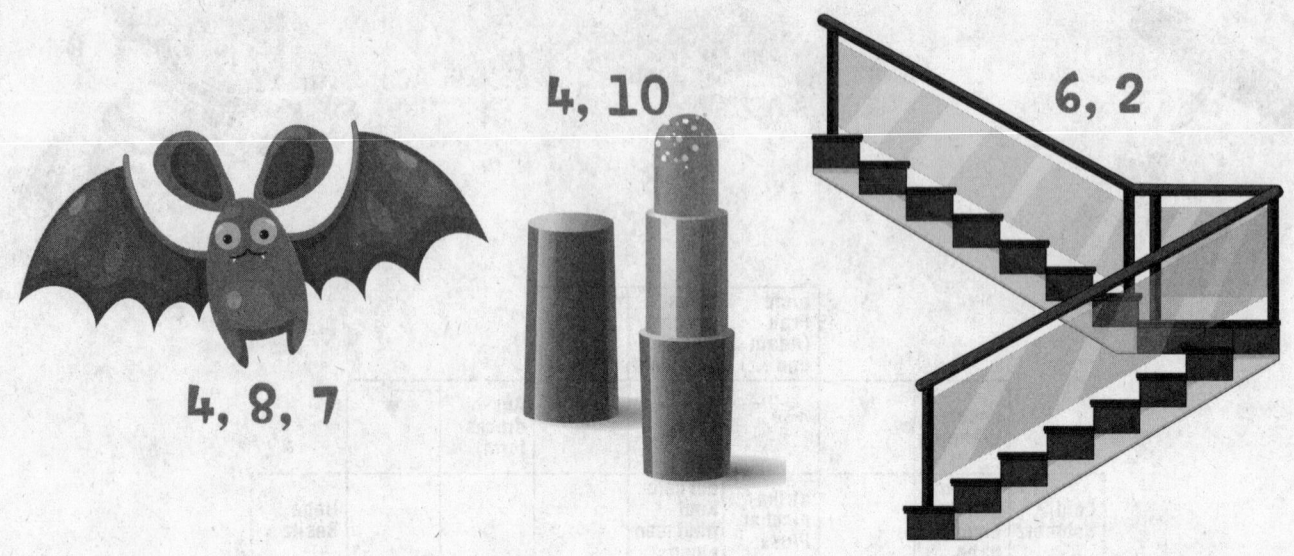

4, 10

6, 2

4, 8, 7

Welcher Buchstabe muss anstelle des Fragezeichens stehen, damit sich ein sinnvolles Wort ergibt?

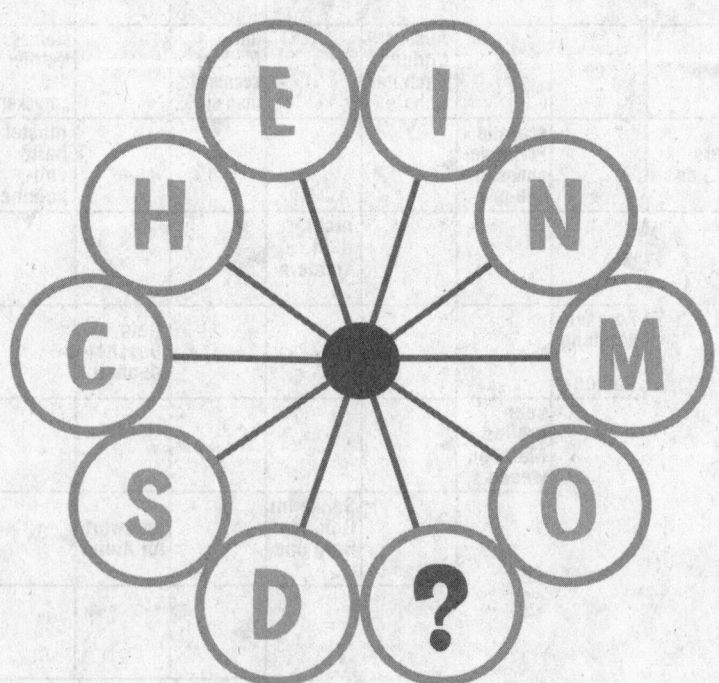

Wörtersalat

Wir haben 18 Wörter zum Thema Reiten in diesem Buchstaben-Wirrwarr versteckt. Die Wörter können in jede Richtung laufen, auch diagonal, rückwärts oder von unten nach oben. Und sie können auch andere Wörter schneiden. Kannst du alle finden?

AUFSITZEN – DRESSUR – FOHLEN – GALOPP – HENGST – HUFEISEN – KOPPEL – KUNSTSTUECK – PFERD – PONY – SATTEL – SCHEUKLAPPEN – STALL – STUTE – TRAB – VOLTIGIEREN – ZAUMZEUG – ZUEGEL

```
O M S P M O D Z J I D O J F O H L E N Q
S D T A A D B U A G S A M O D N Q Q P L
N V T U T L M E J W U Y V J O J E U L G
E X S X H T G G C X K E R I F N D A S M
S D Y O S H E E G A K A Z Z O Y T M K N
I R N D D A L W V U I P M X S E J B Y
E F O X E P Q X I T S Y S P U B I N Q R
F U P F E R D R K P J F C H K A Q O I Y
U I K O B W G O O R G X H X V S Z C S T
H F H A W N R H P Q B Q E V W W G T C T
W M R C E U B E P D W V U O R S U V E N
A T S K S V S M E X G M K J U T P O G E
X A C S C S D F L H C Y L Q E G T L H Z
K I E G V N E K X Y Q U A B H Y I T P T
X R B R C M F S M R F Y P R R K K I Q I
D F D Q W C D X B V A R P G W R V G B S
Y R J A A L B T T S G N E H D B H I T F
G A L O P P C K Y C P X N G K D N E T U
X F E E P N U K Q F R L K W P K P R A A
B K C E U T S T S N U K E O U I N E X Q
L L I P O N S T N H A J U W R Y B N U E
```

Welches Wort mit zwei Bedeutungen wird gesucht?

> **Mein Teekesselchen kann man kaufen.**

> **Mein Teekesselchen steht in der Zeitung.**

Jeweils zwei Bilder ergeben zusammengesetzt ein neues Wort. Welche drei Begriffe suchen wir?

Gitterrätsel

Trage die unten stehenden Wörter so in das Gitter ein, dass du ein komplett ausgefülltes Rätsel erhältst. Als kleine Hilfe ist bereits ein Wort vorgegeben.

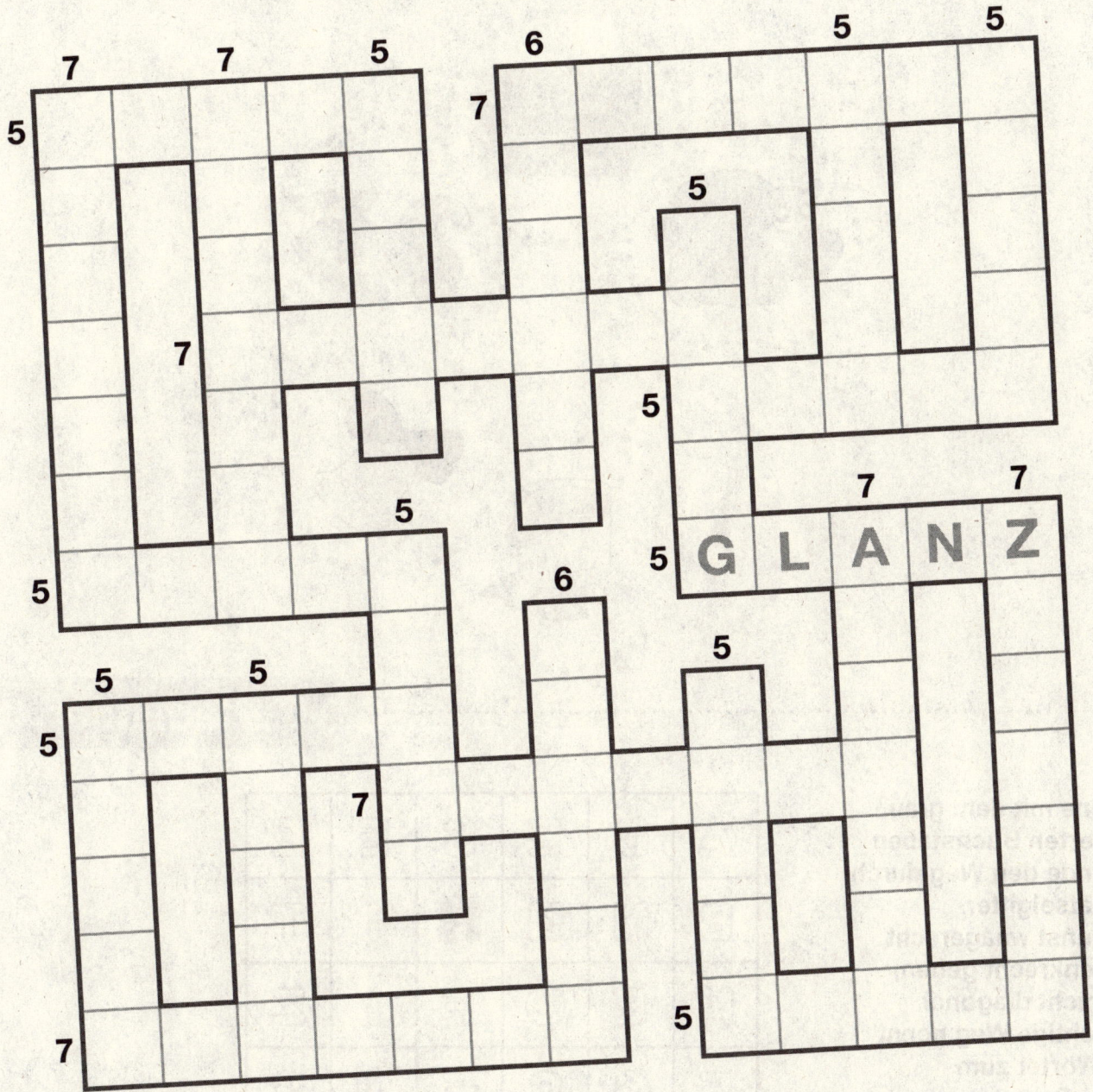

5 Buchstaben:
FAHRT – GUETE – HONIG – LINKS – LUXUS – MORAL – PUDER – PUSTE – RANKE – SPURT – UMWEG – VOGEL – WATTE

6 Buchstaben:
PAPIER – TOMATE

7 Buchstaben:
ANSAGEN – GRUSELN – PFEFFER – RUTSCHE – STUDIUM – TOMBOLA – VERLEIH – ZEUGNIS

Bilderrätsel

Finde heraus, welches Wort sich jeweils hinter den Bildern verbirgt. Ihre Anfangsbuchstaber ergeben im Uhrzeigersinn gelesen das Lösungswort. Beginne mit dem Bild oben.

Pfadfinder

Beginne mit dem grau markierten Buchstaben und finde den Weg durch das Rätselgitter.
Du kannst waagerecht und senkrecht gehen, aber nicht diagonal.
Der richtige Weg nennt dir 6 Wörter zum Thema Sommer.

A	D	E	S	E	E
B	N	N	H	I	T
N	E	O	F	I	Z
E	G	S	E	N	E
L	R	N	R	I	B
L	I	E	I	K	I

Wer liegt den ganzen Tag im Bett und ist doch ständig unterwegs?

Füllrätsel

Die Wörter folgender Bedeutungen sind waagerecht in das Diagramm einzutragen.

1 Arbeitsweise, Handhabung,

2 steif gehen,

3 beim Martinsumzug trägt man eine ...,

4 ein Filmgenre,

5 hässliches Ungeheuer,

6 Speise in einer Teighülle

1	T	E				
2		T		E		
3			T		E	
4				T		E
5					T	E
6					T	E

Domino

Drehe die Dominosteine so, dass die oberen und unteren Buchstaben jeweils einen Monatsnamen ergeben.

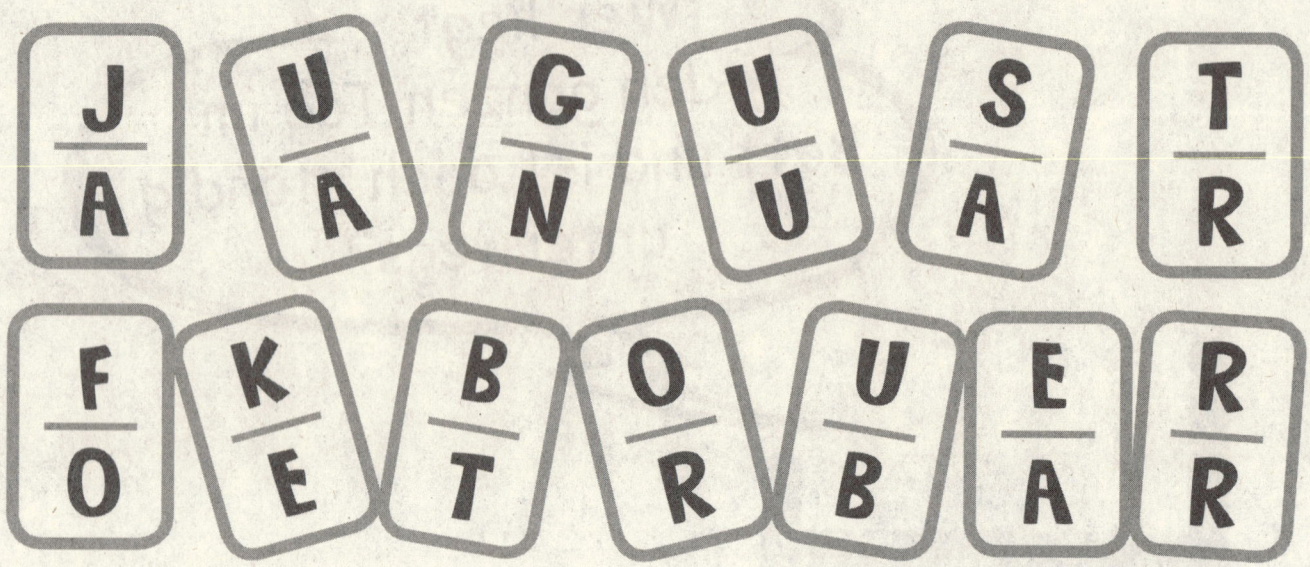

Spinnennetz

Beginne beim dunkelgrauen Buchstaben und finde den Weg durch das Spinnennetz. Welches Wort ergibt sich, wenn du jedes Feld im Spinnennetz nur einmal durchlaufen darfst?

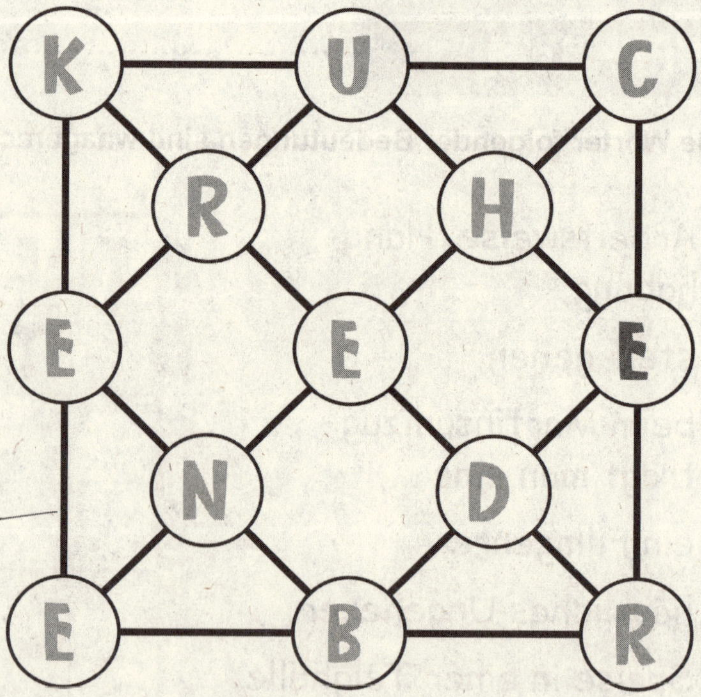

Nur ein Wort passt!

In der Liste stehen jeweils drei Wörter, von denen nur ein Wort ins Diagramm unter derselben Nummer eingetragen werden kann.

1 KANNE BRIEF WURST	**2** KOBRA EIMER JUMBO	**3** DUTT KORB DOSE
4 KAUM FAIR VENE	**5** UHR ZOO ABC	**6** NAGEL DUERR ARMEE
7 LIED GERN LOHN	**8** LOS JOB TEE	**9** BASAR UNTEN PISTE
10 BUNT REDE ZOPF	**11** HIN EID GUT	**12** FELS NOTE TOUR
13 SPASS MACHT THRON	**14** FAHL URNE BERT	**15** EIN TAG MAL
16 JUDO FARN ZAUM	**17** RADIO UNTER STROM	**18** EULE LIFT EDEL
19 DU EI JE	**20** KRUG ESEL EHER	**21** RAU ART SIE
22 REGEN GRUND TOBEN	**23** ALBERN LIEBEN LENKEN	**24** BOXEN TADEL STEAK

Diagramm:

- 16 → / F / 4 / ↓ / 23
- A (↓ unter 23)
- ↓ / A
- 24 / R / 12
- ↓ / N (↓ unter 12)
- 9 / 20 / 7 ↓
- 18 ▶
- ▶
- 13 / 5 ↓ / 3 ↓
- ▶
- 22 / 17 ↓ / 21 ↓
- ▶
- 1 / 2 ↓
- 8 ▶ / 10 ↓
- 19 ▶ / 15 ↓
- ▶
- 6 / 11 ▶
- 14 ▶

Welches Essen stammt aus welchem Land? Wenn du richtig zugeordnet hast, ergeben die Buchstaben von oben nach unten gelesen ein anderes Wort für wohlschmeckend.

Döner Kebab	Griechenland C
Pizza	Italien E
Gyros	Italien E
Kartoffelchips	USA K
Spaghetti	Türkei L
Sushi	Japan R

Finde heraus, welches Wort sich jeweils hinter den Bildern verbirgt. Die Zahl neben dem Bild gibt an, welchen Buchstaben des Wortes du brauchst. Der Reihe nach ergeben diese Buchstaben das Lösungswort.

Martin träumt davon, Astronaut zu werden und ins Weltall zu fliegen. Wo er da am liebsten hin will, erfährst du, wenn du die Buchstaben in die richtige Reihenfolge bringst.

Quiz

1

Welches Tier hat keine Kiemen?

a) Pottwal
b) Karpfen
c) Tigerhai

2

Was braucht man zum Stricken?

a) Nägel
b) Schrauben
c) Nadeln

3

Wer regiert in Japan?

a) Fürst
b) König
c) Kaiser

Liebes-beweis

Sende-, Emp-fangs-anlage

Sitz-möbel-stück

einerlei; gleich-artig

in Zukunft

dickes Seil

europä-isches Gebirge

geteilt, unvoll-kommen

eigen-sinnig, hart-näckig

Neben-meer des Atlantiks

Empfeh-lung

Schuss-geräusch

Baum-teil

in größerer Menge

über-lieferte Erzäh-lung

englisch: Schwein

jegliches

lieber, wahr-schein-licher

fleißiges Insekt ein Huhn legt ein ...

fertig gekocht

ein Gemüse: Rote ...

englisch: rot

Fisch-fang-gerät

gefall-süchtig; ein-gebildet

nach einer Seite offe-nes Mee-resbecken

Substanz in den Knochen

benach-bart, nicht weit

Winter-sport-gerät

deutsche Hanse-stadt

Laub-baum

Qualität, Beschaf-fenheit

an dieser Stelle, dort

Furcht-gefühl

anhäng-lich, loyal

Ton- und Daten-träger (Abk.)

Welt-religion

kleines hirsch-artiges Waldtier

Hochruf

Dasein, Existenz

Schlaf-stätte, Nacht-lager

reich an Licht

Arbeits-weise, Hand-habung

Abkür-zung für deutsch

lang-schwän-ziger Papagei

Diebes-gut; Jagd-ergebnis

wenn zwei heiraten, führen sie eine ...

blüten-lose Wasser-pflanze

Wein-stock

ohnehin, sowieso (ugs.)

kurz für an dem

Augen-flüssig-keit

In diesem Buchstaben-Wirrwarr sind 13 Wörter versteckt. Sie können in jede Richtung laufen, auch diagonal, rückwärts oder von unten nach oben. Wenn du sie alle gefunden hast, ergeben die übrig gebliebenen Buchstaben einen Beruf.

N	E	H	C	T	E	O	R	B
N	T	B	R	E	Z	E	L	E
L	T	N	K	B	A	N	T	R
E	E	O	E	E	E	H	U	L
F	U	B	R	H	K	A	N	I
F	G	C	R	T	C	S	O	N
A	A	K	E	O	E	U	D	E
W	B	G	I	E	T	R	K	R
C	R	O	I	S	S	A	N	T

BAGUETTE
BERLINER
BREZEL
BROETCHEN
BROT
CROISSANT
DONUT
KEKS
KUCHEN
SAHNE
TEIG
TORTE
WAFFELN

Land gesucht

„Kennst du das Land, wo die Zitronen blühn, im dunklen Laub die Goldorangen glühn?" So fragte einst ein berühmter deutscher Dichter nach dem Land: Goethe! Er kannte es sehr gut. Fast zwei Jahre, von September 1786 bis Mitte 1788, bereiste er es. Noch heute stellen die Deutschen die größte Gruppe ausländischer Touristen in dem Land, dessen Umrisse auf der Landkarte an einen Stiefel erinnern. Wer noch nie da war, kennt es als Heimat von Spaghetti und Pizza. Kennst du das Land?

Rudis Hund Percy soll geimpft werden, deshalb sitzt Rudi mit Percy und seiner Mutter beim Tierarzt im Wartezimmer. Aber sie warten hier nicht alleine. Wo sitzen die weiteren Arztbesucher, um wen handelt es sich dabei, welches Tier haben sie bei sich und wie heißen diese Tiere?

Beim Tierarzt

		Person				Tierart				Tiername			
		Frau	Junge	Mädchen	Mann	Hamster	Hund	Katze	Papagei	Alwin	Lore	Penny	Wicky
Sitzplatz	Am Fenster												
	An der Garderobe												
	Neben dem Tisch												
	Neben der Tür												
Tiername	Alwin												
	Lore												
	Penny												
	Wicky												
Tierart	Hamster												
	Hund												
	Katze												
	Papagei												

1 Der Junge hat eine Katze dabei.

2 Neben der Tür sitzt eine Person, die mit einem Papagei wartet.

3 Der Hamster heißt Lore.

4 Das Haustier des Mannes wird Penny genannt. Penny ist nicht der Hund.

5 Der Hund gehört nicht der Person, die am Fenster wartet. Die Person am Fenster ist das Mädchen.

6 Die Katze heißt nicht Alwin.

7 Der Junge ist nicht die Person, die neben dem Tisch sitzt.

Welchen Beruf möchte Marlene später ausüben?

Tauschrätsel

In jeder Zeile darf nur jeweils ein Buchstabe getauscht werden, um ein neues Wort zu erhalten, und damit aus einem Latz einen Herd werden zu lassen.

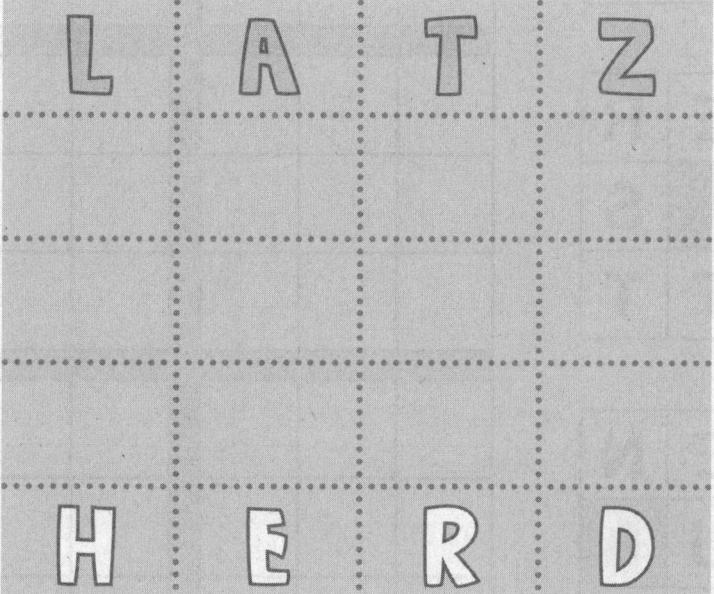

L A T Z

H E R D

Kreuzwort-Puzzle

Wir haben eine Kreuzworträtsel-Auflösung zerschnitten.
Dann haben wir die Einzelteile durcheinandergebracht.
Ein Teil steht bereits an der richtigen Stelle. Die Einzelteile von
außen sollt ihr nun innen so ergänzen, dass eine vollständige
Kreuzworträtsel-Auflösung entsteht.

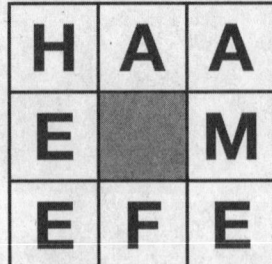

Die Buchstaben, in die richtige Reihenfolge hintereinandergestellt,
ergeben ein deutsches Wort für Badminton.

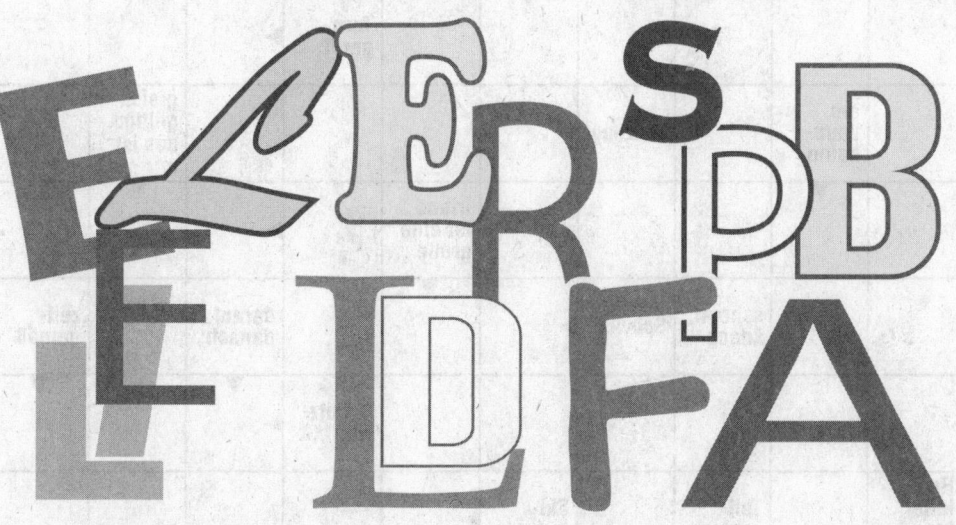

Einer stört!

Einer der vier Begriffe passt nicht zu den anderen.
Welcher ist es?

Italien

Frankreich

?

Japan

Spanien

Bilder-Kreuzworträtsel

Ende	▼	dort lernt man etwas	▼	Absicht, Vorhaben		▼	die Vereinigten Staaten	▼	an einer höher gelegenen Stelle	▼	eine Zahl
▶			②				Turngerät	▶			
Verstoß gegen göttliche Gebote		ein Laubbaum		Taufzeuge	▶		⑤		gleichgültig: das ist mir …		Wohnraum, Stube
▶						Irland ist eine große …		▶			
nörgeln		schmal, knapp	Schwur	▶				darauf, danach		zeitgemäß	
▶							Schutzwall				
Tatkraft, Spannkraft	Reizleiter im Körper		Teilzahlung		Skitorlauf	▶			①		
▶				⑥			eine Kletterpflanze		mit den Zähnen zerkleinern		
Früchte einbringen	Erkältungszeichen		Fußballmannschaft (Anzahl)								
▶			④		Verwandter (Nichte und …)		Hänsel … Gretel			sehr dünn	
Gegenteil von wenig	▶		③	sauber			rau, grob	▶			
Stange, an der die Segel hängen	langschwänziger Papagei		Wonne, Vergnügen						heißes Getränk		
▶			ein Huhn legt ein …			Schwimmvogel mit breitem Schnabel					
Essraum in einer Firma		großer Fleiß	▶					…, sie, es			
▶						▶					

Scherzfrage

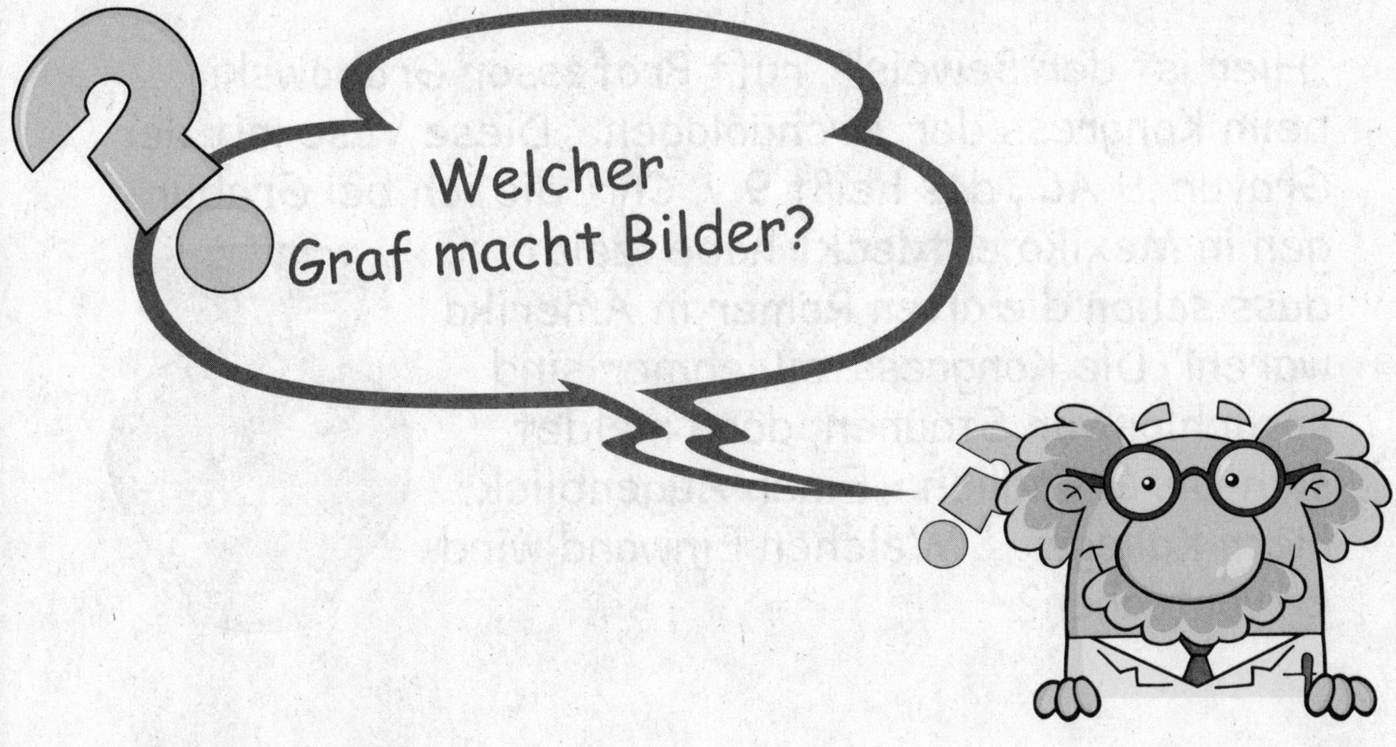
Welcher
Graf macht Bilder?

Quiz

Was kommt oft auf den Essenstisch?

a) Fischkästchen
b) Fischstäbchen
c) Fischeckchen

1

Was enthält am wenigsten Zucker?

a) Eier
b) Schokolade
c) Honig

2

Woraus wird Popcorn hergestellt?

a) Kartoffeln
b) Reis
c) Mais

3

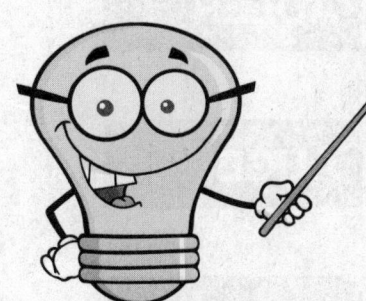

Sensation?

„Hier ist der Beweis!", ruft Professor Grabowski beim Kongress der Archäologen: „Diese Vase mit der Gravur ,9 AC', das heißt 9 v. Chr, die ich bei Grabungen in Mexiko entdeckt habe, zeigt, dass schon die alten Römer in Amerika waren!" Die Kongressteilnehmer sind sprachlos vor Staunen, dann meldet sich Dr. Gründlich: „Einen Augenblick, Herr Kollege ..." Welchen Einwand wird er vortragen?

Brückenrätsel

Ein Fischer hat seine Netze von einem Ufer zum anderen gespannt. Gesucht werden Wörter, die in die Bojen passen und Begriffe ergeben, die das linke Uferwort ergänzen und dem rechten Uferwort vorangesetzt werden können. Die Buchstaben in den grauen Bojen ergeben das Lösungswort.

— 22 —

Rebus-Rätsel

Finde die gesuchten Begriffe zu den Bildern und trage die ausgewählten Buchstaben dieser Begriffe in den grau unterlegten Streifen im Rätsel als Startwort ein.

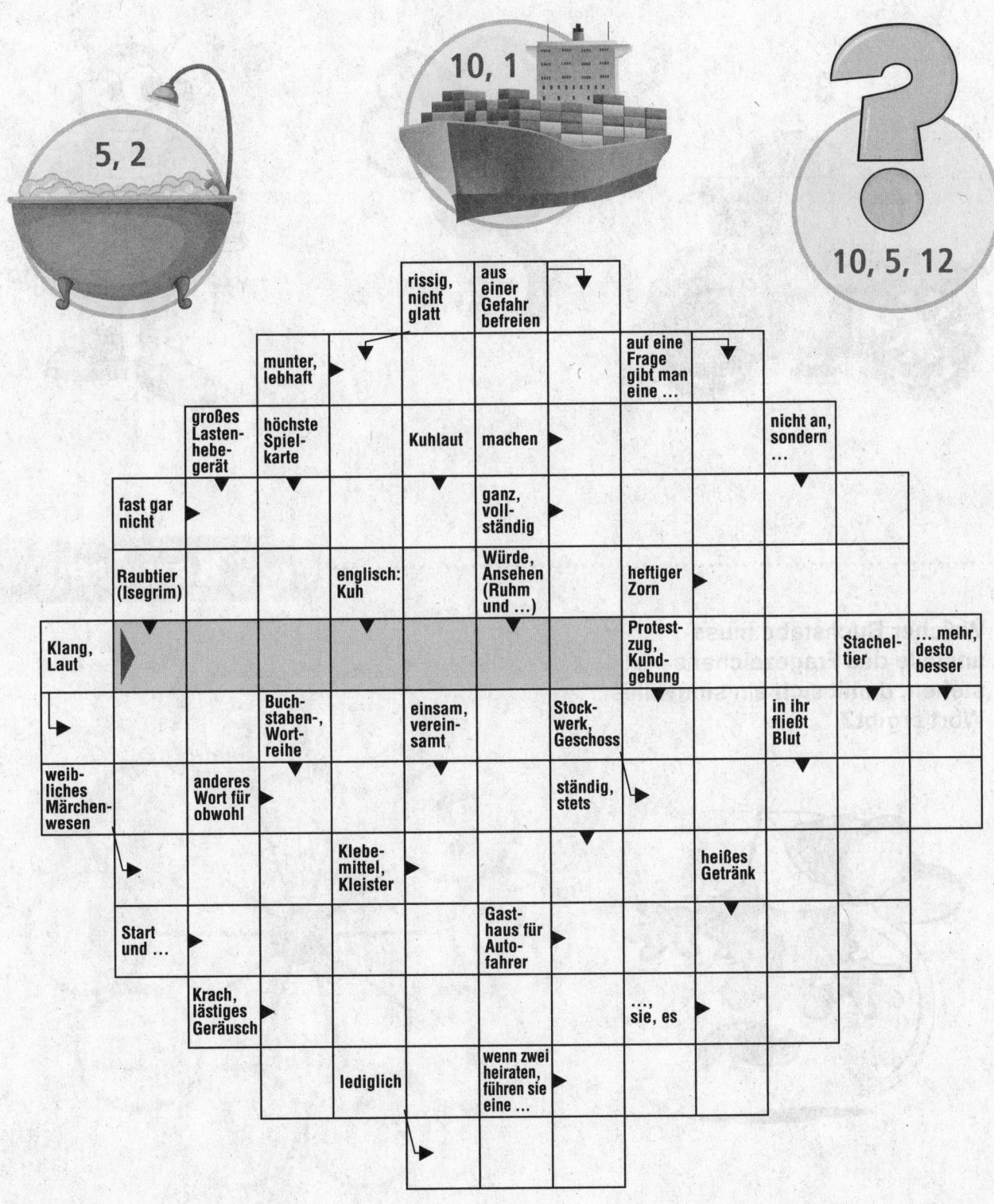

5, 2

10, 1

10, 5, 12

Puzzle clues (as visible in the grid):

- rissig, nicht glatt
- aus einer Gefahr befreien
- munter, lebhaft
- auf eine Frage gibt man eine …
- großes Lastenhebegerät
- höchste Spielkarte
- Kuhlaut
- machen
- nicht an, sondern …
- fast gar nicht
- ganz, vollständig
- Raubtier (Isegrim)
- englisch: Kuh
- Würde, Ansehen (Ruhm und …)
- heftiger Zorn
- Klang, Laut
- Protestzug, Kundgebung
- Stacheltier
- … mehr, desto besser
- Buchstaben-, Wortreihe
- einsam, vereinsamt
- Stockwerk, Geschoss
- in ihr fließt Blut
- weibliches Märchenwesen
- anderes Wort für obwohl
- ständig, stets
- Klebemittel, Kleister
- heißes Getränk
- Start und …
- Gasthaus für Autofahrer
- Krach, lästiges Geräusch
- …, sie, es
- lediglich
- wenn zwei heiraten, führen sie eine …

Finde die gesuchten Begriffe zu den Bildern. Die angegebenen Buchstaben ergeben das Lösungswort.

3, 7

2, 6

6, 1

Karussell

Welcher Buchstabe muss anstelle des Fragezeichens stehen, damit sich ein sinnvolles Wort ergibt?

Wörtersalat

Wir haben 18 Wörter zum Thema Märchen in diesem Buchstaben-Wirrwarr versteckt. Die Wörter können in jede Richtung laufen, auch diagonal, rückwärts oder von unten nach oben. Und sie können auch andere Wörter schneiden. Kannst du alle finden?

ARIELLE – ASCHENPUTTEL – DORNROESCHEN – DROSSELBART – FEE – FROSCHKOENIG – HEXE – KOENIGIN – PRINZ – ROSENROT – ROTKAEPPCHEN – SCHLOSS – SCHNEEWEISSCHEN – SCHNEEWITTCHEN – SPINDEL – WOLF – ZAUBERER – ZWERG

```
D Y Z D N X U H F N C G Y K R T V L P R
E X J W X Z A U B E R E R K R Q R K J M
P E R X E W Q C E V G C I A Z N O I T I
D Y F G F R H Q P N W E B Z C G T D O M
U B M X L W G H G O S L Q W M N K J R K
J Y C F R B W I X E E R Z I N E A R N J
X S Q Z J G E Y O S G M G E O H E P E L
O C R X N L U L S H I G H H S C P Y S L
E H K S W I X O Y P W C L I Q T P I O W
Y N R S V D R H K J S I F O A T C C R V
R E C O C D S P M E Y U R J S I H V E B
P E R L R F I W O A C B O R C W E J A U
T W V H D E N R R I K T S S H E N E M U
H E I C N J N B L Z M R C C E E O I G E
W I I S E R T H F I K L H J N N K S I L
D S Y P O V Y R O L V K V P H H I U L
F S H D G X P D P P O Z O I U C I E R E
Y C S P I N D E L C A W E J T S D X U I
J H S F C V A C Q S K O N K T L H E U R
D E A J S I L U W D V K I I E Q N H T A
R N G N I G I N E O K Q G X L M B X Y K
```

Welches Wort mit zwei Bedeutungen wird gesucht?

In meinem Teekesselchen wird Mehl gemahlen.

Mein Teekesselchen ist ein Brettspiel.

Jeweils zwei Bilder ergeben zusammengesetzt ein neues Wort.
Welche drei Begriffe suchen wir?

Gitterrätsel

Trage die unten stehenden Wörter so in das Gitter ein, dass du ein komplett ausgefülltes Rätsel erhältst. Als kleine Hilfe ist bereits ein Wort vorgegeben.

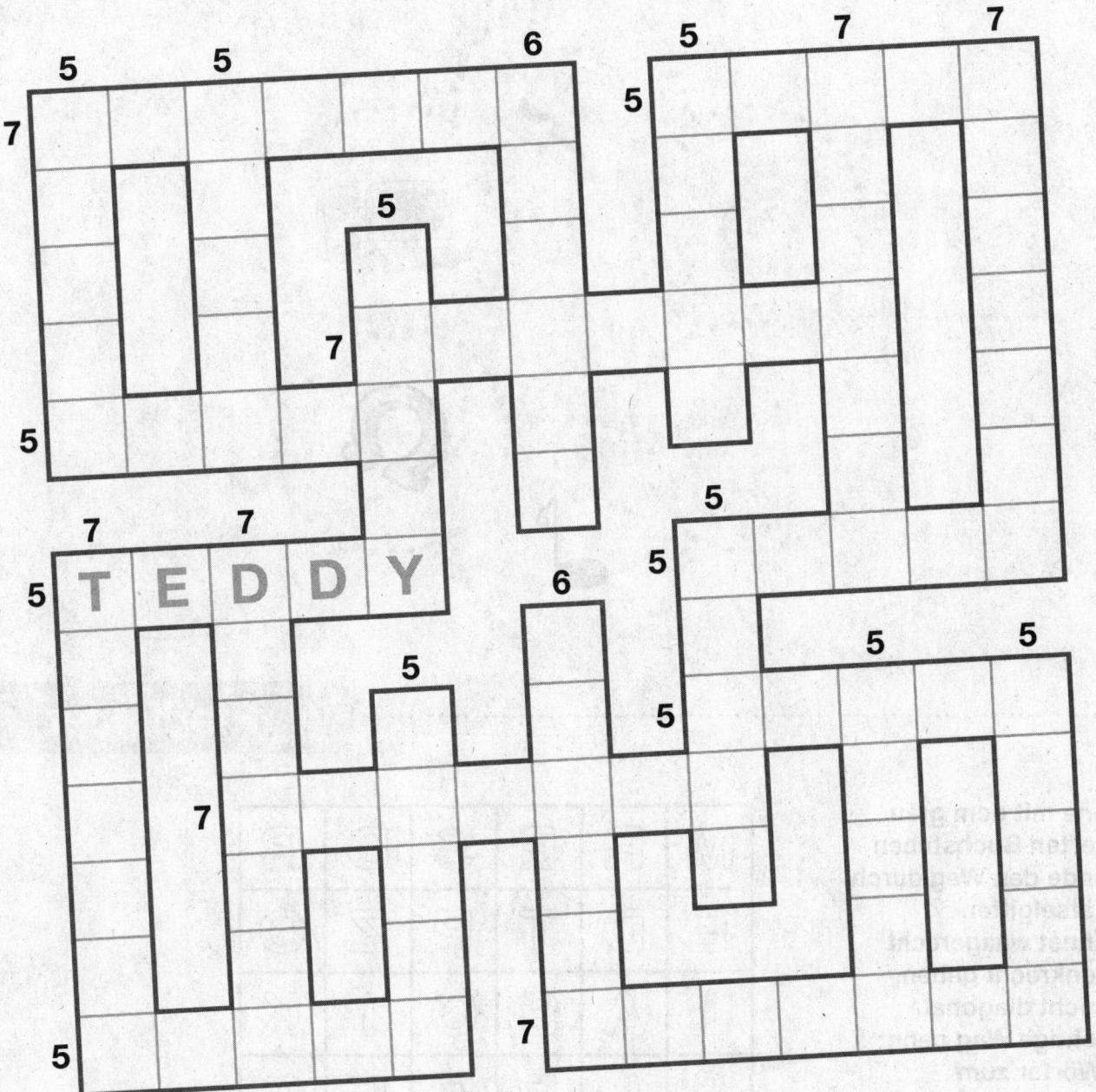

5 Buchstaben:
ANBAU – BASAR – BUSCH – DATUM –
DOLCH – HAGER – HOTEL – KNALL –
ROSIG – SPRAY – START – STICH –
TROTZ

6 Buchstaben:
ANANAS – SCHOCK

7 Buchstaben:
DIAMANT – HUEBSCH – LAUTLOS –
MANDALA – PRODUKT – SCHMUTZ –
STRAUSS – TYPISCH

Bilderrätsel

Finde heraus, welches Wort sich jeweils hinter den Bildern verbirgt. Ihre Anfangsbuchstaben ergeben im Uhrzeigersinn gelesen das Lösungswort. Beginne mit dem Bild oben.

Pfadfinder

Beginne mit dem grau markierten Buchstaben und finde den Weg durch das Rätselgitter.
Du kannst waagerecht und senkrecht gehen, aber nicht diagonal.
Der richtige Weg nennt dir 6 Wörter zum Thema Olympia.

M	R	E	S	D	R
E	D	T	P	Z	O
I	A	S	O	I	K
L	L	R	R	E	E
S	E	E	T	L	R
T	A	D	I	O	N

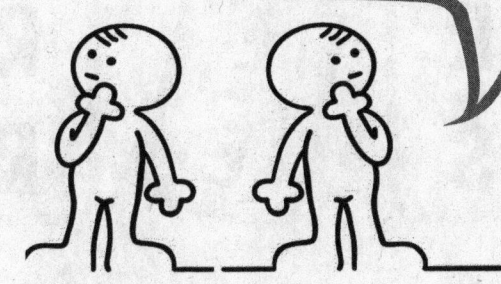

Welche Leute
sollten es vermeiden,
sich zu treffen, wenn sie
sich begegnen?

Füllrätsel

Die Wörter folgender Bedeutungen sind waagerecht in das Diagramm einzutragen.

1 weicher Fußbodenbelag,

2 Gewichte heben,

3 Sende-, Empfangsanlage
  für Radio und Fern-
  sehen,

4 umschlagen, umkippen
  (Schiff),

5 trennen, zerteilen,

6 Möhre, Mohrrübe

1	T	E					
2		T		E			
3			T		E		
4				T		E	
5					T		E
6						T		E

Domino

Drehe die Dominosteine so, dass die oberen und unteren Buchstaben jeweils einen Beruf ergeben.

Spinnennetz

Beginne beim dunkelgrauen Buchstaben und finde den Weg durch das Spinnennetz.
Welches Wort ergibt sich, wenn du jedes Feld im Spinnennetz nur einmal durchlaufen darfst?

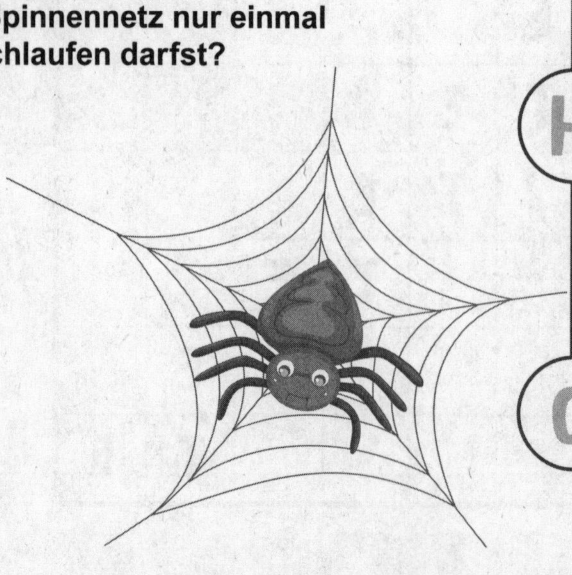

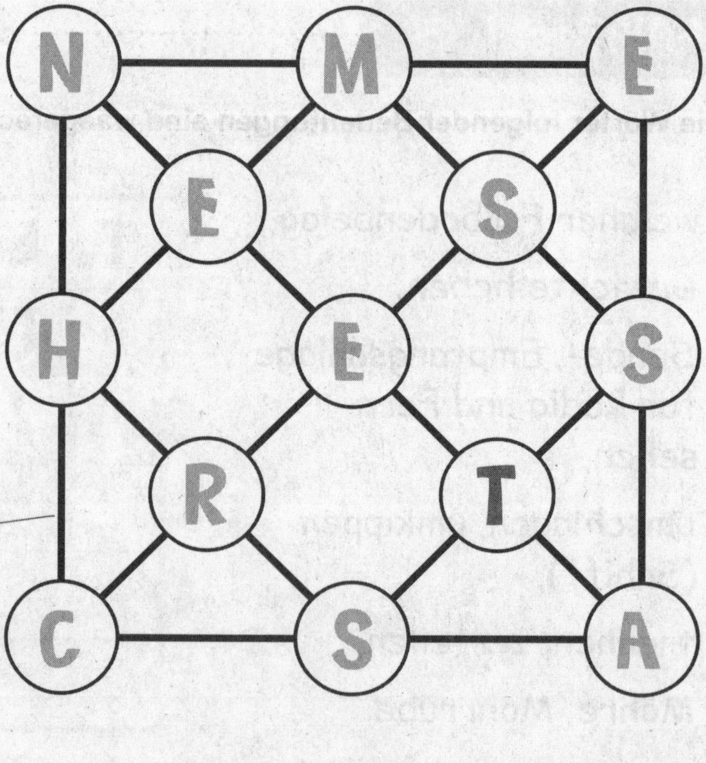

Nur ein Wort passt!

In der Liste stehen jeweils drei Wörter, von denen nur ein Wort ins Diagramm unter derselben Nummer eingetragen werden kann.

1 TREU DECK EURO	**2** EULE EBER MEIN	**3** REH POP HIN
4 STECKER PASTETE OEFFNEN	**5** BREI GIFT VENE	**6** FACH MAJA CHEF
7 WACH LEER GELD	**8** TEIL DANN SINN	**9** SCHAL WOLLE IDEAL
10 EHER GOTT SPUR	**11** HIRSCH STRAHL MEIDEN	**12** SOCKE FEIER ALBUM
13 EUER BIRD OBER	**14** SAAL ACHT SOHN	**15** DUNST PILOT LEISE
16 OK EI ES	**17** HARZ NEIN KAUM	**18** KOJE KEKS WERT
19 WURM ROSE OESE	**20** KUSS LOHN UFER	**21** RUTE IGLU NARR
22 ERBE ZOLL VIEH	**23** NAGEN UEBEN STARK	**24** MAKEL BRAUT PFERD

The crossword grid contains the letters K, E, K, S spelling "KEKS" vertically in column 18.

Was ist an welchem Tag? Wenn du richtig zugeordnet hast, ergeben die Buchstaben von oben nach unten gelesen ein Wort für Kalender-, Zeitangabe.

◯ 1. Januar	Halloween **A**
◯ 31. Oktober	Neujahr **D**
◯ 6. Dezember	Silvester **M**
◯ 24. Dezember	Nikolaustag **T**
◯ 31. Dezember	Heilig Abend **U**

Bilderrätsel

Finde heraus, welches Wort sich jeweils hinter den Bildern verbirgt. Die Zahl neben dem Bild gibt an, welchen Buchstaben des Wortes du brauchst. Der Reihe nach ergeben diese Buchstaben das Lösungswort.

In seiner Freizeit spielt Hannes gern Detektiv. Gerade ist er einem Tier auf der Spur. Welches das ist, erfährst du, wenn du die Buchstaben in die richtige Reihenfolge bringst.

Quiz

1

Welches Land grenzt nicht an Deutschland?

a) Griechenland
b) Polen
c) Dänemark

2

Was ist ein Kalmar?

a) Tintenfisch
b) Eidechse
c) Specht

3

Wie viele Streiche spielten Max und Moritz?

a) 5
b) 6
c) 7

		großer Nacht-vogel		Mahlzeit; Nahrung		Durch-sichts-bild (Kzw.)	US-Bürger (ugs.)	zähflüs-siges Kohle-produkt
Her-kunfts-land, -ort					Heilver-fahren; Heil-urlaub			
gewalt-sames Weg-nehmen								

gezier-tes Be-nehmen — fühlbarer Atem; leichter Luftzug — Welt-macht (Abkür-zung) — Haupt-stadt der Ukraine — Nach-lass-emp-fänger

kastrier-tes männ-liches Rind — eine Zahl

mäßig warm — Früchte ein-bringen — Binse, Schilf — Miet-wagen mit Fahrer

Himmels-richtung — Alters-ruhegeld

Zimmer — hollän-discher Käse — kleines hirsch-artiges Waldtier — Käufer — Spalt-werk-zeug für Holz — gefüllter oder belegter Kuchen

Winter-sport-gerät — Halbton unter a

mit den Augen wahr-nehmen — Bezeich-nung — anhäng-lich, loyal — Aufgeld

unwirk-lich — Sinnes-organ — preis-geben; spenden

Gieß-gefäß mit Henkel — Miss-gunst — aufge-brühtes Heiß-getränk — äußerste Armut

arglos, kindlich unbe-fangen — Übrig-geblie-benes — Ver-größe-rungs-glas

Ober-beklei-dungs-stück — ledig-lich — weib-liches Märchen-wesen — Fußball-mann-schaft — Signal-farbe

eiförmig — Ab-schieds-gruß — je, für (latei-nisch)

Veran-staltung, Ereignis (engl.)

n diesem Buchstaben-Wirrwarr sind 16 Wörter versteckt. Sie können in ede Richtung laufen, auch diagonal, rückwärts oder von unten nach oben. Wenn du sie alle gefunden hast, ergeben die übrig gebliebenen Buchstaben ein anderes Wort für Schlips.

S	C	H	U	H	E	H	U	T
C	K	M	R	O	C	K	A	M
H	R	A	J	S	A	L	N	U
A	W	N	A	E	B	E	Z	E
L	S	T	C	A	R	I	U	T
T	O	E	K	T	I	D	G	Z
U	C	L	E	B	L	U	S	E
C	K	T	P	U	L	L	I	E
H	E	M	D	W	E	S	T	E

BLUSE
BRILLE
HEMD
HOSE
HUT
JACKE
KLEID
MANTEL
MUETZE
PULLI
ROCK
SCHAL
SCHUHE
SOCKE
TUCH
WESTE

Lexikon-Rätsel

Im Lexikon findet sich unter dem Stichwort „Rügen" folgender Eintrag:
Rü|gen, größte der Nordfriesischen Inseln; durch den Hindenburgdamm mit dem Festland verbunden; besteht aus Marsch und Geest mit hohen Dünen. Große Teile sind Natur- und Landschaftsschutzgebiet; bedeutender Fremdenverkehr. Hauptort ist Westerland (mit Flugplatz).
Ist das wirklich wahr?

Die vier Kinder der Familie Zöllner dürfen in der Woche täglich eine Sendung im Fernsehen gucken. Damit es keinen Streit gibt, darf jedes Kind an einem anderen Tag bestimmen, welche Sendung geguckt wird. Wie ist der Plan für nächste Woche? An welchem Wochentag wird um welche Uhrzeit welche Sendung gezeigt und wie lange dauert diese?

Lieblings-sendung		Uhrzeit Beginn				Dauer				Sendung			
		15:30 Uhr	16:30 Uhr	17:00 Uhr	18:15 Uhr	30 Minuten	35 Minuten	40 Minuten	45 Minuten	Der Elefant	Kameratiere	Morris	Sandy und Dee
Wochentag	Montag												
	Dienstag												
	Mittwoch												
	Donnerstag												
Sendung	Der Elefant												
	Kameratiere												
	Morris												
	Sandy und Dee												
Dauer	30 Minuten												
	35 Minuten												
	40 Minuten												
	45 Minuten												

1 Die Sendung „Morris" läuft genau 1 Tag später als die Sendung, die um 17:00 Uhr beginnt.

2 Am Donnerstag wird die Sendung „Kameratiere" gezeigt.

3 Die Sendung am Montag beginnt um genau 15:30 Uhr.

4 Die Sendung am Dienstag dauert genau 30 Minuten.

5 „Sandy und Dee" dauert 40 Minuten.

6 Die Sendung, die um 16:30 beginnt, läuft genau 1 Tag später als die Sendung mit dem Namen „Der Elefant".

7 Die Sendung, die um 18:15 Uhr beginnt, läuft 45 Minuten.

Kannst du erraten, welchen Beruf Felix ausübt?

Tauschrätsel

In jeder Zeile darf nur jeweils ein Buchstabe getauscht werden, um ein neues Wort zu erhalten, und damit aus einem Gaul einen Fels werden zu lassen.

Wir haben eine Kreuzworträtsel-Auflösung zerschnitten.
Dann haben wir die Einzelteile durcheinandergebracht.
Ein Teil steht bereits an der richtigen Stelle. Die Einzelteile von
außen sollt ihr nun innen so ergänzen, dass eine vollständige
Kreuzworträtsel-Auflösung entsteht.

T	E	I
E		N
G	U	S

A	N	U
R		C
E	C	K

S	I	E
T		F
U	F	E

L	U	T
E		U
I	L	E

L		K
A	T	U
S		R

	B	I
A	U	S
T	S	

G		G
A	L	L
R		E

R	A	U
	L	
S	T	E

B	E	R
	G	
W	E	R

Die Buchstaben, in die richtige Reihenfolge hintereinandergestellt, ergeben einen Büro- oder Schulartikel.

Einer stört!

Einer der vier Begriffe passt nicht zu den anderen.
Welcher ist es?

Gimpel

Lerche

Stieglitz

Zeisig

?

Vorgesetzter beim Militär		Fußballmannschaft (Anzahl)	schmaler Spalt		englisch: eins		Schlusswort im Gebet			Tiergarten	das Einbringen der Feldfrüchte
weit abgelegen					Geldstück						
ein Insekt							jeder ohne Ausnahme		Einfall, Gedanke		
			ein Laubbaum ⟳4		Volk, polit. Gemeinschaft						
Aufzug, Fahrstuhl		Eisenbahn				matt, unwohl		Kirchenmusikinstrument		wunderliche Eigenart	
					ein Blasinstrument aus Holz		⟳1				
Heilige Schrift		Zusammenschluss	eine Kunstgattung								Haarknoten
							langweilig; wenig gewürzt (Essen)		Musikscheibe		
	Rastlosigkeit		Backmasse (Brot- oder Kuchen...)	Gleitschiene (Schlitten)			⟳2		unvergorener Traubensaft		
nicht über, sondern ...						Bergweide				wenn es brennt, kommt die ...wehr	
			um zu stoppen, betätigt man die ...		Maus und Haus ist ein ...		häufig, mehrfach				
Schluss		sportlich in Form	langschwänziger Papagei						⟳3		zu keiner Zeit
			⟳6				auf diese Weise	machen			
Pflicht; Funktion		Urlaubsfahrt							ein Huhn legt ein ...		⟳5
ungefähr											

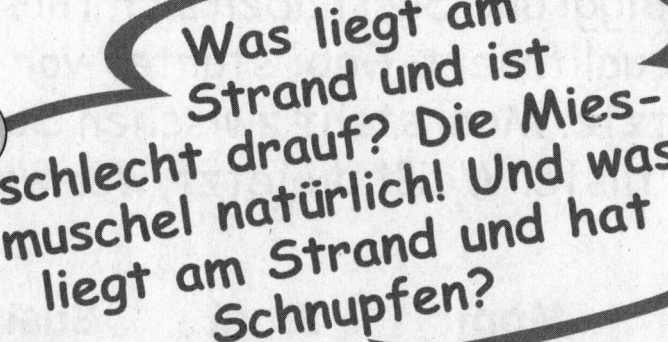

Was liegt am Strand und ist schlecht drauf? Die Miesmuschel natürlich! Und was liegt am Strand und hat Schnupfen?

Quiz

Welches Instrument wird nicht geblasen?

a) Blockflöte
b) Trompete
c) Violine

1

Welcher Komponist litt unter Schwerhörigkeit?

a) Schubert
b) Beethoven
c) Bach

2

Wer komponierte das „Tabaluga"-Musical?

a) Peter Maffay
b) Richard Wagner
c) Luciano Pavarotti

3

Wer startet wann?

Gabi, Steffi, Moni, Biggi und Susi haben sich fürs Finale im Kunstturnen qualifiziert. Gabi startet vor Biggi. Susi startet als Letzte. Moni steht zwischen Susi und Steffi auf der Startliste. Weißt du jetzt, wer welchen Startplatz hat?

Gabi   **Steffi**   **Moni**   **Biggi**   **Susi**

Brückenrätsel

Ein Fischer hat seine Netze von einem Ufer zum anderen gespannt. Gesucht werden Wörter, die in die Bojen passen und Begriffe ergeben, die das linke Uferwort ergänzen und dem rechten Uferwort vorangesetzt werden können. Die Buchstaben in den grauen Bojen ergeben das Lösungswort.

TANZ — — — — — LEHRER

MINERAL — — — — MANN

SCHAUKEL — — — — BEIN

BIRKEN — — — — WURM

Rebus-Rätsel

Finde die gesuchten Begriffe zu den Bildern und trage die ausgewählten Buchstaben dieser Begriffe in den grau unterlegten Streifen im Rätsel als Startwort ein.

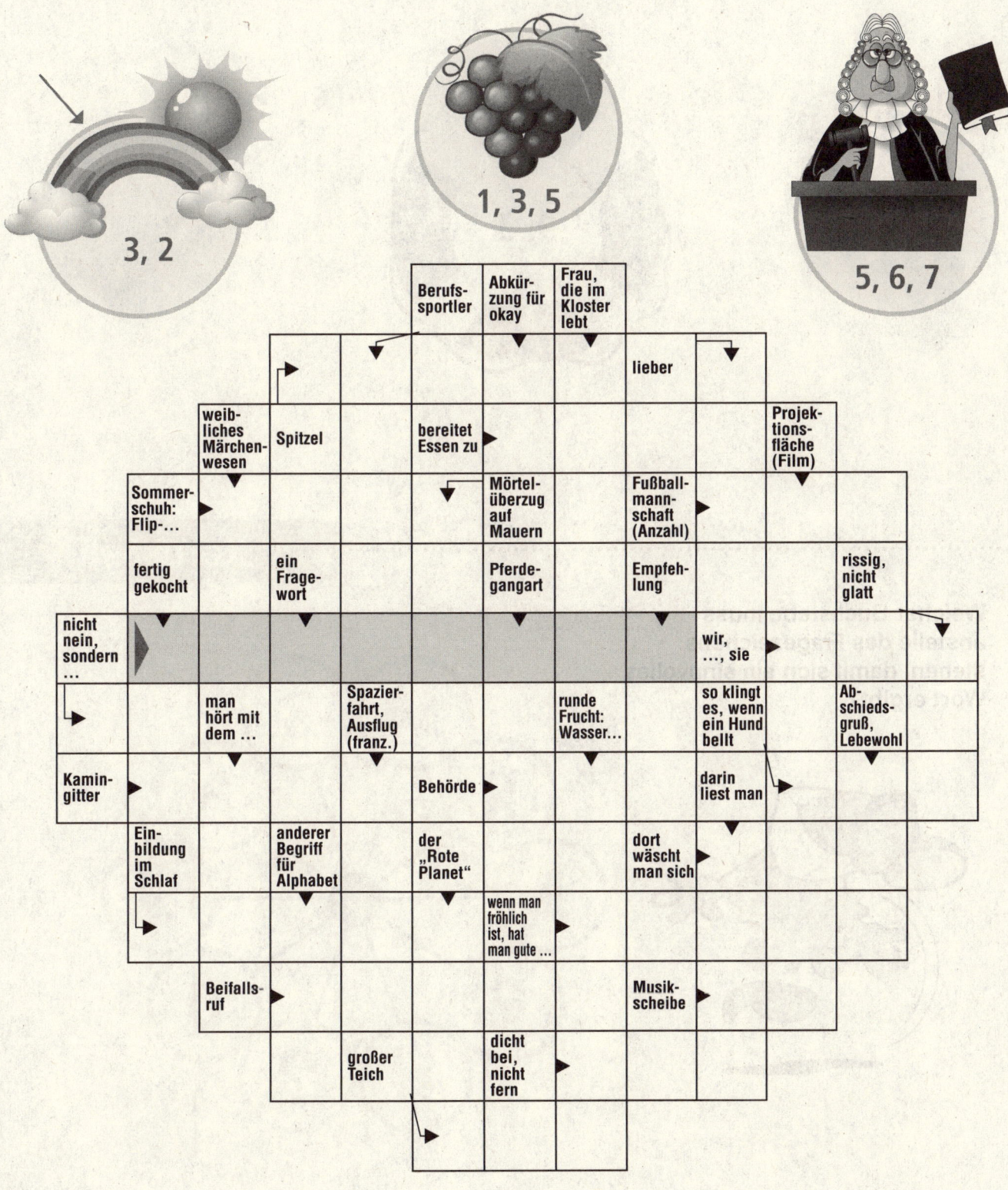

3, 2

1, 3, 5

5, 6, 7

Bilderrätsel

Finde die gesuchten Begriffe zu den Bildern. Die angegebenen Buchstaben ergeben das Lösungswort.

1, 3, 6

9, 1

2, 4

Karussell

Welcher Buchstabe muss anstelle des Fragezeichens stehen, damit sich ein sinnvolles Wort ergibt?

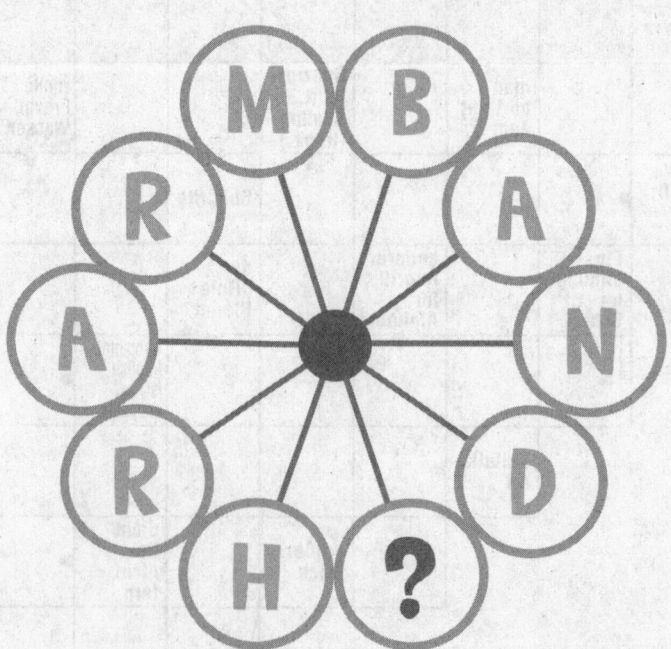

Wörtersalat

Wir haben 18 Wörter zum Thema Vögel in diesem Buchstaben-Wirrwarr versteckt.
Die Wörter können in jede Richtung laufen, auch diagonal, rückwärts
oder von unten nach oben. Und sie können auch andere Wörter schneiden.
Kannst du alle finden?

ADLER – AMSEL – BUSSARD – DROSSEL – ELSTER – EULE – FINK – GANS –
GEIER – KUCKUCK – MEISE – MOEWE – NACHTIGALL – RABE – SCHWALBE – SPATZ –
SPECHT – STORCH

```
O W G R Y B K I N G K D R O S S E L S S
B R Q Q F H U M S A D A B K C E T R S B
I V W I G L C I N S J A J J Y E T C R M
R I N C C N K K A L L R Q E H W G W E V
E K V L V M U H G H H Q U I Q R H F R E
T E J D J P C V D O R L A X E U X Q A X
S Q X Y N V K T M B E H D G K L W M E A
L J Q P D A W H S O G K I P W H S V H G
E Y H B A B F O C H E J K Y S E M O Y R
U M C X R Z S R C F E B T N L P V R E U
W L R E K L R R B V M T A E V N B L V F
U G O N I L K E U Y A M C R A I D C V D
Q R T X S M U B I B M J U T L A F E E C
Q V S E Y P U S I E U O S V A R O N S R
S B K L P S A E K R G I E F K I K Q I G
F A A W S J G T W B I H K W K D N N E S
M Q S A J M U E Z E D W L N E H T I M G
G Q R A N A C H T I G A L L S O A D F H
G D F O T B W O G P E P L F D E F O N D
H K S C H W A L B E X Y G T H C E P S L
Y W Q O P S X M K T G B L A T P D Q B R
```

45

Welches Wort mit zwei Bedeutungen wird gesucht?

> Mein Teekesselchen wirft oder schießt man ins Tor.

> Auf meinem Teekesselchen kann man tanzen.

Jeweils zwei Bilder ergeben zusammengesetzt ein neues Wort.
Welche drei Begriffe suchen wir?

Gitterrätsel

Trage die unten stehenden Wörter so in das Gitter ein, dass du ein komplett ausgefülltes Rätsel erhältst. Als kleine Hilfe ist bereits ein Wort vorgegeben.

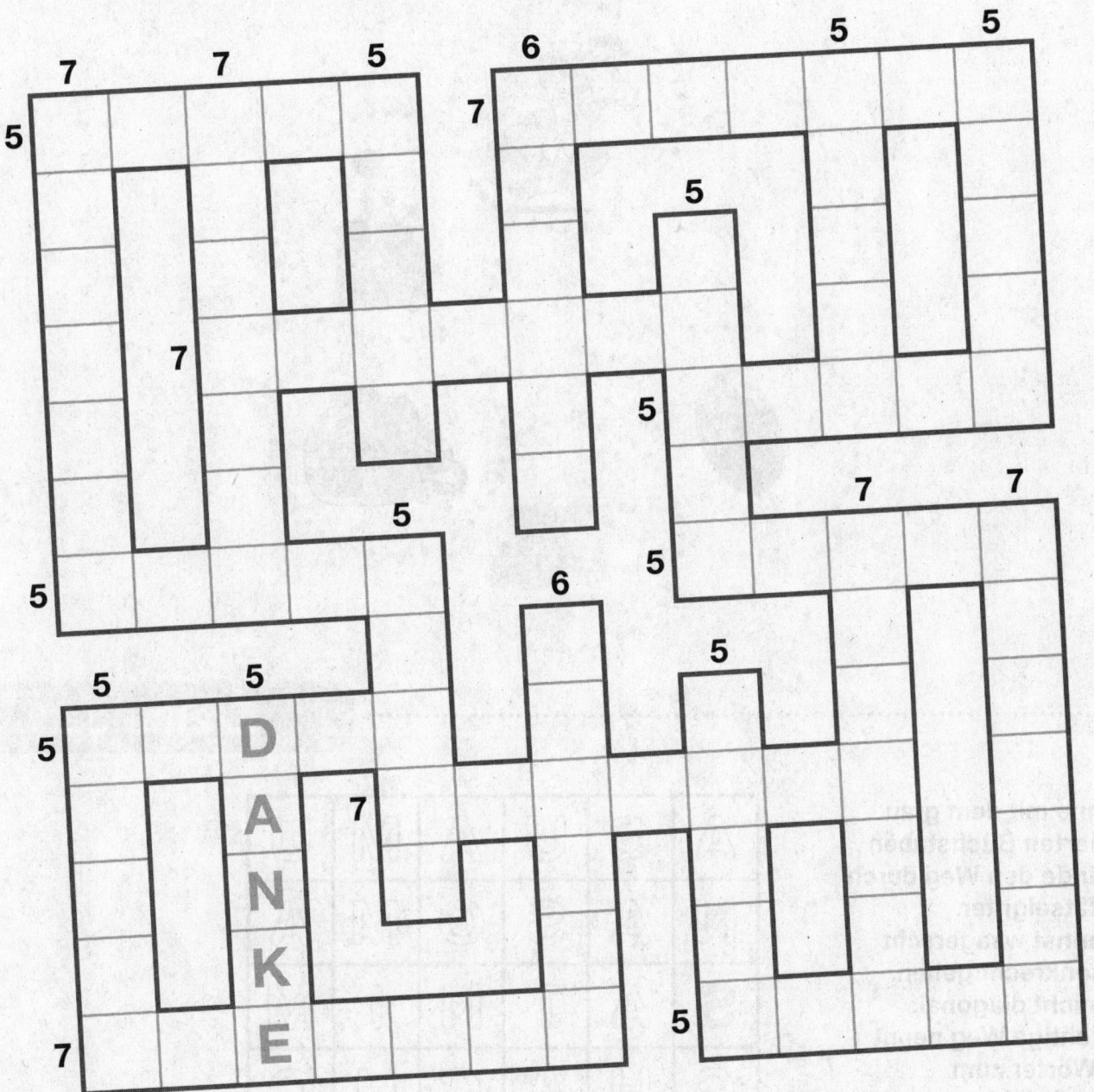

6 Buchstaben:
REGNEN – TERMIN

5 Buchstaben:
ARMEE – BIRNE – EXAKT – LEINE –
PUMPE – RADAR – RUDEL – RUEBE –
SCHUB – SONNE – SPASS – STALL –
TRAUM

7 Buchstaben:
BEKANNT – EISBUDE – ITALIEN –
LAERMEN – MALBUCH – NORDPOL –
PROZESS – ROBOTER

Finde heraus, welches Wort sich jeweils hinter den Bildern verbirgt. Ihre Anfangsbuchstaben ergeben im Uhrzeigersinn gelesen das Lösungswort. Beginne mit dem Bild oben.

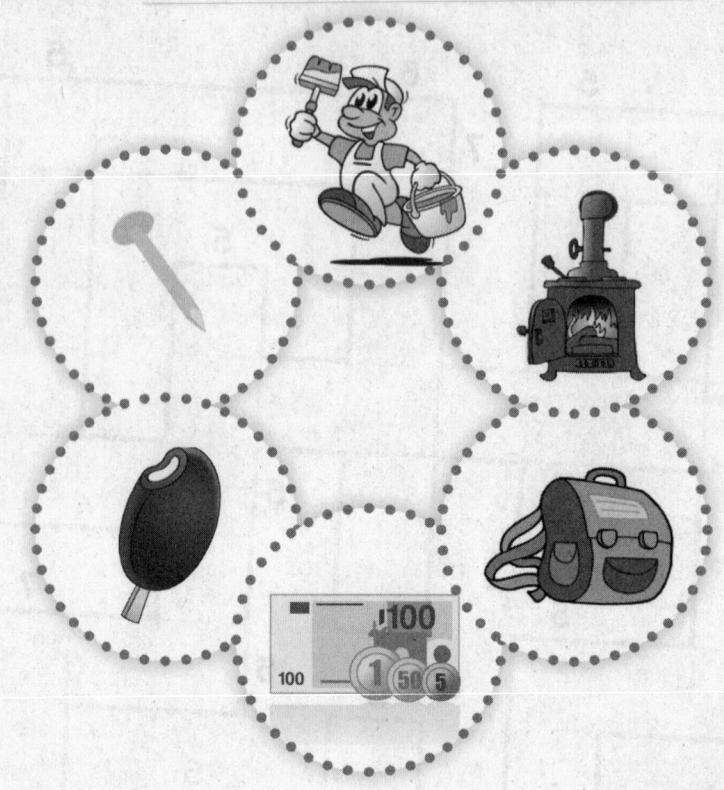

Pfadfinder

Beginne mit dem grau markierten Buchstaben und finde den Weg durch das Rätselgitter.
Du kannst waagerecht und senkrecht gehen, aber nicht diagonal.
Der richtige Weg nennt dir 6 Wörter zum Thema Spielesammlung.

Füllrätsel

Die Wörter folgender Bedeutungen sind waagerecht in das Diagramm einzutragen.

1 Tatkraft, Spannkraft,

2 nordischer Hirsch,

3 Mensch, der ein Lied vorträgt,

4 eine Heiligenerzählung ist eine fromme ...,

5 Hochschüler,

6 am Ziel vorbei (Schuss)

1	E	N				
2		E	N			
3			E	N		
4				E	N	
5					E	N
6						E	N

Domino

Drehe die Dominosteine so, dass die oberen und unteren Buchstaben jeweils ein Getränk ergeben.

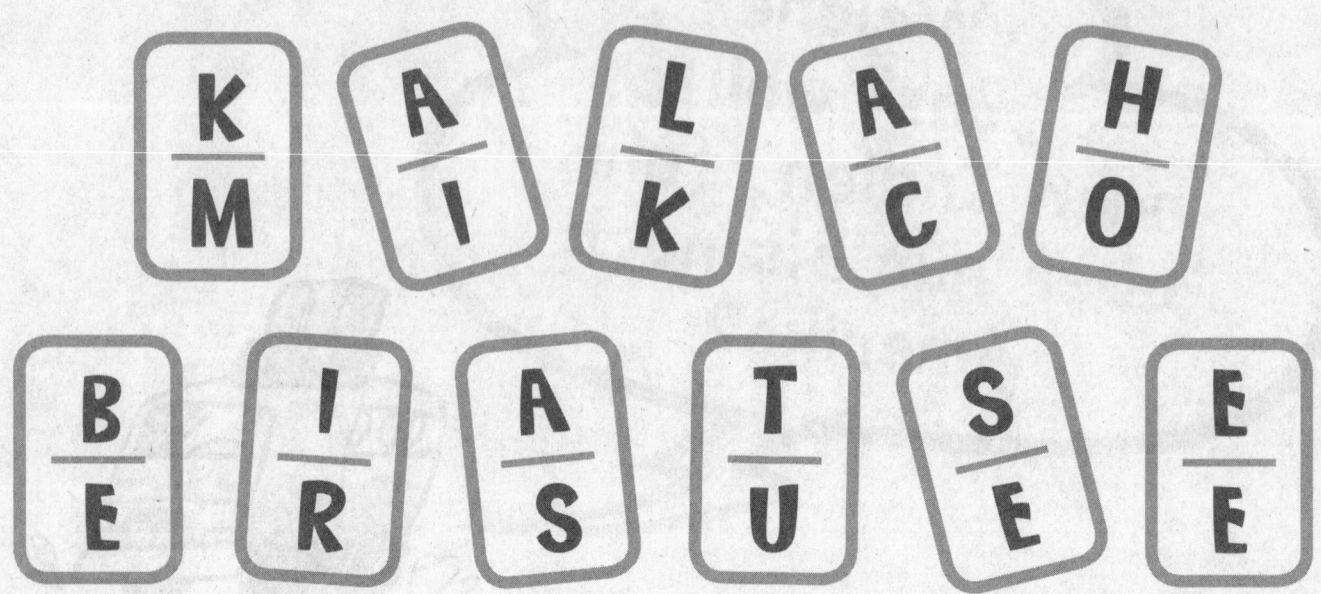

Spinnennetz

Beginne beim dunkelgrauen Buchstaben und finde den Weg durch das Spinnennetz. Welches Wort ergibt sich, wenn du jedes Feld im Spinnennetz nur einmal durchlaufen darfst?

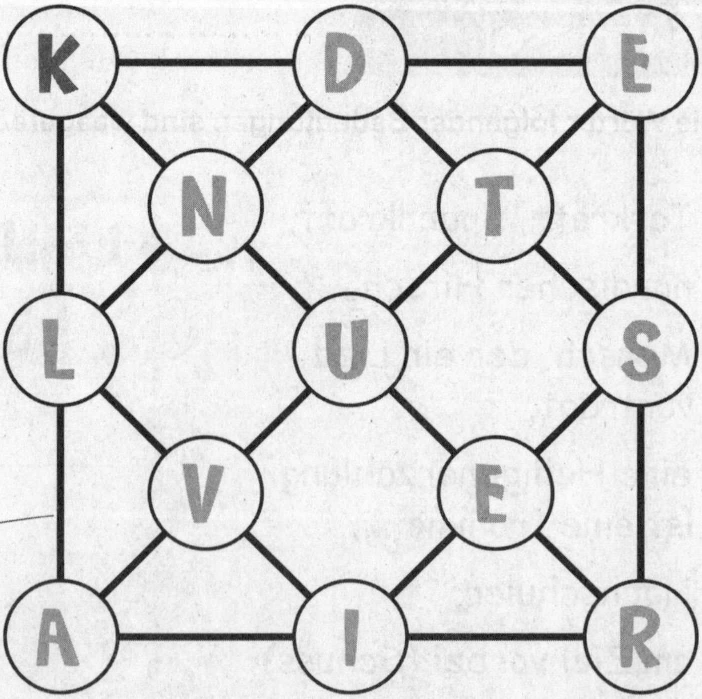

In der Liste stehen jeweils drei Wörter, von denen nur ein Wort ins Diagramm unter derselben Nummer eingetragen werden kann.

1 WIESE	2 PLUS	3 AKTE
HOTEL	BRAV	DUMM
VATER	BAUM	FUND

4 VILLA	5 SIE	6 HUT
BEUTE	EIN	WEH
PARKA	DIE	UND

7 FASAN	8 BERG	9 ROM
BRUST	TEIL	TEE
KOHLE	ERBE	MUS

10 TOLL	11 ENG	12 ALTER
TORF	EHE	AHNEN
ZOPF	HUF	HAKEN

13 ABEND	14 ARMEE	15 IDEE
WENDE	BRAUN	FEST
ZICKE	FIBEL	KIKA

16 NADEL	17 EIMER	18 ERDE
EXTRA	TROST	WEIT
STEIL	WAGEN	BALL

19 STAPEL	20 TUN	21 MARS
MUSKEL	EID	TIER
EUROPA	TAT	WORT

22 EI	23 POST	24 VENE
JA	PASS	HORN
ZU	TIPP	PAPA

Diagramm:

15 · 3 · 19

13 · 8

1 · 21 · 2

23 · T

I

4 · E · 6 · 10

R

7 · 12 · 11

16 · 17

9 · 24

22 · 20

14 · 5

18

Sortierquiz

Kannst du die Namen der Bundesligavereine richtig zusammensetzen? Dann ergeben die Buchstaben von oben nach unten gelesen ein anderes Wort für Fußball spielen.

⬇	Borussia	München C
	Bayer	Frankfurt E
	Bayern	Leverkusen I
	Borussia	Bremen N
	Eintracht	Dortmund K
	Werder	Mönchengladbach K

Bilderrätsel

Finde heraus, welches Wort sich jeweils hinter den Bildern verbirgt. Die Zahl neben dem Bild gibt an, welchen Buchstaben des Wortes du brauchst. Der Reihe nach ergeben diese Buchstaben das Lösungswort.

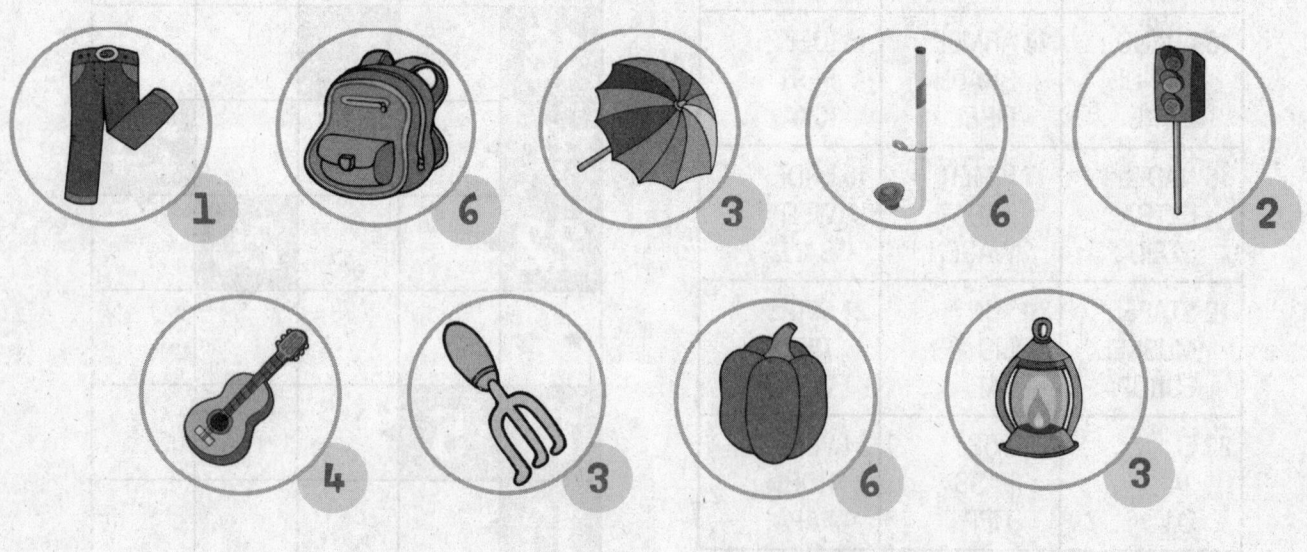

1   6   3   6   2

4   3   6   3

Linda hat Geburtstag und kann es kaum erwarten, ihre Geschenke auszupacken.
Was sie sich am meisten wünscht, erfährst du, wenn du die Buchstaben
in die richtige Reihenfolge bringst.

Quiz

1

Oft hört man: „Wer schön sein will, muss ...“
a) warten
b) wachsen
c) leiden

2

Was ist Sherlock Holmes von Beruf?
a) Polizist
b) Detektiv
c) Arzt

3

Aus den Früchten welcher Pflanze wird Vanille gewonnen?
a) Tulpe
b) Eiche
c) Orchidee

Fabrik-schorn-stein		Trocken-gebiet der Erde	luftförmiger Stoff		großer schwarzer Vogel	Gesteinsgebilde		
zähe Außenhaut am Speck		die Vereinigten Staaten				Kurzwort für Abitur		
Stier				Singstimme				anderes Wort für obwohl
Früchte		Geld zurücklegen	Küchengerät, Lochgefäß				englisch: Kuh	
			aufgebrühtes Heißgetränk	List; Kunstgriff	..., du, er, sie, es			trockenes Gras (Viehfutter)
Bitte um Antwort		Probe, Stichprobe				runde Schneehütte	wir, ..., sie	
			trockene Halme des Getreides	Furche, Kerbe				englisch: eins
Lebenshauch	Mietwagen mit Fahrer	Rohkostspeise				Gesangspaar		
			saure Flüssigkeit zum Würzen	geringe Länge oder Dauer		männliches Borstentier		russischer Herrscher, Kaiser
				Schaft der Vogelfeder				
Monatsname, Hartung	auf diese Weise	rote Strauchfrucht			Holzgewächs	Riesenschlange		jemandem selbst gehörend
		gleichgültig: das ist mir ...						
Verwundung durch ein Tier	spanisch: Hurra!, Los!, Auf!		wenn zwei heiraten, führen sie eine ...		Sorte, Gattung			Gegenteil von alt
					Abkürzung für okay	eingeschaltet, nicht aus		
	verschmutzte Stelle		Großmutter				schmal; begrenzt	
					eine Zahl			

In diesem Buchstaben-Wirrwarr sind 15 Wörter versteckt. Sie können in jede Richtung laufen, auch diagonal, rückwärts oder von unten nach oben. Wenn du sie alle gefunden hast, ergeben die übrig gebliebenen Buchstaben eine Sportart im Freien.

E	I	N	A	T	S	A	K	Z
D	I	K	I	E	F	E	R	Y
N	W	C	A	A	B	L	E	P
I	E	D	H	I	L	T	H	R
L	L	O	R	E	A	R	C	E
L	R	K	P	N	E	E	U	S
N	E	P	N	D	B	A	B	S
U	A	E	E	I	U	L	M	E
P	F	Z	E	T	H	C	I	F

AHORN
BIRKE
BUCHE
EIBE
EICHE
ERLE
FICHTE
KASTANIE
KIEFER
LINDE
PAPPEL
TANNE
ULME
ZEDER
ZYPRESSE

Land gesucht

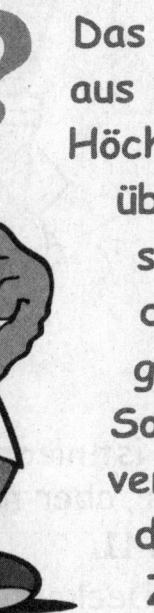

? Das Gebiet dieses Landes besteht fast aus schließlich aus Bergen und Hügeln. Höchster Gipfel ist mit 4637 Metern über dem Meeresspiegel die Dufourspitze. Nationalheld des kleinen Landes ist ein Bogenschütze, dem es gelang, einen Apfel vom Kopf seines Sohnes zu schießen, ohne das Kind zu verletzen. Heute ist das Land eines der reichsten der Welt, in jüngster Zeit war es oft als „Steueroase" in den Schlagzeilen. Vier Sprachen werden in dem Land gesprochen, darunter Deutsch.

Carlos trifft sich mit einigen seiner Freunde manchmal, um am Computer ein Abenteuer zu spielen. Dabei sind er und seine Freunde bestimmte Spielfiguren und jede dieser Figuren hat bereits ein bestimmtes Spielelevel erreicht. Welchen Nachnamen haben die vier Freunde, wer spielt welche Figur und in welchem Level befindet sich wer?

Abenteurer am Computer

		Nachname				Spielfigur				Level			
		Deckert	Essmann	Schneider	Zollener	König	Reiter	Waldläufer	Zauberer	9	11	13	15
Vorname	Carlos												
	Elisa												
	Nina												
	Till												
Level	9												
	11												
	13												
	15												
Spielfigur	König												
	Reiter												
	Waldläufer												
	Zauberer												

1 Nina spielt den König. Ihr Level ist niedriger als das des Kindes namens Schneider, aber nicht 9.

2 Till spielt bei Level 11.

3 Elisas Nachname lautet Deckert.

4 Das Level von Elisa ist nicht so hoch wie das vom Waldläufer.

5 Das Kind mit dem Nachnamen Essmann spielt den Reiter.

Kannst du erraten, welchen Beruf Elise ausübt?

Tauschrätsel

In jeder Zeile darf nur jeweils ein Buchstabe getauscht werden, um ein neues Wort zu erhalten, und damit aus einem Heft einen Satz werden zu lassen.

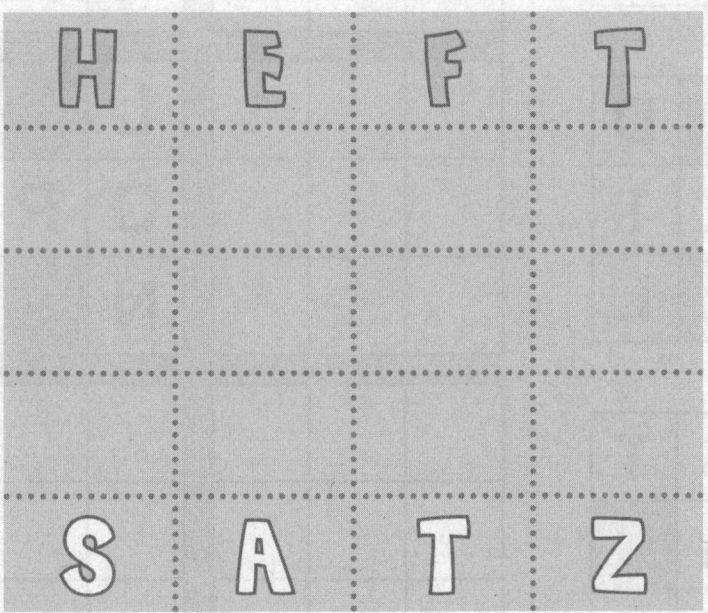

Wir haben eine Kreuzworträtsel-Auflösung zerschnitten.
Dann haben wir die Einzelteile durcheinandergebracht.
Ein Teil steht bereits an der richtigen Stelle. Die Einzelteile von
außen sollt ihr nun innen so ergänzen, dass eine vollständige
Kreuzworträtsel-Auflösung entsteht.

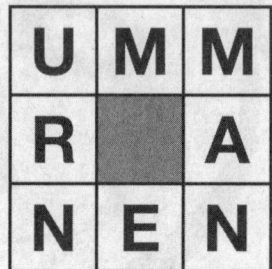

Die Buchstaben, in die richtige Reihenfolge hintereinandergestellt, ergeben eine farbige halbkreisförmige Lichterscheinung am Himmel.

Einer stört!

**Einer der vier Begriffe passt nicht zu den anderen.
Welcher ist es?**

Ätna

Stromboli

?

Vesuv

Matterhorn

eine ärztlich Betreute	Zirkus-, Varieté-künstler	machen				Gegen-teil von Breite	Insel-staat neben England		scharfe Krüm-mung, Kurve		Blume des Bieres; Gischt
			2						Musik-scheibe		
Erholungs-urlaub nach Krankheit				Rechts-behörde							
				eine Zahl (…, 2, 3)		Ein-schnitt, Ver-tiefung			Bewe-gung zur Musik		kleine Brücke
Stimm-zettel-behälter: Wahl…		Schließ-vorrich-tung, Sperre									
							Behörde			**1**	
einen Ort ver-lassen			Himmels-richtung					**5**		Rand eines Flusses oder Sees	
				etwas, was übrig bleibt			großer Teich				
immer, zu jeder Zeit	läng-liche, feste Hülle		Auf-ständi-scher	Grund-nahrungs-mittel in Asien					lichtlos, finster		Anerken-nung, Ge-genteil von Tadel
große Gruppe von Tieren						moderne Musik-richtung	kostbar, wertvoll				
				Vermögen, das je-mand hinter-lässt			unsere Währung				
		ein Baustoff				**6**		Bezeich-nung		lang-schwän-ziger Papagei	
				knie-langer Anorak					**3**		geschlos-sen
Summe der Lebens-jahre						ein Monats-name					
Wortteil		Aus-bildung nach der Schule						nicht sehr warm		**4**	

Wer macht jeden Monat eine Abmagerungskur, um dann doch wieder zuzunehmen?

Quiz

Womit kann man einen Computer bedienen?

a) Maus
b) Ratte
c) Hamster

1

Wie viele Rotorblätter hat ein Windrad?

a) 2
b) 3
c) 4

2

Mit welchem Gerät macht man Schiffe am Grund eines Gewässers fest?

a) Lenker
b) Anker
c) Funker

3

Der kleine Paul wohnt mit seiner Familie in einem Hochhaus, und zwar in der 16. Etage. Wenn er morgens zur Schule geht, fährt er mit dem Fahrstuhl bis ins Erdgeschoss. Kommt er mittags nach Hause, benutzt er ebenfalls den Fahrstuhl, fährt aber nur bis zur 12. Etage. Dann nimmt er die Treppe. Warum tut er das?

Brückenrätsel

Ein Fischer hat seine Netze von einem Ufer zum anderen gespannt. Gesucht werden Wörter, die in die Bojen passen und Begriffe ergeben, die das linke Uferwort ergänzen und dem rechten Uferwort vorangesetzt werden können. Die Buchstaben in den grauen Bojen ergeben das Lösungswort.

Rebus-Rätsel

Finde die gesuchten Begriffe zu den Bildern und trage die ausgewählten Buchstaben dieser Begriffe in den grau unterlegten Streifen im Rätsel als Startwort ein.

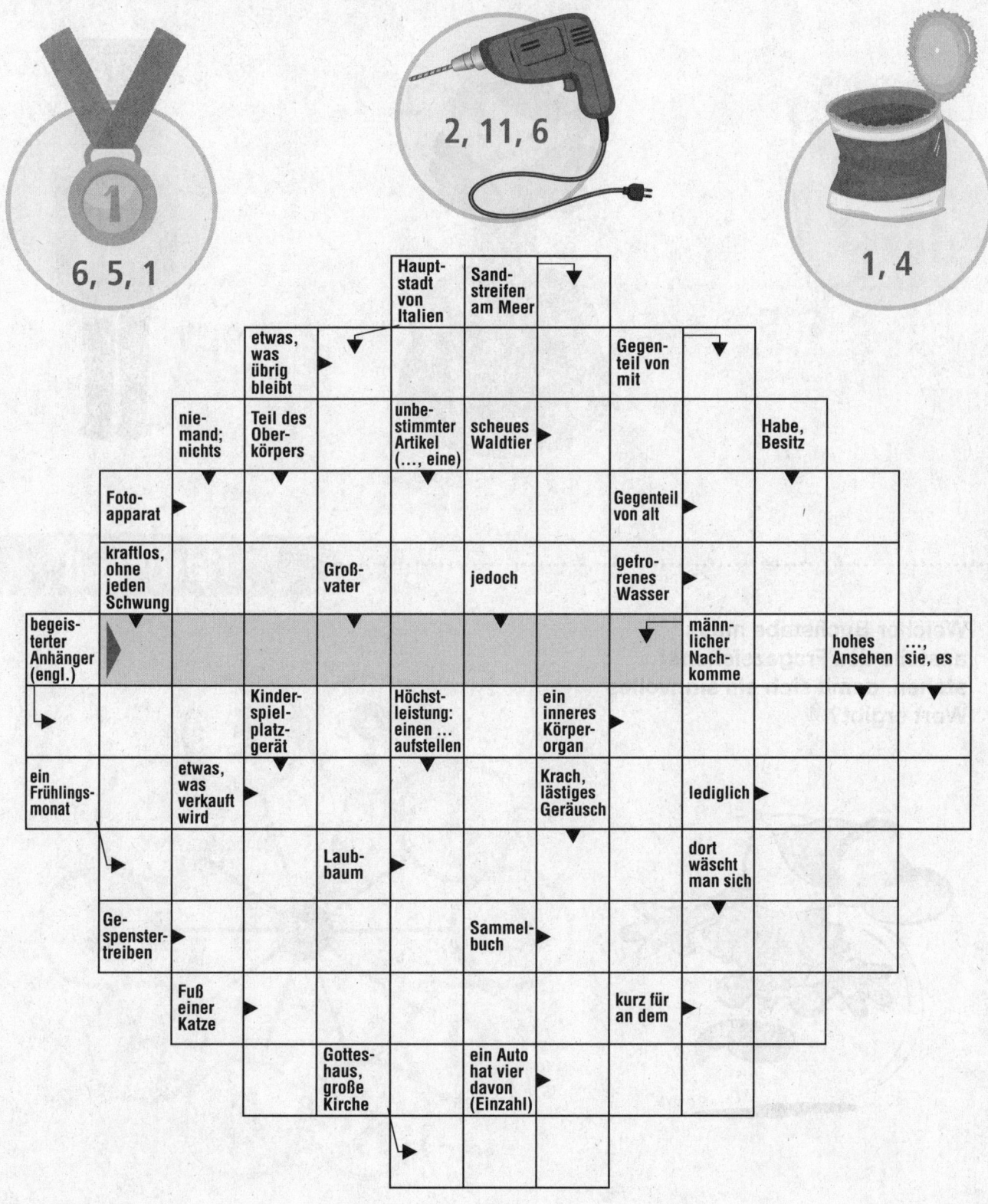

6, 5, 1

2, 11, 6

1, 4

Finde die gesuchten Begriffe zu den Bildern. Die angegebenen Buchstaben ergeben das Lösungswort.

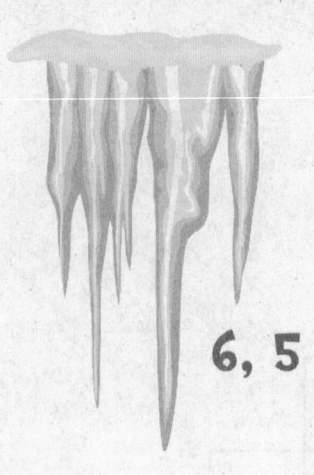

6, 5

1, 2, 9

9, 7

Karussell

Welcher Buchstabe muss anstelle des Fragezeichens stehen, damit sich ein sinnvolles Wort ergibt?

Wörtersalat

Wir haben 20 Wörter zum Thema europäische Länder in diesem Buchstaben-Wirrwarr versteckt. Die Wörter können in jede Richtung laufen, auch diagonal, rückwärts oder von unten nach oben. Und sie können auch andere Wörter schneiden. Kannst du alle finden?

BELGIEN – DAENEMARK – DEUTSCHLAND – FINNLAND – FRANKREICH – GRIECHENLAND – IRLAND – ISLAND – ITALIEN – LUXEMBURG – NIEDERLANDE – NORWEGEN – OESTERREICH – POLEN – PORTUGAL – SCHWEDEN – SCHWEIZ – SLOWAKEI – SPANIEN – TSCHECHIEN

```
G C I K O R S K C R N B D N A L N N I F
R P N J N O S I E F E H F K M Y L W Y G
I D I G C D N A L R I K X H H C T D R F
E A E S Y P Y A P Q H D C C H D S U T X
C R D E C B B Q L M C I O U W Y B J A D
H Z E U E W N D M F E Z T B K M B N S N
E A R K C H P A A R H S I D E K U I P P
N S L N I C V E K X C M L X B F J A P H
L J A R C I B N F Q S O U E X Y N I B P
A P N F E E A E O A T L L T U I H Q Q I
N A D J M R Q M F M V G Z I E W H C S T
D I E F F R J A N Q I P Y N I M A L O C
D L Y S O E R R G E C O X F T I A O I N
T N O L K T K K N G P S S Q Q N E D S N
S E Q O Y S D V H I C D L X D B S H U E
H I E W N E I I K H P O R T U G A L J L
L L U A L O Y D W O P L G E Q M Q O L O
Y A D K K E Q E E S O T L I E H A K P P
G T K E K D D D R H N O R W E G E N S G
B I C I Q E K Y C O O S Y D T P T S M C
C W X W N W R G D N A L H C S T U E D T
```

Welches Wort mit zwei Bedeutungen wird gesucht?

Mein Wort bezeichnet ein kleines Pferd!

Mein Wort bezeichnet in die Stirn gekämmtes Haar!

Jeweils zwei Bilder ergeben zusammengesetzt ein neues Wort. Welche drei Begriffe suchen wir?

1

2

3

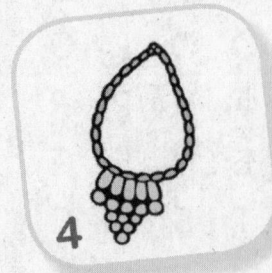
4

5

6

Gitterrätsel

Trage die unten stehenden Wörter so in das Gitter ein, dass du ein komplett ausgefülltes Rätsel erhältst. Als kleine Hilfe ist bereits ein Wort vorgegeben.

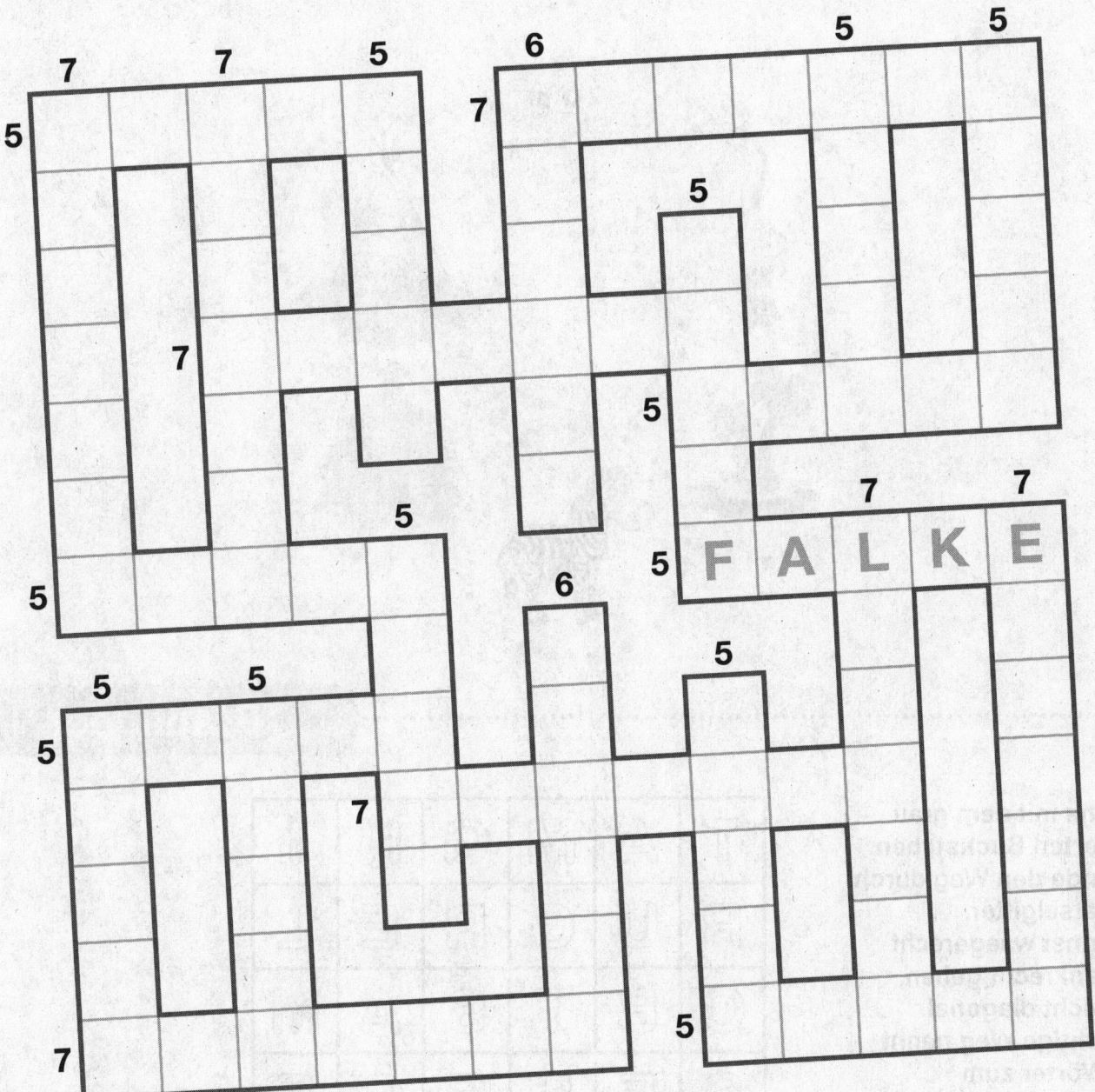

5 Buchstaben:
ASIAT – DAMPF – FEDER – FELGE – HARKE – MARKE – NONNE – NUDEL – RASCH – REGEN – STAND – STOFF – SUESS

6 Buchstaben:
TRETEN – ZAPFEN

7 Buchstaben:
EINOEDE – EMPFANG – LUEGNER – OHRRING – REGATTA – SATTELN – SPENDER – TREFFEN

Finde heraus, welches Wort sich jeweils hinter den Bildern verbirgt. Ihre Anfangsbuchstaben ergeben im Uhrzeigersinn gelesen das Lösungswort. Beginne mit dem Bild oben.

Beginne mit dem grau markierten Buchstaben und finde den Weg durch das Rätselgitter.
Du kannst waagerecht und senkrecht gehen, aber nicht diagonal.
Der richtige Weg nennt dir 7 Wörter zum Thema Schiff ahoi.

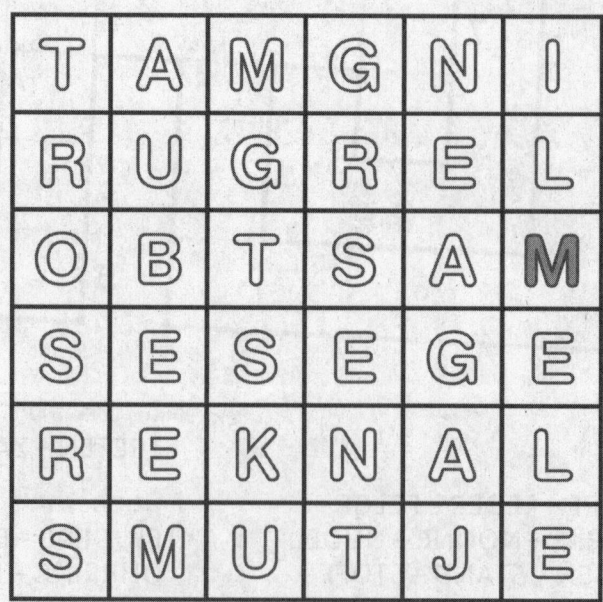

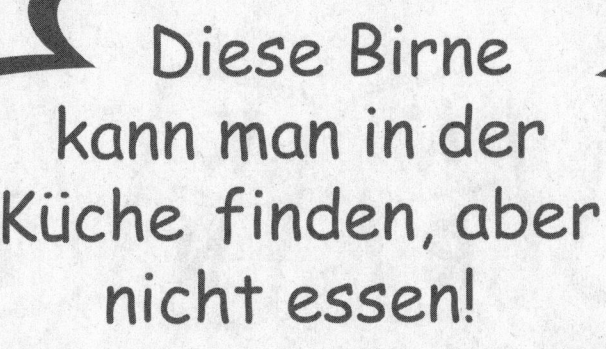

Diese Birne kann man in der Küche finden, aber nicht essen!

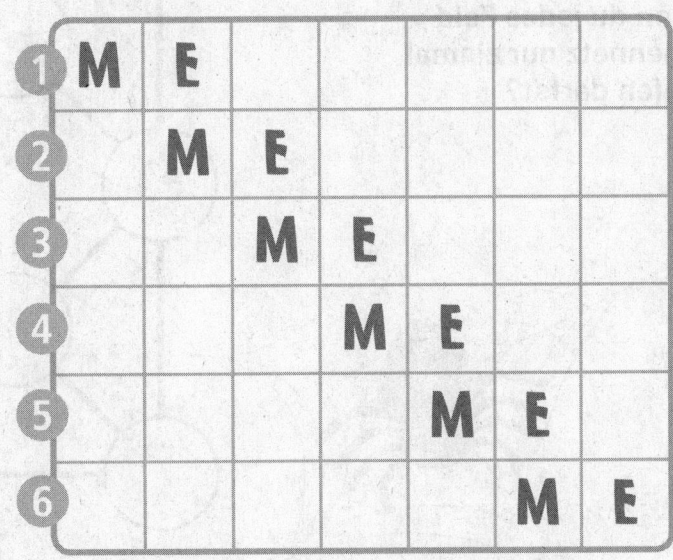

Füllrätsel

Die Wörter folgender Bedeutungen sind waagerecht in das Diagramm einzutragen.

1 Kennzeichen,

2 aus zwei Erdteilen bestehender Doppel-kontinent (Nord... und Süd...),

3 Freund, Gefährte,

4 wie im Rausch gehen,

5 bändigen,

6 Teil der Personalien

M	**E**				
	M	**E**			
		M	**E**		
			M	**E**	
				M	**E**
					M	**E**

Domino

Drehe die Dominosteine so, dass die oberen und unteren Buchstaben jeweils einen Baum ergeben.

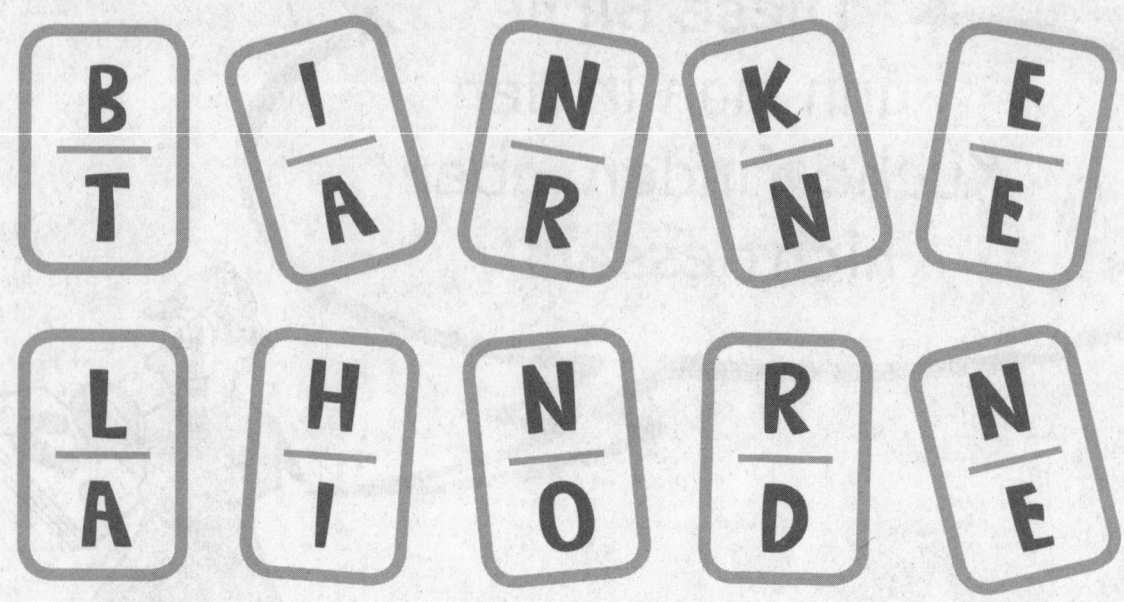

Spinnennetz

Beginne beim dunkelgrauen Buchstaben und finde den Weg durch das Spinnennetz. Welches Wort ergibt sich, wenn du jedes Feld im Spinnennetz nur einmal durchlaufen darfst?

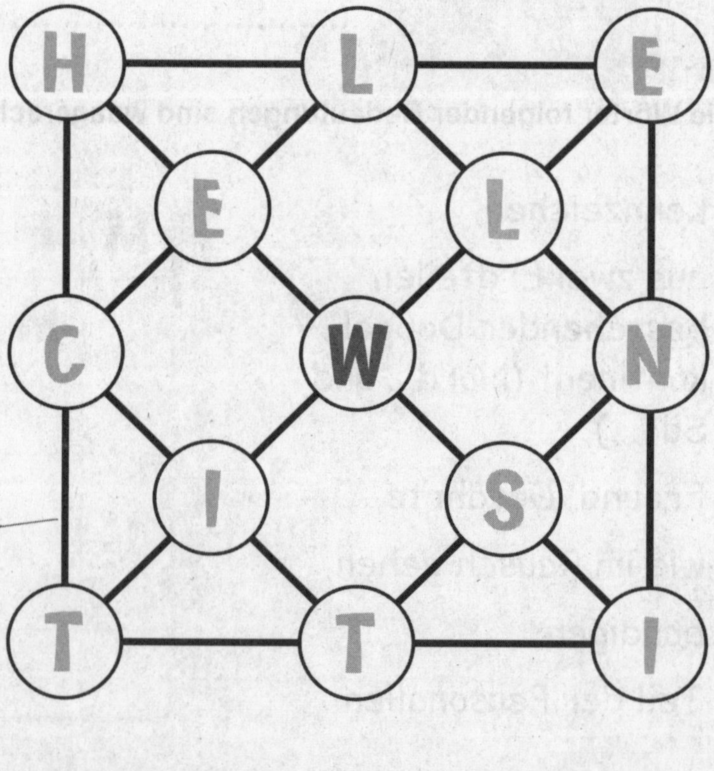

Nur ein Wort passt!

In der Liste stehen jeweils drei Wörter, von denen nur ein Wort ins Diagramm unter derselben Nummer eingetragen werden kann.

1 WARE RAUB WEHE	**2** NORMAL REIHER EIGELB	**3** FELL BEET NASS
4 WIE EHE TAL	**5** EID MUT OEL	**6** STAU KUFE BABY
7 WAL SIX LOS	**8** FACH ZWEI MOND	**9** TEXT ENTE KALB
10 SEELE MALER TAUFE	**11** TOUR WADE HUND	**12** DARUM KLIMA KRISE
13 GAS WER ABI	**14** SEHNE AKTIV TRIEB	**15** STALL THEMA HOTEL
16 KOCH SACK LEHM	**17** ABER KIES HOHN	**18** ES IN WO
19 WEG MIT BEI	**20** DUNST ENGEL KARRE	**21** LAUS ZAHM FROH
22 BUSCH ASIEN RUEDE	**23** MAGER BEUTE MIXER	**24** TACHO BEZUG KATER

3 F E L L

Sortierquiz

Wer braucht was bei seiner Arbeit? Wenn du richtig zugeordnet hast, ergeben die Buchstaben von oben nach unten gelesen ein anderes Wort für Tätigkeit, Job.

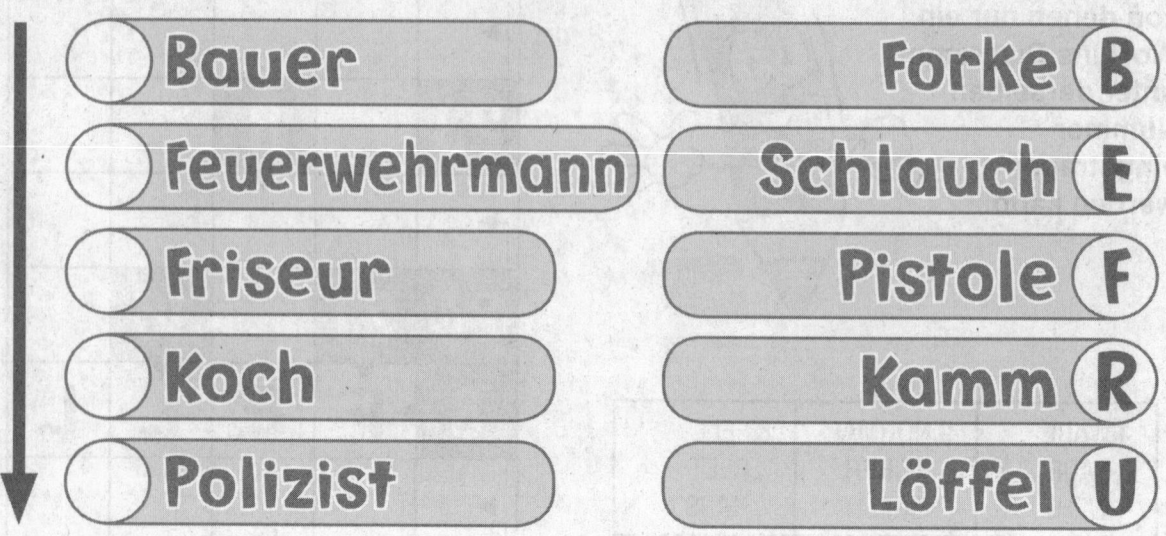

Bauer

Feuerwehrmann

Friseur

Koch

Polizist

Forke **B**

Schlauch **E**

Pistole **F**

Kamm **R**

Löffel **U**

Bilderrätsel

Finde heraus, welches Wort sich jeweils hinter den Bildern verbirgt. Die Zahl neben dem Bild gibt an, welchen Buchstaben des Wortes du brauchst. Der Reihe nach ergeben diese Buchstaben das Lösungswort.

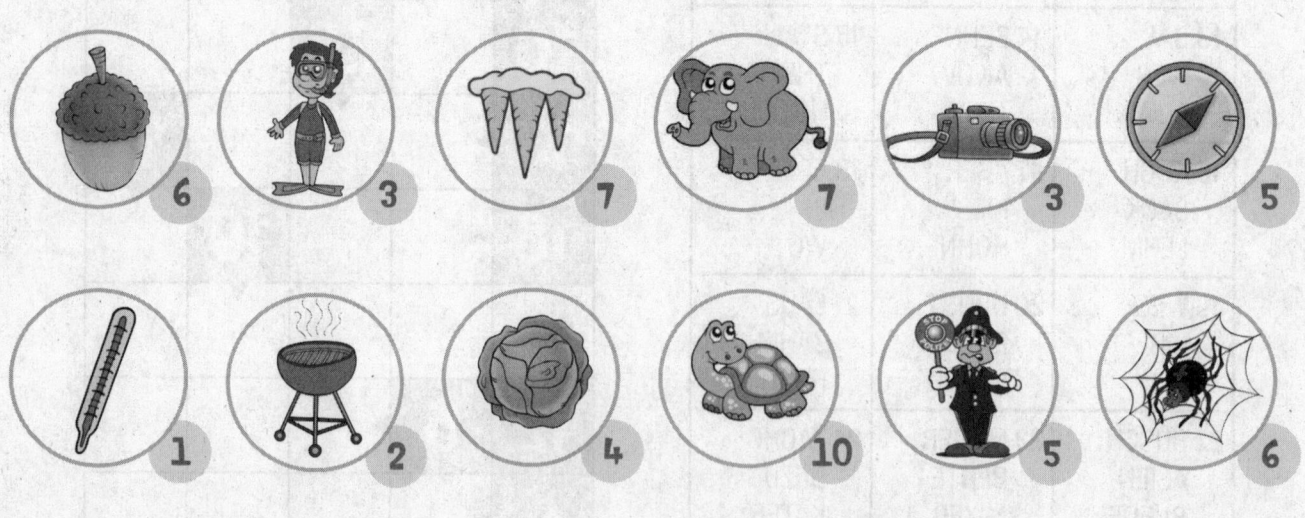

Seit der ersten Klasse spielt Arne im Fußballverein mit. Wo er da am liebsten hin will, erfährst du, wenn du die Buchstaben in die richtige Reihenfolge bringst.

Quiz

1

Wo kann man sein Geld nicht aufbewahren?
a) Sparlampe
b) Sparschwein
c) Sparbuch

2

Welcher Pilz hat einen getupften Hut?
a) Steinpilz
b) Fliegenpilz
c) Pfifferling

3

Was brauchen Mensch und Tier zum Überleben?
a) Kohlenstoff
b) Wasserstoff
c) Sauerstoff

Kreuzworträtsel

	niedersächs. Hauptstadt	Titulierung	äußerste Armut	in der ... (nicht weit weg)	ungekocht		große Gruppe von Tieren	
	er baute die Arche (Bibel)				jedoch		Wassersportart	
Warenart, Wertgruppe				in ihr fließt Blut			... und her	
		Besitz, Vermögen				große Eule		
Zimmerwinkel	hinten ist der Rücken, vorne die ...	spanische Baleareninsel	Hotelboy	kleine Metallschlinge	der, ..., das		
		Hundertstel, vom Hundert					
als Anlage zugefügt	Riesenschlange	Handmähgerät	Fußballmannschaft (Anzahl)	weibliches Schwein			
	Schreierei						
Anfänger	Fährte, Abdruck	Ringel-, Saugwurm	Schafjunges	herbei, hierher (ugs.)			
	zauberisch, übernatürlich	Korridor, Gang					
empfehlenswert	Zeichen für Dezibel	frühere schwed. Popgruppe	darin schreibt man in der Schule	Milchorgan der Kuh			
	Einfassung						
letzter Wortteil	Babyspeise	wenn zwei heiraten, führen sie eine ...	australischer Laufvogel	schmal, knapp			
	großer Teich	kurz für in dem	chem. Zeichen für Tantal				
	ein Kopfschutz beim Fahrradfahren	böse, schlimm					

— 74 —

In diesem Buchstaben-Wirrwarr sind 12 Wörter versteckt. Sie können in jede Richtung laufen, auch diagonal, rückwärts oder von unten nach oben. Wenn du sie alle gefunden hast, ergeben die übrig gebliebenen Buchstaben die Betriebsamkeit auf den Straßen.

E	F	L	U	G	Z	E	U	G
I	F	A	U	T	O	K	V	M
S	A	S	E	S	R	U	K	O
E	H	T	R	C	B	T	B	T
N	R	W	A	H	A	S	U	O
B	R	A	K	I	G	C	S	R
A	A	G	E	F	G	H	E	R
H	D	E	T	F	E	E	H	A
N	R	N	E	K	R	A	N	D

AUTO
BAGGER
BUS
EISENBAHN
FAHRRAD
FLUGZEUG
KRAN
KUTSCHE
LASTWAGEN
MOTORRAD
RAKETE
SCHIFF

Lexikon-Rätsel

Im Lexikon findet sich unter dem Stichwort „Bananenflanke" folgender Eintrag:

Ba|na|nen|flan|ke, die (oft abwertend): ärmliche Küstenregion in den tropischen Gebieten Amerikas, die besonders vom Export von Bananen lebt (und von fremdem, meist US-amerikanischem Kapital abhängig ist).

Ist das wirklich wahr?

Paul hat sich ein Bein gebrochen und muss jetzt einige Tage im Krankenhaus bleiben. Aber er bekommt jeden Tag Besuch. Heute sind es, neben seiner Mutter, die jeden Tag bei ihm ist, vier verschiedene Personen, die alle eine Süßigkeit und ein kleines Mitbringsel für ihn haben, damit er sich die Zeit vertreiben kann. In welcher Reihenfolge kommt wer von Pauls Besuch, welche Süßigkeit und welches Mitbringsel hat diese Person jeweils dabei?

Kranken-besuch

		Besuch				Süßigkeit				Mitbringsel			
		Marlene	Oma	Patrick	Tante Hilde	Kaubonbons	Kekse	Saft	Schokolade	Buch	CD	Rätselheft	Spiel
Reihenfolge	1												
	2												
	3												
	4												
Mitbringsel	Buch												
	CD												
	Rätselheft												
	Spiel												
Süßigkeit	Kaubonbons												
	Kekse												
	Saft												
	Schokolade												

1 Pauls Oma bringt Kaubonbons mit. Sie kommt nicht als Letzte an diesem Tag.

2 Als Drittes kommt Pauls Freundin Marlene und die Person, die als Viertes kommt, bringt ein Rätselheft mit.

3 Eine Person bringt außer Schokolade auch ein Buch mit.

4 Der 2. Besuch an diesem Tag bringt Kekse mit.

5 Tante Hilde ist nicht die Person, die den Saft mitbringt und sie schenkt ihm auch nicht die CD.

Worauf kann unser Malermeister nicht verzichten?

Tauschrätsel

In jeder Zeile darf nur jeweils ein Buchstabe getauscht werden, um ein neues Wort zu erhalten, und damit aus dem Hort eine Nase werden zu lassen.

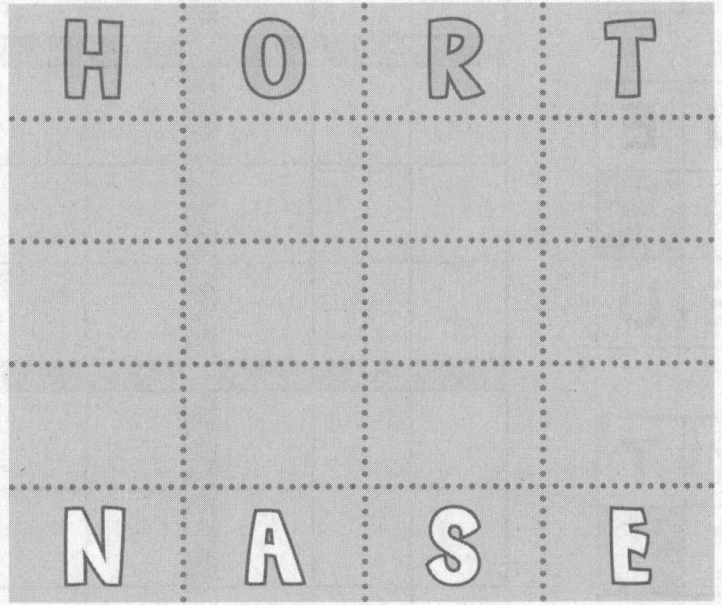

Kreuzwort-Puzzle

Wir haben eine Kreuzworträtsel-Auflösung zerschnitten.
Dann haben wir die Einzelteile durcheinandergebracht.
Ein Teil steht bereits an der richtigen Stelle. Die Einzelteile von
außen sollt ihr nun innen so ergänzen, dass eine vollständige
Kreuzworträtsel-Auflösung entsteht.

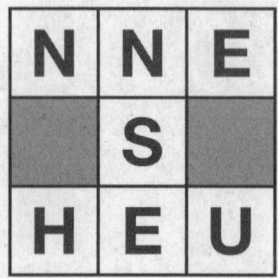

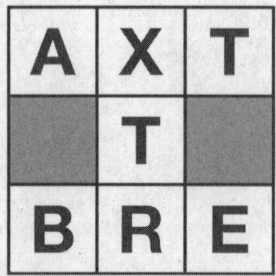

Die Buchstaben, in die richtige Reihenfolge hintereinandergestellt,
ergeben ein persönliches Fest.

Einer stört!

Einer der vier Begriffe passt nicht zu den anderen.
Welcher ist es?

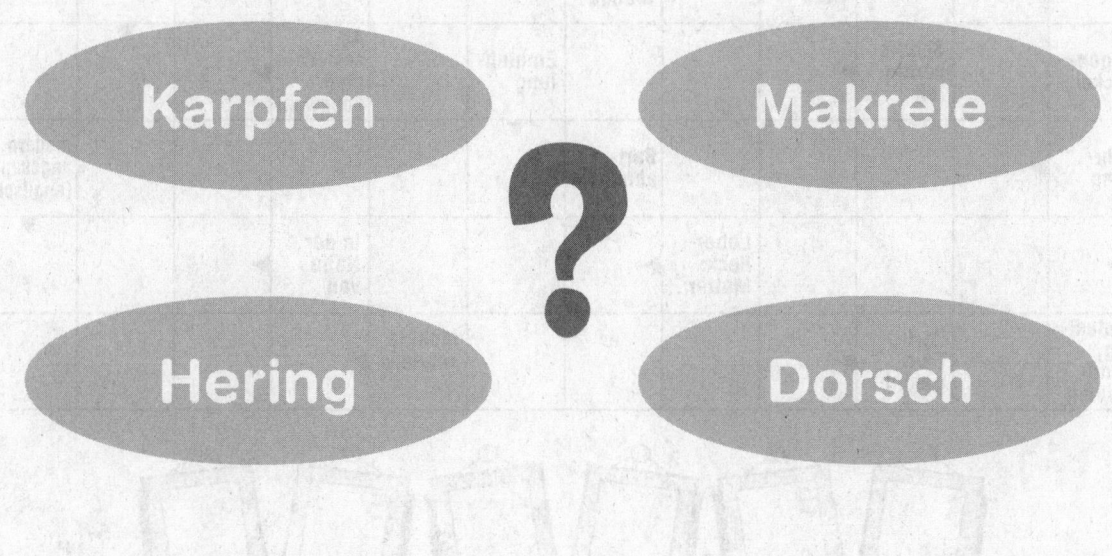

Straße	▼	nicht sehr warm	▼	Endpunkt eines Pfeils	▼	Telefon-gespräch	▼	Sitz-möbel-stück	Gegenteil von alt	▼	Höflich-keits-bezeigung
großes Gebirge in Europa ►						tausend Kilogramm sind eine ... ►					
ein Meeres-raubfisch ►				grober, aber gut-mütiger Mensch ►			(Bild 2)				
(►)		(Bild 4)		ein Laub-baum	[Olivenzweig]			Raubtier mit Mähne			behaarte Tierhaut, Pelz
Haupt-wort von brüten	unerwar-tetes Gesche-hen ►				(Bild 3)				lang-schwän-ziger Papagei		
(►)				Stimm-zettel-behälter: Wahl...		frucht-bare Wüsten-insel ►					
Nieder-schlag von Eis-körnern	Maß-einheit der Tem-peratur	Vater und ... ►									trocke-nes Gras (Vieh-futter)
(►)						Teil des Ober-körpers		Abstim-mung, Stimm-abgabe ►			
[Angler-Figur]	lahm, schlep-pend gehen	kleines Nagetier	Rad-mittel-stück ►						[Weintrauben]		zu keiner Zeit
[Hammer]								gleich-gültig: das ist mir ...	machen ►		
(►)	(Bild 1)	ein Back-werk		in größerer Menge ►							eine Zahl
Augen-deckel	Schiffs-vorder-teil					Empfeh-lung		Ab-schieds-gruß, Lebewohl ►			
Lehr-gang ►				Bart-abnahme							modern, angesagt (englisch)
(►)	(Bild 5)		Leber-fleck: Mutter... ►					in der Nähe von ►			
Protest-zug, Kund-gebung	Zart-, Fein-gefühl ►					nicht ja, sondern ... ►					(Bild 6)

Scherzfrage

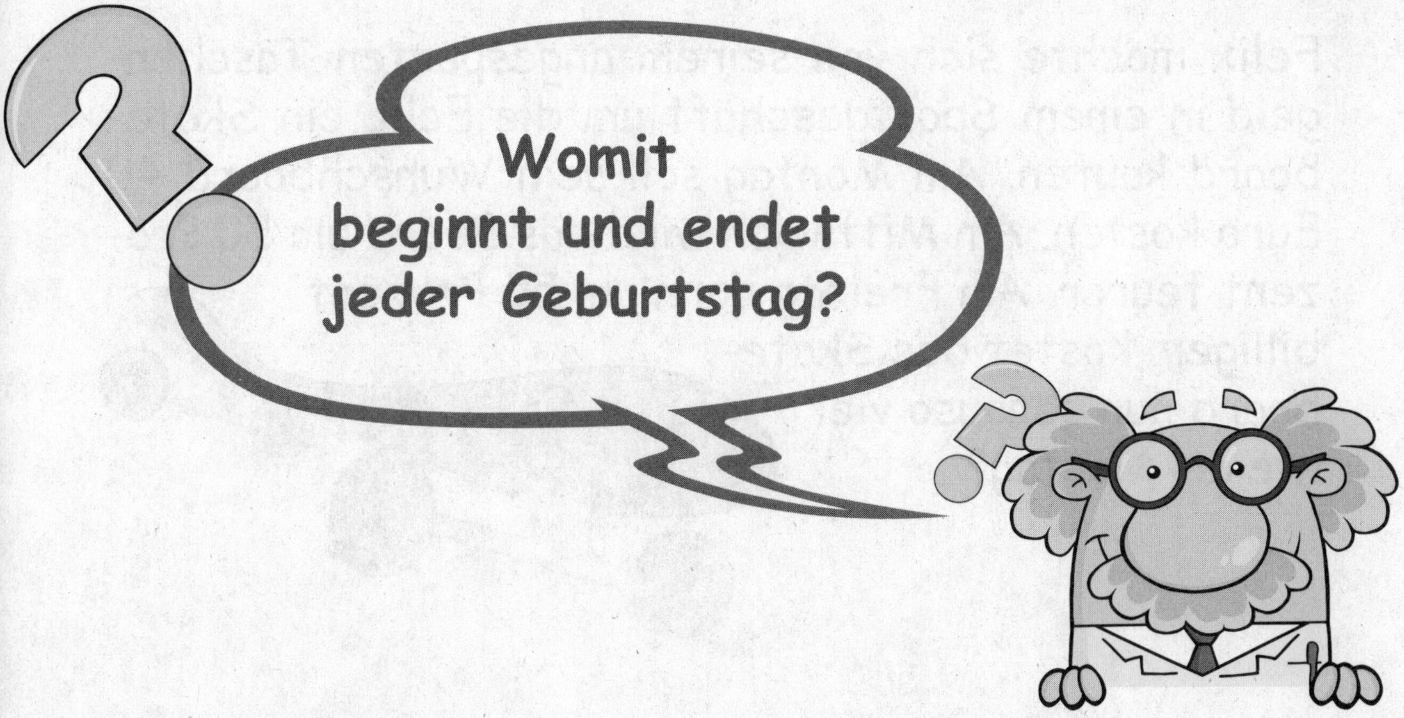
Womit beginnt und endet jeder Geburtstag?

Quiz

Welcher ist der längste Fluss Europas?
a) Rhein
b) Elbe
c) Wolga
1

Budapest ist die Hauptstadt von …
a) Ungarn
b) Rumänien
c) Kroatien
2

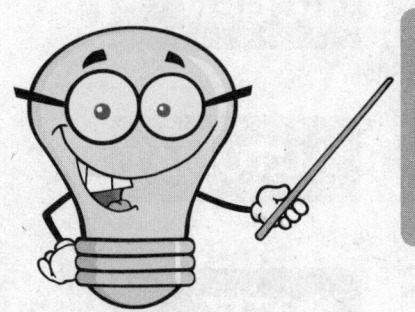

Was kann man in New York bewundern?
a) Eiffelturm
b) Akropolis
c) Freiheitsstatue
3

Wunschboard!

Felix möchte sich von seinem angesparten Taschengeld in einem Sportgeschäft um die Ecke ein Skateboard kaufen. Am Montag soll sein Wunschboard 40 Euro kosten. Am Mittwoch wird das Board um 50 Prozent teurer. Am Freitag dann um 50 Prozent billiger. Kostet das Skateboard nun genauso viel wie am Montag?

Brückenrätsel

Ein Fischer hat seine Netze von einem Ufer zum anderen gespannt. Gesucht werden Wörter, die in die Bojen passen und Begriffe ergeben, die das linke Uferwort ergänzen und dem rechten Uferwort vorangesetzt werden können. Die Buchstaben in den grauen Bojen ergeben das Lösungswort.

WAREN — ☐ ☐ ☐ ☐ ☐ — HALLE

PLATZ — ☐ ☐ ☐ ☐ ☐ — BOGEN

FALSCH — ☐ ☐ ☐ ☐ — AUTOMAT

TELLER — ☐ ☐ ☐ ☐ — NOTIZ

Finde die gesuchten Begriffe zu den Bildern und trage die ausgewählten Buchstaben dieser Begriffe in den grau unterlegten Streifen im Rätsel als Startwort ein.

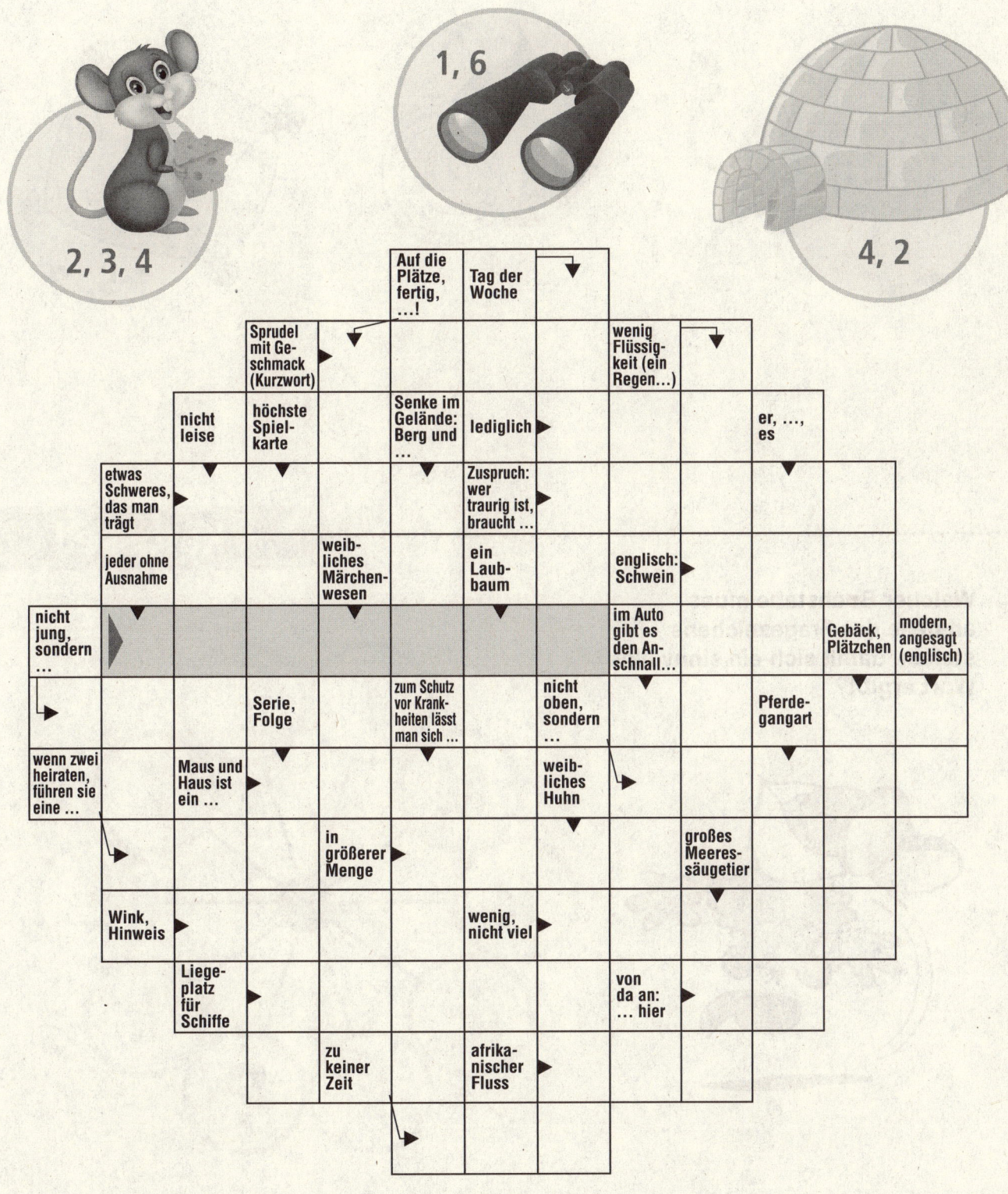

Finde die gesuchten Begriffe zu den Bildern. Die angegebenen Buchstaben ergeben das Lösungswort.

4, 3

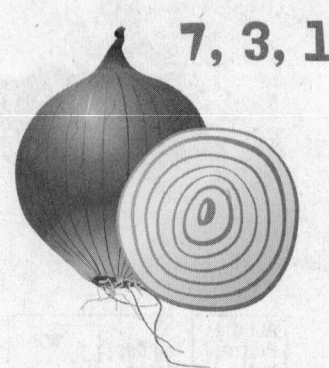

7, 3, 1

5, 2

Welcher Buchstabe muss anstelle des Fragezeichens stehen, damit sich ein sinnvolles Wort ergibt?

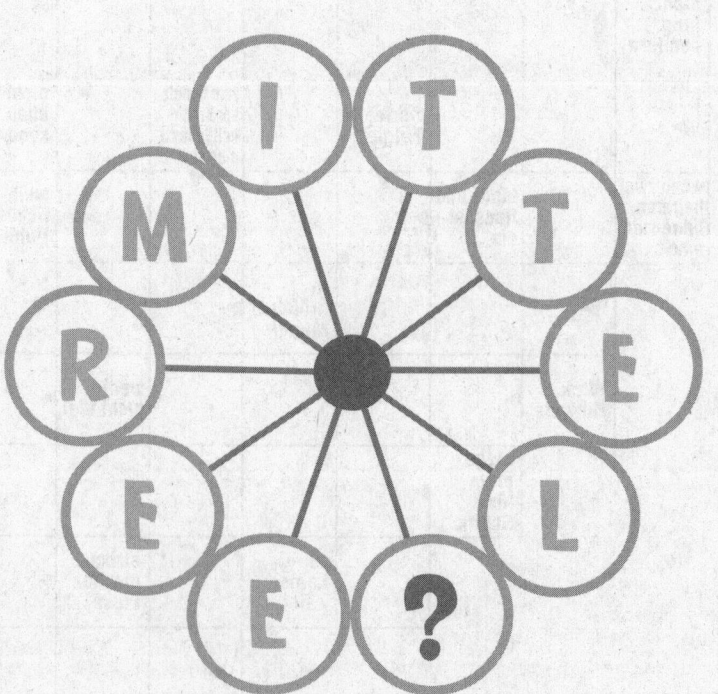

Wörtersalat

Wir haben 18 Wörter zum Thema Handarbeiten in diesem Buchstaben-Wirrwarr versteckt. Die Wörter können in jede Richtung laufen, auch diagonal, rückwärts oder von unten nach oben. Und sie können auch andere Wörter schneiden. Kannst du alle finden?

BASTELN – BUNTSTIFTE – FALTEN – GARN – HAEKELN – KLEBSTOFF – KNUEPFEN – NADEL – NAEHMASCHINE – PINSEL – SAEGEN – SCHABLONE – SCHERE – SCHRAUBEN – STOFFE – STRICKEN – ZEICHNEN – ZWIRN

```
N E B U A R H C S S F Q C H B I N T G K
L J Q N N L A R G P E N L E T S A B H F
Y N B L A S J S V Y V O B O G Z B W Z Z
J H W S J D Z E I C H N E N C Z W I R N
X H U H H I E W Q L D H K L J F E B U W
W O A F X V R L Y V B M X N J E R X M Y
H R Y F S T R I C K E N R A X D N U E X
R Q L G I W U P U B E N Q E D R X F X H
A N K Q U F Q U W G M X M H A M F L E S
U L K C B F B F E O Q E J M R O P R R C
Y E M F X O S A S M E W T A T M C G X H
N K J W H T S D H V N R Q S R B G M U A
T E C H K S H J X F O Y E C Z G M E P B
Q A S Y N B B A Q Q A A R H E W K D F L
R H K L Y E J B I B W L S I C I J D N O
Y U H T W L Q G A X E Y T N P S C L Y N
F M I F M K H M W S G G F E S F X E R E
A X I Q Q B C K N M P T A J N C N X L A
N U E B E T F I T S T N U B Y O Y R R A
X P K S D I P D K J R I O J N C H G A N
R B E X B X A K N U E P F E N T B P H G
```

Welches Wort mit zwei Bedeutungen wird gesucht?

> **Mein Teekesselchen ist ein weißes Pferd.**

> **Mein Teekesselchen sieht man ungern an Lebensmitteln.**

Memo

Jeweils zwei Bilder ergeben zusammengesetzt ein neues Wort.
Welche drei Begriffe suchen wir?

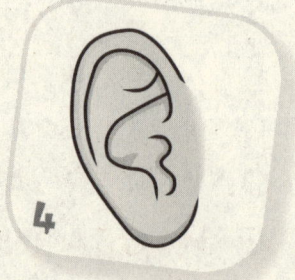

Trage die unten stehenden Wörter so in das Gitter ein, dass du ein komplett ausgefülltes Rätsel erhältst. Als kleine Hilfe ist bereits ein Wort vorgegeben.

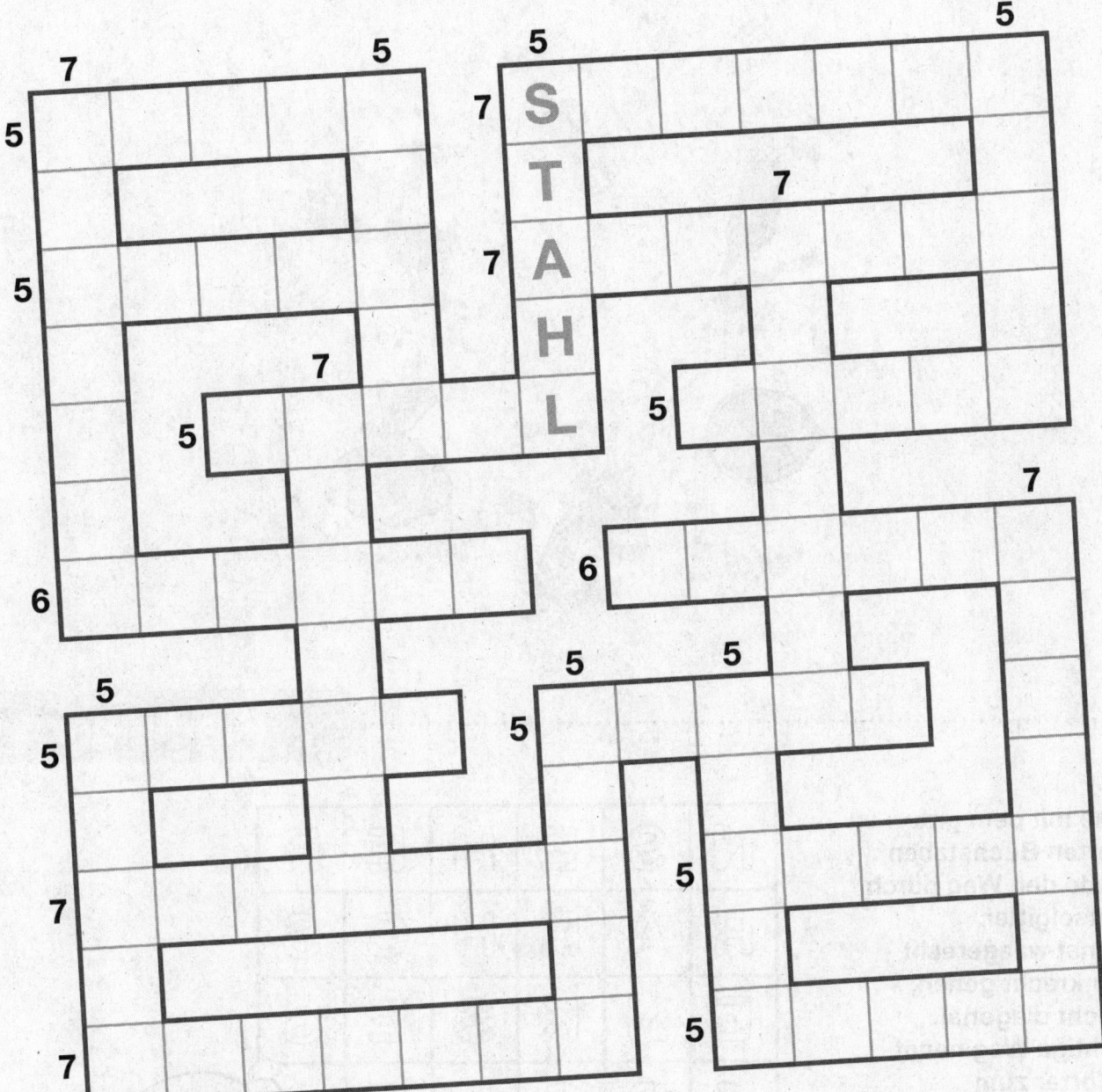

5 Buchstaben:
ALARM – ALLES – APFEL – DAUER –
DEMUT – FUENF – KNABE – KNOPF –
MUEHE – RIPPE – SEGEN – STADT –
TATZE

6 Buchstaben:
FRAGEN – TANDEM

7 Buchstaben:
APPETIT – EINWAND – KORREKT –
MAHNUNG – NORDSEE – PADDELN –
SCHNITT – TORKELN

Bilderrätsel

Finde heraus, welches Wort sich jeweils hinter den Bildern verbirgt. Ihre Anfangsbuchstaben ergeben im Uhrzeigersinn gelesen das Lösungswort. Beginne mit dem Bild oben.

Pfadfinder

Beginne mit dem grau markierten Buchstaben und finde den Weg durch das Rätselgitter. Du kannst waagerecht und senkrecht gehen, aber nicht diagonal. Der richtige Weg nennt dir 6 Wörter zum Thema Möbel.

N	S	E	H	E	R
R	A	R	H	C	S
E	N	K	S	E	S
F	O	S	L	E	S
N	F	A	T	I	S
I	M	A	K	H	C

Was ist der Unterschied zwischen einem Fußgänger und einem Fußballer?

Füllrätsel

Die Wörter folgender Bedeutungen sind waagerecht in das Diagramm einzutragen.

1 Teil Großbritanniens,

2 Sportgerät,

3 geben, schenken,

4 Bestimmtheit, Härte,

5 sehr hübsch, anziehend,

6 mit einem Tuch wegputzen

1	E	N				
2		E	N			
3			E	N		
4				E	N	
5					E	N
6						E	N

Domino

Drehe die Dominosteine so, dass die oberen und unteren Buchstaben jeweils ein Kleidungsstück ergeben.

J	A	L	K	I
P	U	C	L	E

W	E	U	T	E
B	L	S	S	E

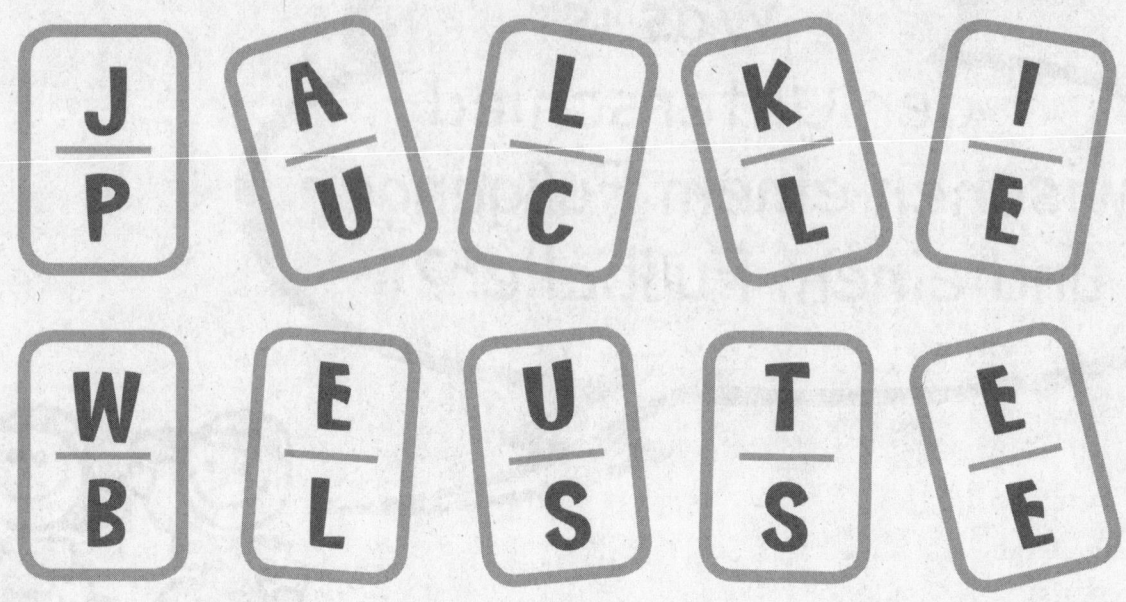

Spinnennetz

Beginne beim dunkelgrauen Buchstaben und finde den Weg durch das Spinnennetz. Welches Wort ergibt sich, wenn du jedes Feld im Spinnennetz nur einmal durchlaufen darfst?

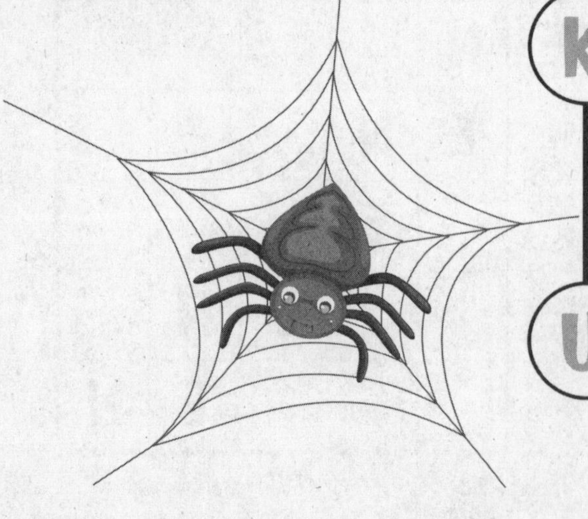

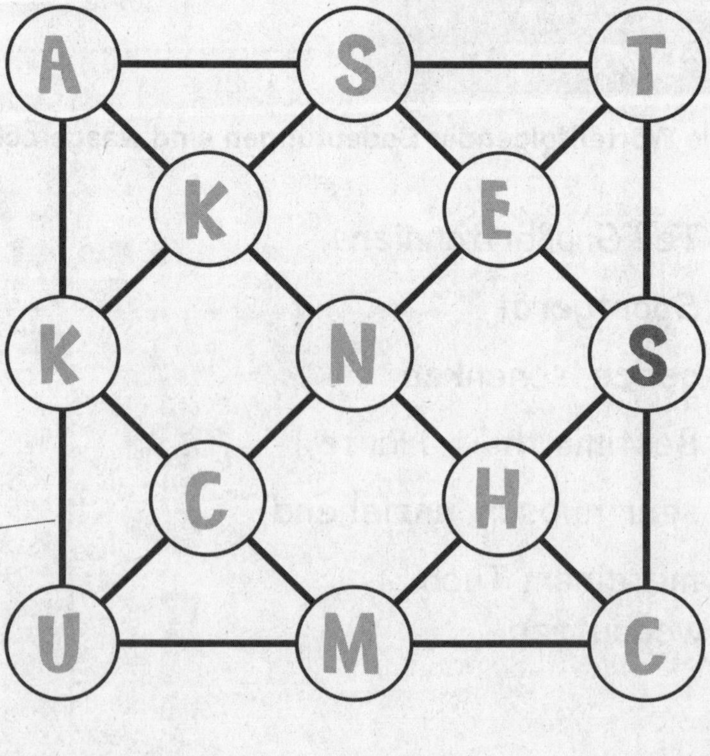

In der Liste stehen jeweils drei Wörter, von denen nur ein Wort ins Diagramm unter derselben Nummer eingetragen werden kann.

1 GRIMM BUSCH FEILE	**2** MEER TIEF ZIMT	**3** HOTEL INNEN ZWECK
4 SAGEN RAUPE KAMIN	**5** RUHE MANN KIKA	**6** NEU TAL UHR
7 PERLE LEUTE LISTE	**8** MAL REH GUT	**9** ORT EID FEE
10 LANG EINS REDE	**11** JA WO ES	**12** ELTERN GESANG WECKEN
13 ATEM KUFE TIPP	**14** SPUR DILL EINE	**15** NETT ABER ZORN
16 POL DAS LOS	**17** ASIEN PFERD ESCHE	**18** EULE LEER FINK
19 SEHR ENDE HAST	**20** LID EIS WIR	**21** ARMEE WOLKE ROBBE
22 HAUPT ZUTAT STEIN	**23** HARZ BROT STAU	**24** STOSS ZIEGE KRAUT

Diagramm:

18 · 23 · 12

7 · 13

24 · 5 · 14

2 · M E E R

4 · 6 · 15

3 · 21 · 16

22 · 17

8 · 10

11 · 20

1 · 9

19

Sortierquiz

Welcher Fluss fließt in welches Meer? Wenn du richtig zugeordnet hast, ergeben die Buchstaben von oben nach unten gelesen eine Schiffsleinwand.

Amazonas   Nordsee **E**

Elbe   Nordsee **E**

Donau   Schwarzes Meer **G**

Weser   Mittelmeer **L**

Nil   Atlantik **S**

Bilderrätsel

Finde heraus, welches Wort sich jeweils hinter den Bildern verbirgt. Die Zahl neben dem Bild gibt an, welchen Buchstaben des Wortes du brauchst. Der Reihe nach ergeben diese Buchstaben das Lösungswort.

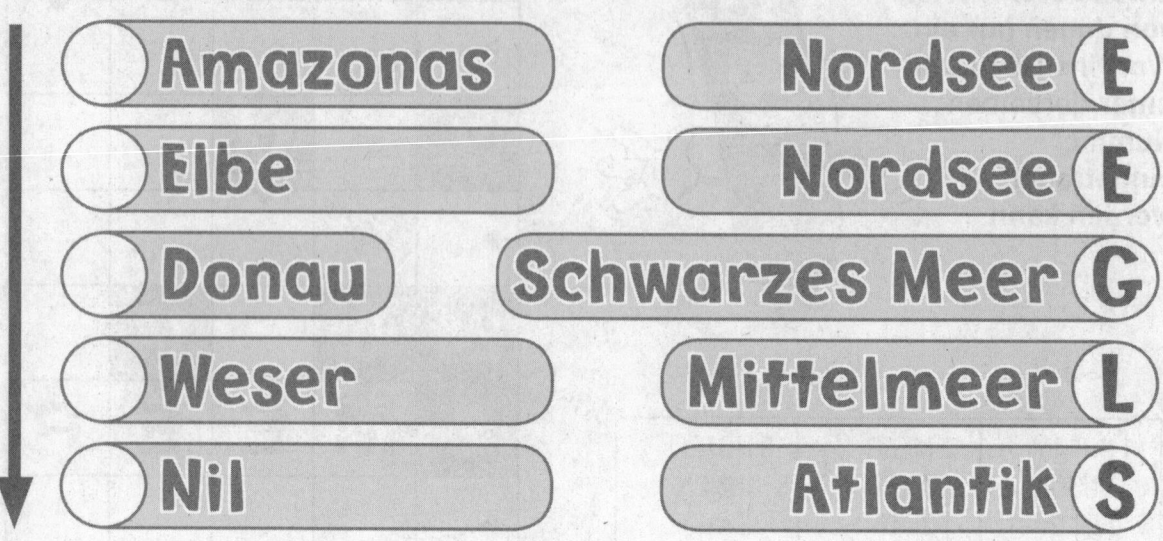

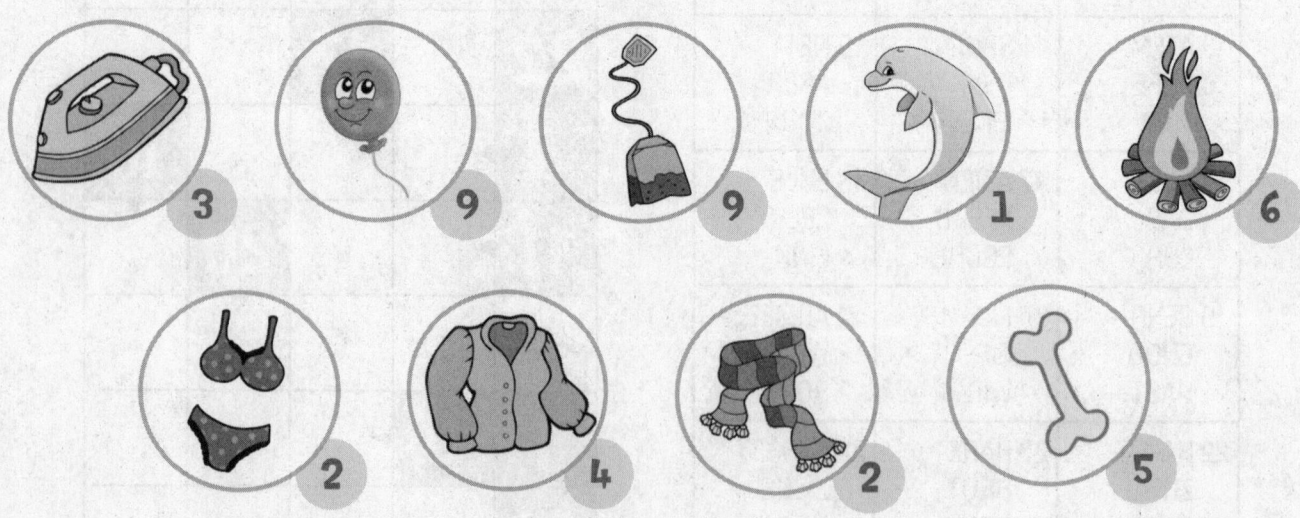

Linda hat sich schick gemacht. Ihre beste Freundin kommt sie gleich abholen. Wohin sie gehen wollen, erfährst du, wenn du die Buchstaben in die richtige Reihenfolge bringst.

Quiz

1

Bei der Herstellung werden Kerzen ...
a) geworfen
b) gedrückt
c) gezogen

2

Welche ist keine Figur aus den Märchen der Brüder Grimm?
a) Micky Maus
b) Schneewittchen
c) Rapunzel

3

Wie viele Bundesländer hat Deutschland?
a) 12
b) 14
c) 16

europä-ischer Fluss	▼	graues Lasttier	▼	Kram, Sachen	▼	Eifer-sucht, Miss-gunst
deut-sches Bundes-land ▶						▼
englisch: Fahrrad		flüssiges Fett		eng-lisch: eins		

stür-zende Schnee-masse	▼	naturwis-senschaft-liches Schulfach		▼							▼	anfangs, zunächst	▼
▶					genau; sorg-fältig		eine Zahl ▶						
Nieder-schlag von Eis-körnern		Guten Tag sagen		fröhlich	▶					man hört mit dem …		muster-haft, voll-kommen	
▶						Gegenteil von voll		kurze Aufzeich-nung					
Hart-schalen-frucht		die Verei-nigten Staaten						Zupf-instru-ment	Berg-weide		an dieser Stelle, dort		
weib-liches Märchen-wesen	▶				deutlich ▶						Sand- oder Schnee-anhäufung		Markt-bude
▶		ganz, voll-ständig									ein Frage-wort		
lang-schwän-ziger Papagei	langes Winter-sport-gerät				Farbton zwischen Blau und Rot	mit Müll ver-schmutzt man die …							
Baby-speise	▶			starke Hitze im Feuer					Krach, lästiges Geräusch	mit Rat und … zur Seite stehen		Küchen-gerät, Raspel	
▶			musika-lisches Bühnen-werk			landwirt-schaft-liches Gerät							
einge-schaltet, nicht aus	▶	spanisch: Hurra!, Los!, Auf!					Vater und Mutter			24 Stunden sind ein …			
	▶												modern, angesagt (englisch)
der Planet, auf dem wir leben		fertig gekocht	▶						Kurzwort für Abitur				
▶					Verdau-ungs-organ								

In diesem Buchstaben-Wirrwarr sind 12 Wörter versteckt. Sie können in jede Richtung laufen, auch diagonal, rückwärts oder von unten nach oben. Wenn du sie alle gefunden hast, ergeben die übrig gebliebenen Buchstaben ein Sportgerät.

S	C	H	A	U	K	E	L	T
A	K	S	L	B	A	L	L	R
N	R	E	C	K	R	T	R	A
D	T	I	R	E	U	U	U	M
K	O	L	O	T	S	R	T	P
I	R	B	L	T	S	M	S	O
S	B	A	L	K	E	N	C	L
T	E	H	E	R	L	W	H	I
E	A	N	N	N	L	D	E	N

BALKEN
BALL
KARUSSELL
RECK
ROLLEN
RUTSCHE
SANDKISTE
SCHAUKEL
SEILBAHN
TOR
TRAMPOLIN
TURM

Lexikon-Rätsel

? Im Lexikon findet sich unter dem Stichwort „Schwager" folgender Eintrag:

> Schwa|ger, der; -s, Schwä|ger,
> 1. Ehemann einer Schwester;
> Bruder des Ehemanns, der Ehe-
> frau, 2. (früher, bes. als Anrede)
> Postillion, Postkutscher

Ist das wirklich wahr?

Familie Engels macht in diesem Jahr Ferien auf einem Bauernhof. Den vier Kindern der Engels gefällt es hier sehr gut, besonders gefallen ihnen aber die vielen Tiere. Jedes der Kinder hat ein Lieblingstier, das morgens nach dem Frühstück sofort besucht wird. Wie alt sind die Kinder, welches Tier ist ihnen besonders lieb und wie heißt dieses Tier?

Ferien auf dem Bauernhof

		Alter Kind				Lieblingstier				Name Tier			
		8	9	10	11	Esel	Hase	Pony	Schwein	Dolly	Esmeralda	Hexe	Minnie
Name Kind	Alina												
	Ben												
	Chris												
	Dora												
Name Tier	Dolly												
	Esmeralda												
	Hexe												
	Minnie												
Lieblingstier	Esel												
	Hase												
	Pony												
	Schwein												

1 Ben mag das Schwein am liebsten. Er ist jünger als Alina. Das Schwein heißt nicht Hexe.

2 Das älteste Kind mag das Pony am liebsten.

3 Das Lieblingstier des 9-jährigen Chris ist nicht der Hase namens Dolly.

4 Doras Lieblingstier heißt Minnie.

Kannst du erraten, welches Wort sich hier verbirgt?

Tauschrätsel

In jeder Zeile darf nur jeweils ein Buchstabe getauscht werden, um ein neues Wort zu erhalten, und damit aus lang den Wall werden zu lassen.

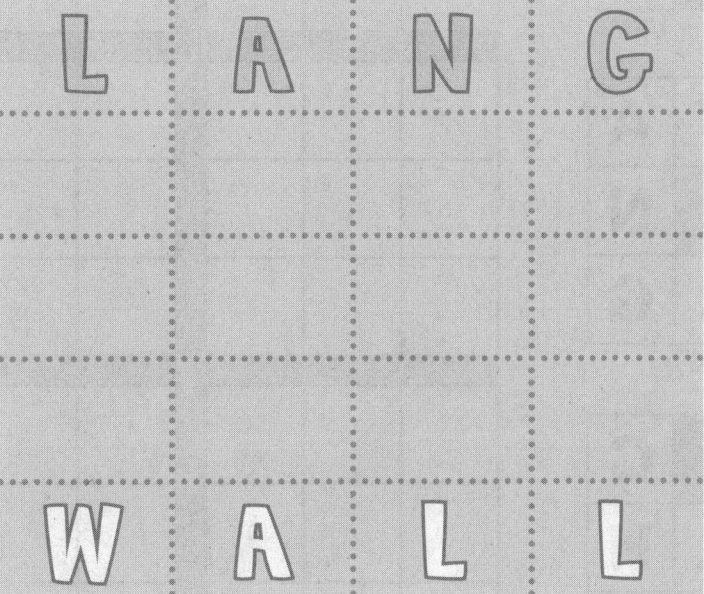

L A N G

W A L L

Kreuzwort-Puzzle

Wir haben eine Kreuzworträtsel-Auflösung zerschnitten.
Dann haben wir die Einzelteile durcheinandergebracht.
Ein Teil steht bereits an der richtigen Stelle. Die Einzelteile von
außen sollt ihr nun innen so ergänzen, dass eine vollständige
Kreuzworträtsel-Auflösung entsteht.

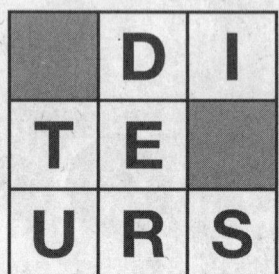

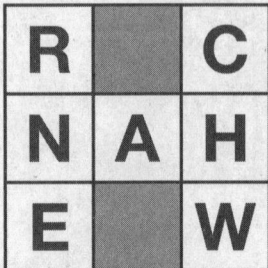

Die Buchstaben, in die richtige Reihenfolge hintereinandergestellt, ergeben planmäßiges Betreiben von Ackerbau.

Einer stört!

Einer der vier Begriffe passt nicht zu den anderen. Welcher ist es?

Track

Trick

?

Tick

Tim

mit Farbe malen, zeichnen	▼	läng-liche, feste Hülle	▼	Zimmer-winkel	Flachland	▼	eng-lisch: eins	▼	geist-reicher Spaß, Scherz	▼	Unglück, Miss-geschick
↓				▼		Stachel-tier ▶				
		muster-haft, voll-kommen		abgegrenz-ter Teil des Gartens (Gemüse...) ▶			Schluss-wort im Gebet		meist ungiftige Schlange
↓						Teil des Gebisses			
sich sputen			Auf die Plätze, fertig, ...!	afrika-nischer Fluss	▶		Haus-besitzer, Gast-geber	im Versteck warten
↓			▼			Erde, Lebens-raum des Menschen	▼
Bühnen-dekora-tion	Rand eines Flusses oder Sees			grünes Blatt-gemüse	▶		↻ 2
↓	▼				am Meer gibt es ... und Flut	schmel-zen (Schnee)
Buch-, Presse-unter-nehmen	Fahr-bahn neben Straßen	Behörde	englisch: Brief ▶		↻ 6	sehr dünn
↓	▼		▼	schmale Öffnung	Hänsel ... Gretel	
Zimmer ▶		↻ 1	Fahrzeug mit vier Rädern und Motor	▼	Klassen-arbeit ↘
ungefähr	Klang, Laut	Wand-verklei-dung aus Papier		↻ 5	heißes Getränk
↓	▼		von da an: ... hier	Schwimm-vogel mit breitem Schnabel ▶	
Waren-auswahl				..., sie, es ▶
↓	↻ 3		Eingang in ein Haus ▶	

Warum arbeiten Anfänger nur mit Mundschutz am Computer?

Quiz

Welche Frucht wächst auf
Bäumen?

a) Erdbeere
b) Apfel
c) Kürbis

1

Was ist kein Getreide?

a) Weizen
b) Roggen
c) Mandel

2

Welche Blume hat niemals
weiße Blüten?

a) Sonnenblume
b) Schneeglöckchen
c) Rose

3

Maximilian, Alexander, Leon und Elias heißen die Söhne von Herrn und Frau Weber. Alle vier haben eine Schwester. Wie viele Kinder haben die Webers insgesamt?

Brückenrätsel

Ein Fischer hat seine Netze von einem Ufer zum anderen gespannt. Gesucht werden Wörter, die in die Bojen passen und Begriffe ergeben, die das linke Uferwort ergänzen und dem rechten Uferwort vorangesetzt werden können. Die Buchstaben in den grauen Bojen ergeben das Lösungswort.

Finde die gesuchten Begriffe zu den Bildern und trage die ausgewählten Buchstaben dieser Begriffe in den grau unterlegten Streifen im Rätsel als Startwort ein.

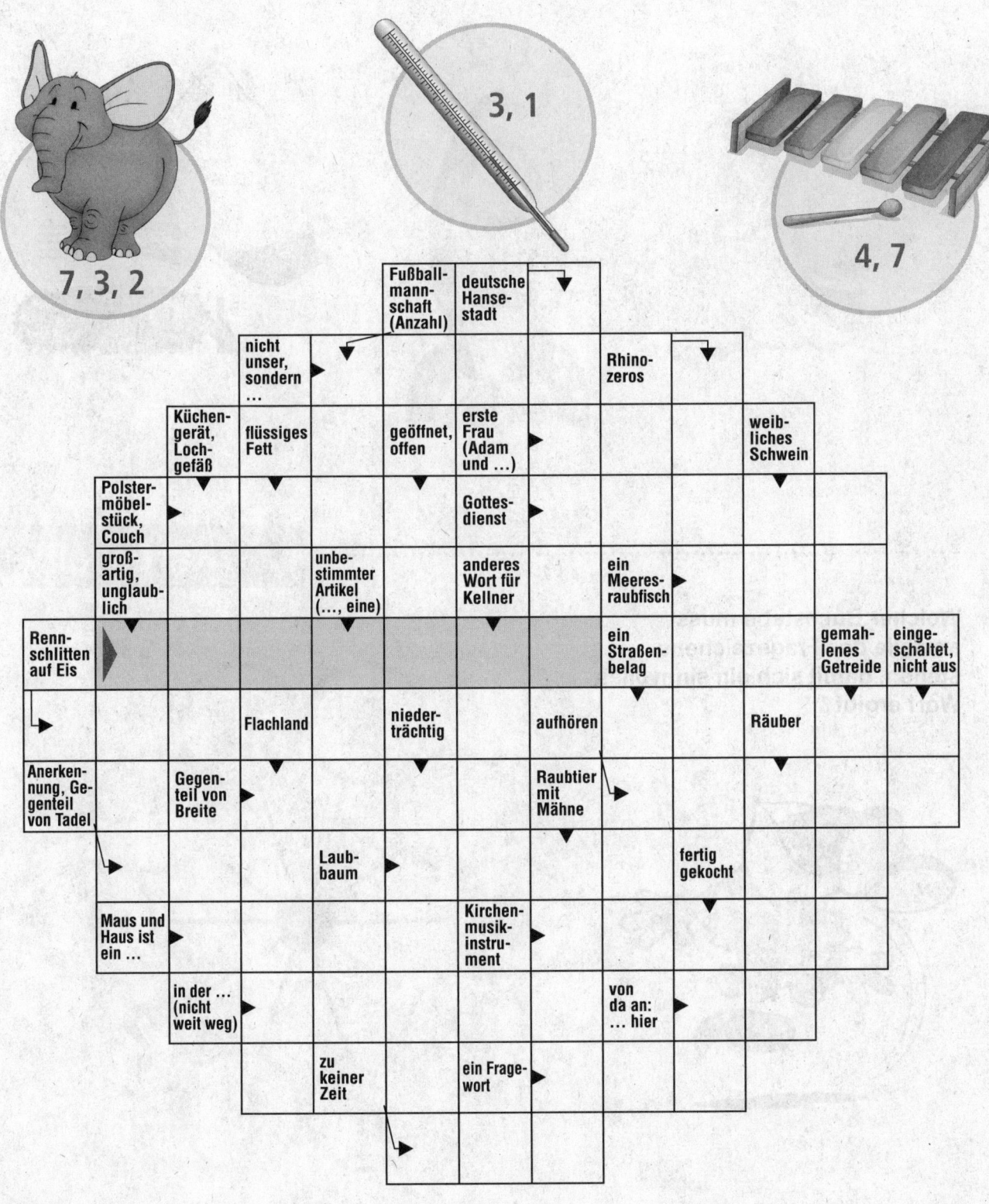

7, 3, 2

3, 1

4, 7

				Fußballmannschaft (Anzahl)	deutsche Hansestadt					
	nicht unser, sondern …						Rhinozeros			
	Küchengerät, Lochgefäß	flüssiges Fett		geöffnet, offen	erste Frau (Adam und …)			weibliches Schwein		
Polstermöbelstück, Couch					Gottesdienst					
großartig, unglaublich			unbestimmter Artikel (…, eine)		anderes Wort für Kellner		ein Meeresraubfisch			
Rennschlitten auf Eis							ein Straßenbelag		gemahlenes Getreide	eingeschaltet, nicht aus
		Flachland		niederträchtig		aufhören		Räuber		
Anerkennung, Gegenteil von Tadel	Gegenteil von Breite					Raubtier mit Mähne				
			Laubbaum					fertig gekocht		
Maus und Haus ist ein …				Kirchenmusikinstrument						
	in der … (nicht weit weg)					von da an: … hier				
		zu keiner Zeit		ein Fragewort						

Finde die gesuchten Begriffe zu den Bildern. Die angegebenen Buchstaben ergeben das Lösungswort.

5, 4

1, 2

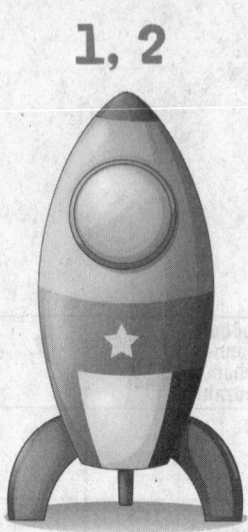

3, 5

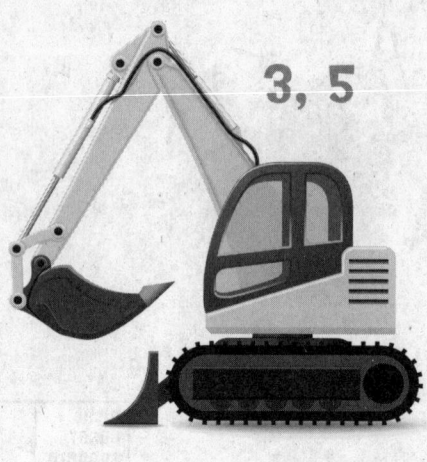

Welcher Buchstabe muss anstelle des Fragezeichens stehen, damit sich ein sinnvolles Wort ergibt?

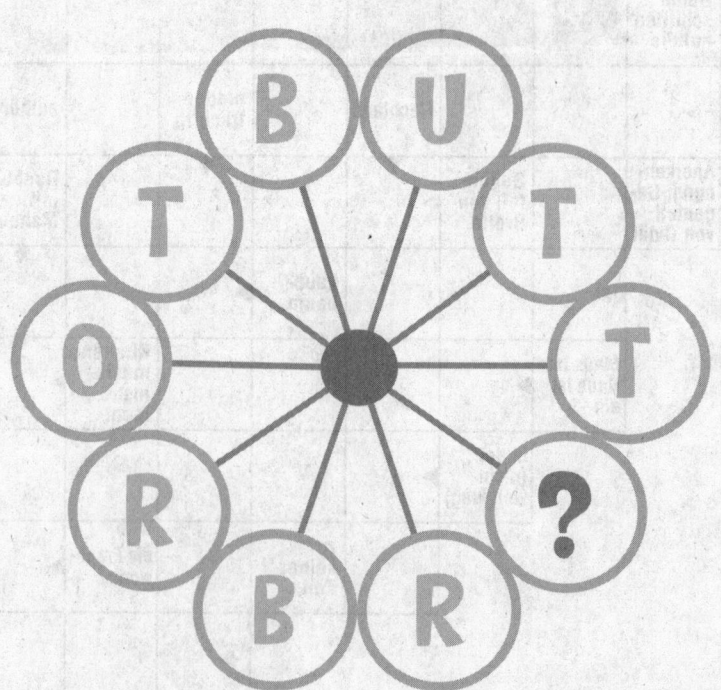

Wörtersalat

Wir haben 19 Wörter zum Thema Bauernhof in diesem Buchstaben-Wirrwarr versteckt. Die Wörter können in jede Richtung laufen, auch diagonal, rückwärts oder von unten nach oben. Und sie können auch andere Wörter schneiden. Kannst du alle finden?

EGGEN – EIER – FELD – FORKE – GEMUESE – GERSTE – GRASEN – HENGST – HENNE – HEUBODEN – KARTOFFEL – KATER – KUTSCHE – MAEHDRESCHER – MAIS – PFLUEGEN – SCHEUNE – TRAKTOR – WEIZEN

```
T N R B K V K U N N O L O W T A G E I T
M S M R U Z I A O E X H J W O E Z K X E
F K A K K Y U Y T G F S Q T K S V R W Y
H O I F X A N V X E N Y N R S H N O A K
Y G S Q G C E H Q U R K K A E L G F K T
E S V N Y D G L G L G F X K N N B O U S
Z T B E H G G Y I F H Z M T G E R R K C
P S F D O F E A E P V A Q O O S D I F H
L G L O X V C E S A E U H R V A A S K E
V N G B P T K A Z H H Z L M G R T P B U
Y E Q U H O X K D Q C P S A M G R H D N
B H N E Q Q X R W C S X Z O U J Q C Y E
M U J H G K E J G N T D E S E U M E G K
D L E F U S A C T N U O N F O D G V E K
V B H I C L E R H U K I C E Y C G X N N
Q V M H F I W N T Z Q O Z Z Z D E P N Q
R H E S A Q O F G O P L Y D K I A U E B
K R K I T K V J G V F G E R S T E T H J
A M V N E W B Y U W Z F N M A W S W R R
H W P C U R T G Y T B X E U S H G M H X
S J V N T K E E M V D V C L F X O H S M
```

Welches Wort mit zwei Bedeutungen wird gesucht?

> **Mein Teekesselchen ist ein Hund.**

> **Mein Teekesselchen ist ein Kampfsportler.**

Jeweils zwei Bilder ergeben zusammengesetzt ein neues Wort.
Welche drei Begriffe suchen wir?

Gitterrätsel

Trage die unten stehenden Wörter so in das Gitter ein, dass du ein komplett ausgefülltes Rätsel erhältst. Als kleine Hilfe ist bereits ein Wort vorgegeben.

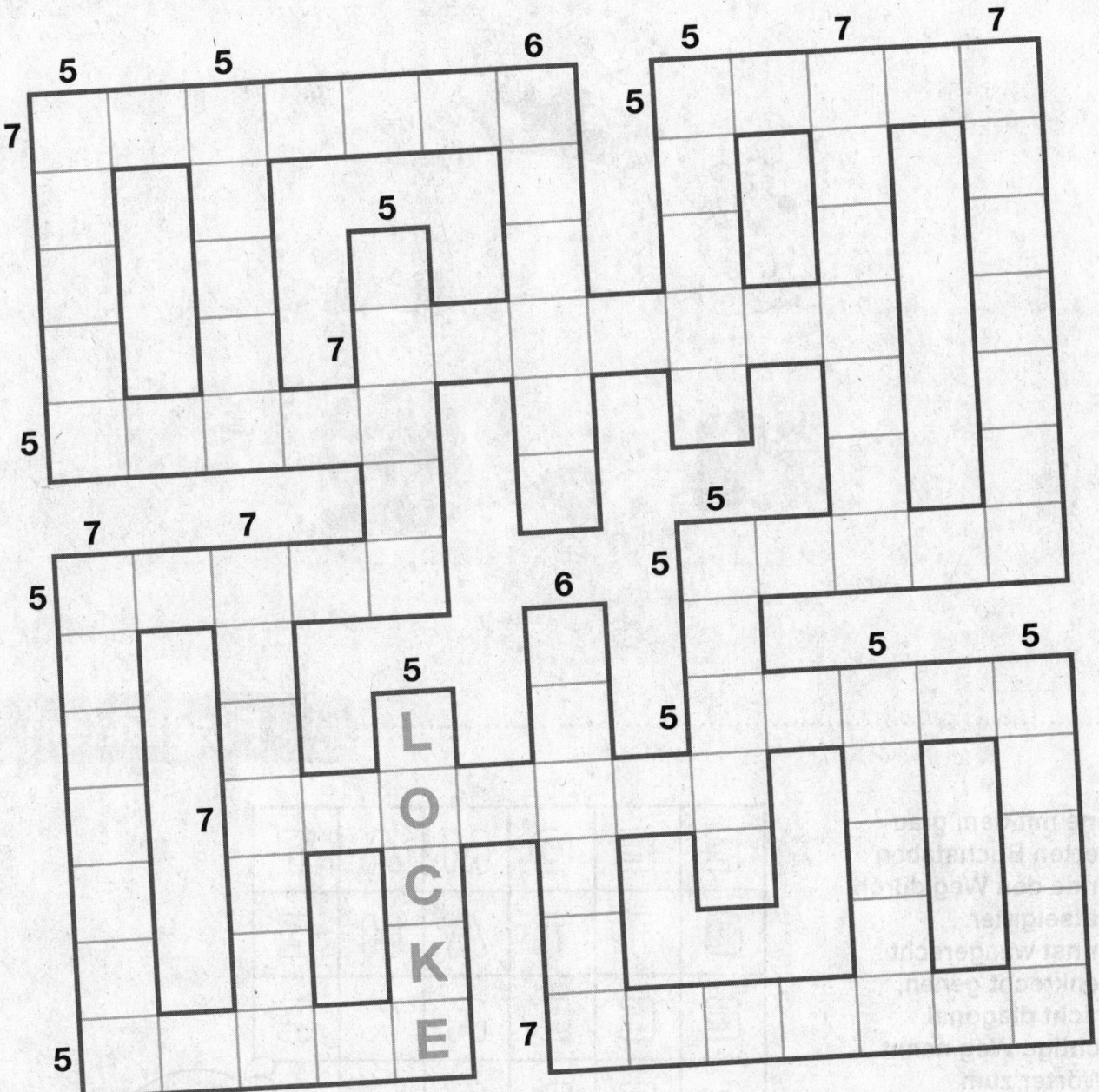

6 Buchstaben:
BEZIRK – RASEND

5 Buchstaben:
BOHNE – FRACK – KAESE – MUTIG –
NACHT – RINGE – SORTE – SPECK –
TREUE – UNTEN – ZEUGE – ZWEIG –
ZWIRN

7 Buchstaben:
EINIGEN – FEBRUAR – KARIERT –
MONITOR – PROTZIG – RASEREI –
TROPFEN – WAESCHE

Finde heraus, welches Wort sich jeweils hinter den Bildern verbirgt. Ihre Anfangsbuchstaben ergeben im Uhrzeigersinn gelesen das Lösungswort. Beginne mit dem Bild oben.

Pfadfinder

Beginne mit dem grau markierten Buchstaben und finde den Weg durch das Rätselgitter. Du kannst waagerecht und senkrecht gehen, aber nicht diagonal. Der richtige Weg nennt dir 7 Wörter zum Thema Garten.

Füllrätsel

Die Wörter folgender Bedeutungen sind waagerecht in das Diagramm einzutragen.

1 Genesung, Gesundung,

2 miteinander Verheiratete,

3 Hocker,

4 gerade Aufge- kommenes,

5 genießerisch Süßes verzehren,

6 Abschnitt eines Liedes

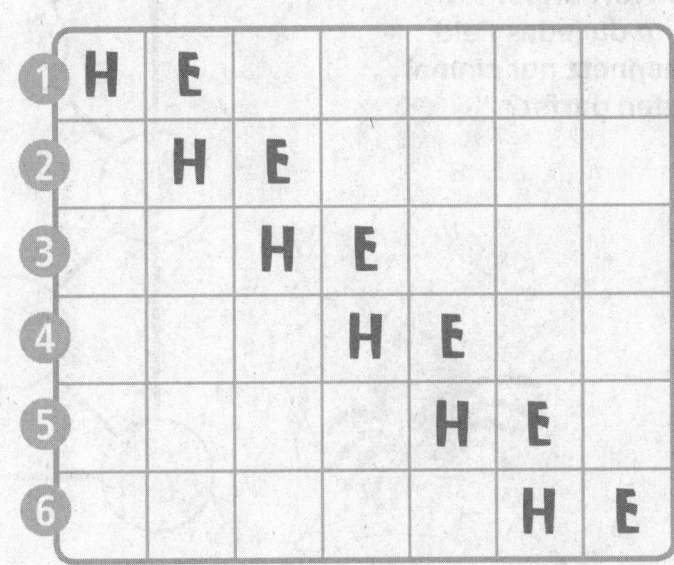

— 109 —

Domino

Drehe die Dominosteine so, dass die oberen und unteren Buchstaben jeweils ein Gewürz ergeben.

I	N	S	K	E	R
M	U	G	W	A	T

S	E	F	R	E	N
K	A	R	B	A	L

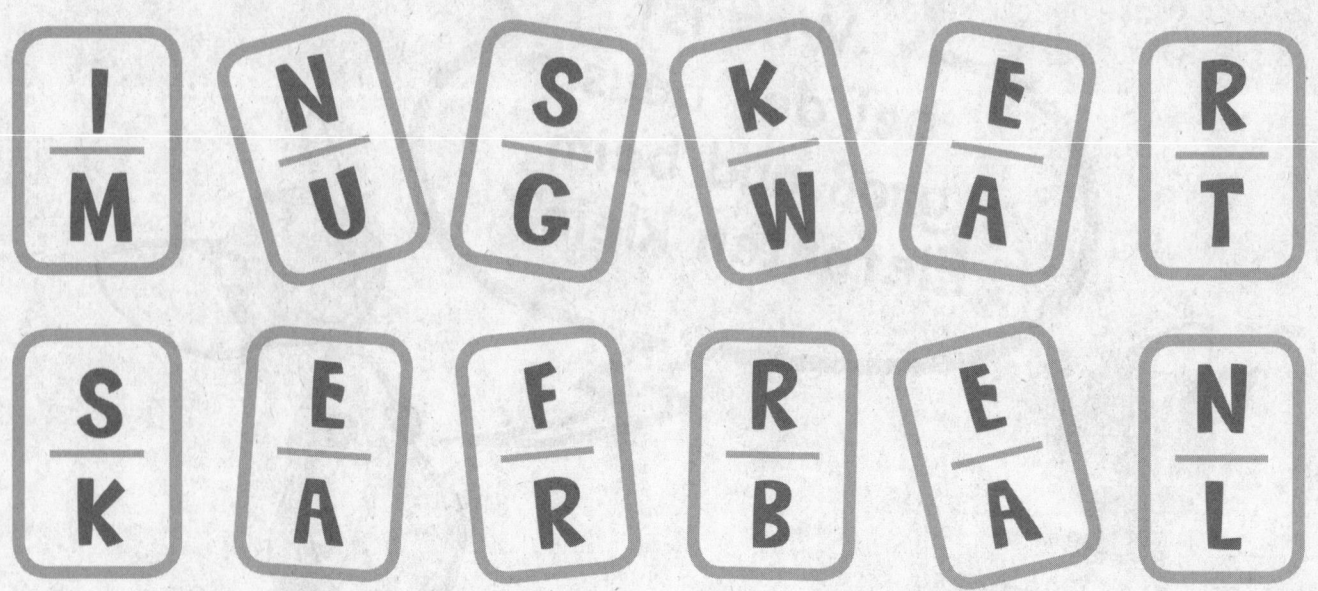

Spinnennetz

Beginne beim dunkelgrauen Buchstaben und finde den Weg durch das Spinnennetz. Welches Wort ergibt sich, wenn du jedes Feld im Spinnennetz nur einmal durchlaufen darfst?

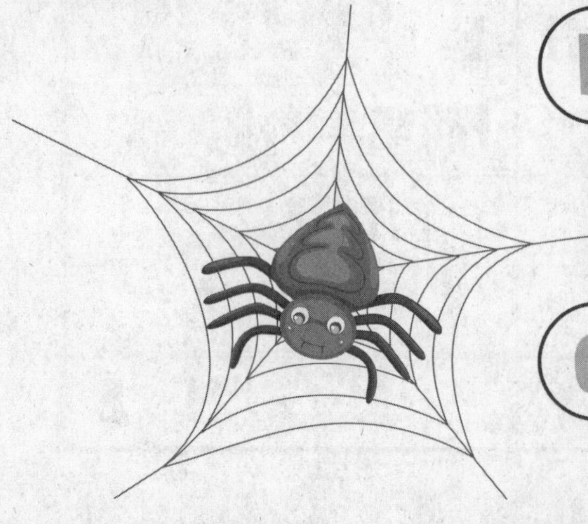

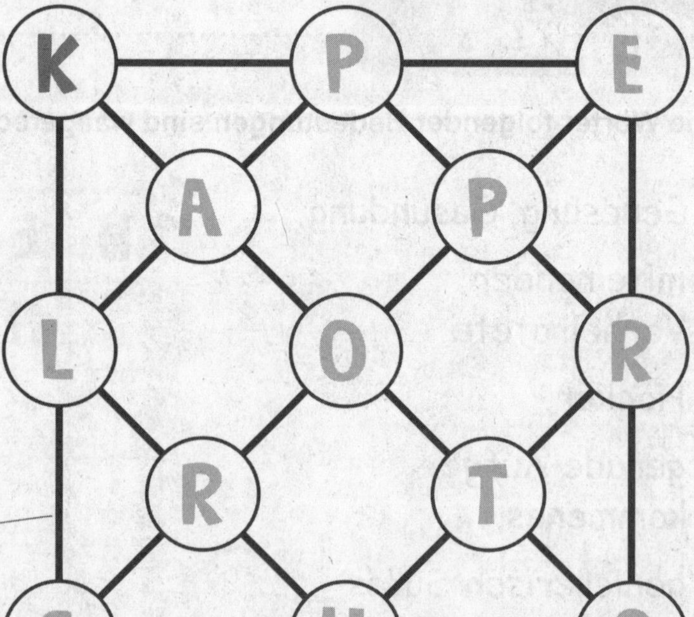

Nur ein Wort passt!

In der Liste stehen jeweils drei Wörter, von denen nur ein Wort ins Diagramm unter derselben Nummer eingetragen werden kann.

1 TEUER	2 AKROBAT	3 TOTO
LOTTO	RANGELN	BANK
JUBEL	RASSELN	WIRR
4 TATZE	**5** KERN	**6** URNE
SAUNA	CHOR	MOHN
ISLAM	KERL	FAHL
7 BUND	**8** OFEN	**9** KAUF
TAXI	BEIN	ERLE
LUPE	BLUT	ECKE
10 JOB	**11** HAFEN	**12** ZU
DER	EILIG	DA
SEE	FALLS	OK
13 EBEN	**14** REBELL	**15** PUTZ
SEIT	MUSKEL	LIEB
TURM	LEHREN	NEST
16 NULL	**17** ZOLL	**18** WINK
GUSS	OPER	KLEE
FUSS	SUED	HASS
19 ERBSE	**20** WALD	**21** MONAT
KANAL	ABER	VOKAL
SAUER	DAME	GRUEN
22 SEIL	**23** TEST	**24** ARZT
OESE	GIFT	TAKT
MEHR	TOUR	GAST

Diagramm:

22	▼	14	K	18
9 ▶			L	
10 ▶			E	15
13 ▶			E	
11	20		7	
⌐	▼		▼	
8 ▶				
21		6		16
⌐		▼	▼	
19	2		24	
⌐	▼		▼	
5 ▶				
1		3		17
⌐		▼		▼
4			12	
⌐			▼	
23 ▶				

Was gehört zu welchem Spiel? Wenn du richtig zugeordnet hast, ergeben die Buchstaben von oben nach unten gelesen ein anderes Wort für Gewinner.

Domino	Würfel **E**
Mau-Mau	Würfel **E**
Kniffel	Stäbchen **G**
Mikado	Karten **I**
Mensch ärgere Dich nicht	Turm **R**
Schach	Stein **S**

Finde heraus, welches Wort sich jeweils hinter den Bildern verbirgt. Die Zahl neben dem Bild gibt an, welchen Buchstaben des Wortes du brauchst. Der Reihe nach ergeben diese Buchstaben das Lösungswort.

Pia denkt sich immer wieder neue Zaubertricks aus. Was sie gleich aus dem Zylinder zaubert, erfährst du, wenn du die Buchstaben in die richtige Reihenfolge bringst.

Quiz

1

Welche Pflanze wird auch Pusteblume genannt?
a) Löwenzahn
b) Huflattich
c) Schafgarbe

2

Wer war kein Dichter?

a) Mozart
b) Schiller
c) Goethe

3

In welcher Maßeinheit wird die Temperatur angegeben?
a) Ampere
b) Hertz
c) Celsius

Schulfach (Turnen) | großer Teich | Seeräuber | | Klang, Laut | dickes Seil

unbestimmter Artikel (..., eine)

Sand- oder Schneeanhäufung | | | schnelle Fortbewegungsart, 100-m-...

Säugetier, das Bananen mag | | ein Fragewort (Person) | | | Freude, etwas zu tun: ... haben | | | | Hitze, hohe Temperatur

| | | langschwänziger Papagei | | blassroter Farbton

aufhören | | zeitliche Länge | Frau, die im Kloster lebt | Gebirgsübergang | | Dunst | | Milchorgan der Kuh

| | | | scharfes Gewürz

die Noten stehen im ... | | Großmutter | | | das Einbringen der Feldfrüchte | ungekocht | die Schule beginnt ... 8 Uhr

| | | | | flüssiges Fett

gewaltsam ziehen | Widerhall, z. B. in den Bergen | Empfehlung | Einzelvortrag (Instrument) | | | | unverfälscht, nicht künstlich | darin schläft man

| | | | leicht regnen | Rand eines Flusses oder Sees

Überstürzung, Eile | anfangs, zunächst | runde Schneehütte | | | | leicht bitter oder säuerlich | Kletterzweig

Ziel beim Ballspiel | | | | nicht weich | Ausflug mit dem Auto oder Reisebus

| | Fußglied (eins von zehn) | | | | englisch: zehn

| | ein Laubbaum | Sorte, Gattung | | mit Rat und ... zur Seite stehen | ..., sie, es

| | | | | Zimmerwinkel

... und her | | Ölschiff

In diesem Buchstaben-Wirrwarr sind 16 Wörter versteckt. Sie können in jede Richtung laufen, auch diagonal, rückwärts oder von unten nach oben. Wenn du sie alle gefunden hast, ergeben die übrig gebliebenen Buchstaben das Lösungswort.

H	A	M	S	T	E	R	T	I
A	E	S	C	H	W	E	I	N
S	F	H	A	H	N	G	R	P
E	U	L	E	L	E	E	X	F
M	C	S	P	I	N	N	E	E
A	H	I	G	E	L	W	E	R
U	S	K	U	H	H	U	N	D
S	G	A	N	S	I	R	T	K
K	A	T	Z	E	O	M	E	N

ENTE · EULE
FUCHS
GANS
HAHN
HAMSTER
HASE
HUND · IGEL
KATZE · KUH
MAUS
PFERD
REGENWURM
SCHWEIN
SPINNE

Lexikon-Rätsel

? Im Lexikon findet sich unter dem Stichwort „Fohlen" folgender Eintrag: Foh|len, das; -s, -:

1. a) neugeborenes bzw. junges Pferd; b) (von Eseln, Kamelen, Zebras) neugeborenes bzw. junges Tier.
2. der -s, -s: in die Stirn gekämmtes, meist gleichmäßig kurz geschnittenes, glattes Haar.

Ist das wirklich wahr?

Logikrätsel

Sandra hat nächste Woche Geburtstag und ihre Eltern und Geschwister planen eine Überraschungsparty. Auch Sandras Freunde haben ihre Hilfe angeboten und möchten sich um das Gebäck kümmern. Hierbei bekommen sie selbst Hilfe von ihren eigenen Familienangehörigen. Wie heißen Sandras Freunde mit Nachnamen, wer hilft ihnen jeweils beim Backen und welches Gebäck steuern sie jeweils für die Party bei?

Über-raschungs-Party

		Nachname				Helfer				Gebäck			
		Breuer	Hamann	Kroll	Mallick	Mutter	Oma	Tante	Vater	Muffins	Plätzchen	Sandkuchen	Schokoladenkuchen
Vorname	Carla												
	Hendrik												
	Jana												
	Steffen												
Gebäck	Muffins												
	Plätzchen												
	Sandkuchen												
	Schokoladenkuchen												
Helfer	Mutter												
	Oma												
	Tante												
	Vater												

1 Der Schokoladenkuchen wird mithilfe eines Vaters gebacken.

2 Steffen backt nicht den Schokoladenkuchen. Hendrik backt Muffins.

3 Eines der Mädchen heißt mit Nachnamen Mallick. Dieses Mädchen backt den Sandkuchen.

4 Die Oma hilft nicht dem Kind mit dem Nachnamen Hamann.

5 Carla wird beim Backen von ihrer Mutter unterstützt.

6 Die Tante hilft dem Kind mit dem Namen Kroll bei der Fertigstellung des Gebäcks. **7** Der Nachname Kroll gehört nicht zu Hendrik.

Finde die versteckten Buchstaben in dem unteren Bild. Sie ergeben das Lösungswort.

Tauschrätsel

In jeder Zeile darf nur jeweils ein Buchstabe getauscht werden, um ein neues Wort zu erhalten, und damit aus dem Bund dann Mali werden zu lassen.

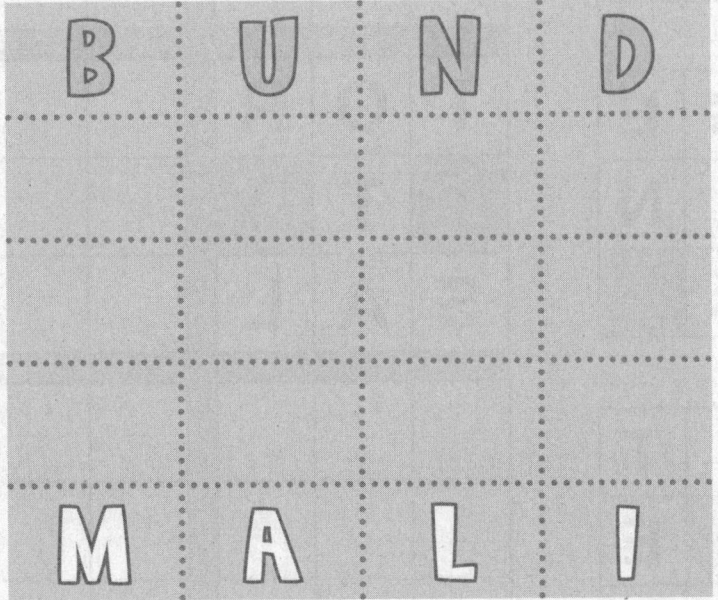

Kreuzwort-Puzzle

Wir haben eine Kreuzworträtsel-Auflösung zerschnitten.
Dann haben wir die Einzelteile durcheinandergebracht.
Ein Teil steht bereits an der richtigen Stelle. Die Einzelteile von
außen sollt ihr nun innen so ergänzen, dass eine vollständige
Kreuzworträtsel-Auflösung entsteht.

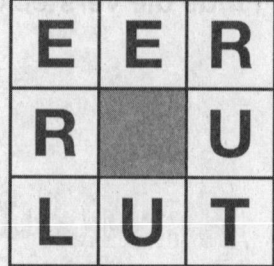

Die Buchstaben, in die richtige Reihenfolge hintereinandergestellt,
ergeben einen Schnellverkehrsweg für Kraftfahrzeuge.

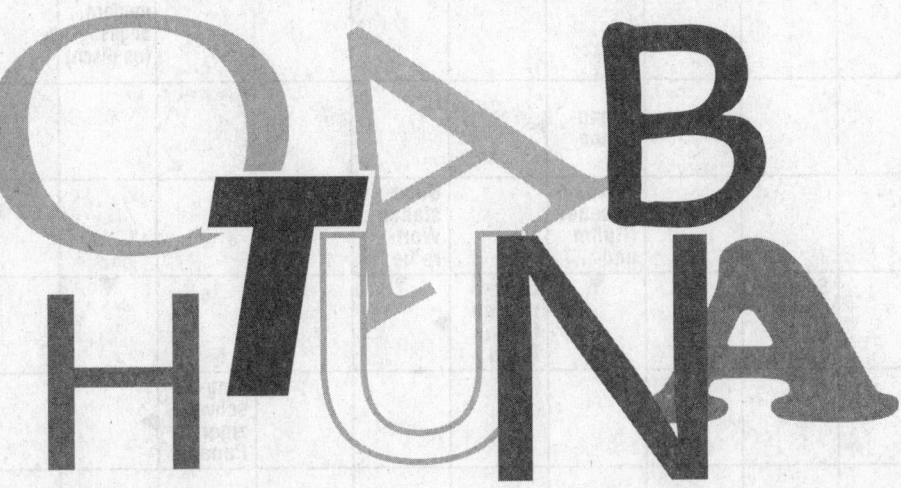

Einer stört!

Einer der vier Begriffe passt nicht zu den anderen.
Welcher ist es?

Koala

Wombat

Känguru

Dingo

Ausbesserung	ein Quiz lösen	Endpunkt der Erdachse (Nord...)	▼	📷	▼	nicht mehr hungrig	Training, Erfahrung	▼	wer etwas wissen will, stellt eine ...	▼	wer sich verbeugt, macht einen ...
▶	▼	▼							modern, angesagt (englisch)	▶	
Hauptstadt von Italien	▶			Schaubühne	▶			②○			
▶		Schließvorrichtung, Sperre		Würde, Ansehen (Ruhm und ...)	▼	Buchstaben-, Wortreihe	▼	🦢		Situation	
Laubbaum						Lenkriemen für das Pferd	▶			▼	
▶	④○							langschwänziger Papagei	▶	
leuchten		Rundtanz	▶						Stacheltier	
▶				Farbe einer Zitrone		Fußglied (eins von zehn)	er, ..., es	▶		▼	
formbare Masse zum Spielen	längliche, feste Hülle		stetig fließen, laufen	übertriebene Sparsamkeit		▼		▼	Schiff zum Übersetzen		die Vereinigten Staaten
große Gruppe von Tieren	▶	▼		▼		flüssiges Fett	🌿	▶			
▶	⑤○		Sammlung von Schriftstücken im Büro			Körperteil	▶			
Schreibstift (Kurzwort)		Geburtsnarbe auf dem Bauch	▶				▼	Vergrößerungsglas	langes Wintersportgerät	
▶	①○			🐈 (Luchs)					▼	eingeschaltet, nicht aus
glatt, glänzend	▶			⑥○	knielanger Anorak	▶			③○	▼
immer, zu jeder Zeit		eine Blume und ein Gewürz	▶				unbestimmter Artikel (..., eine)	▶	

1 2 3 4 5 6

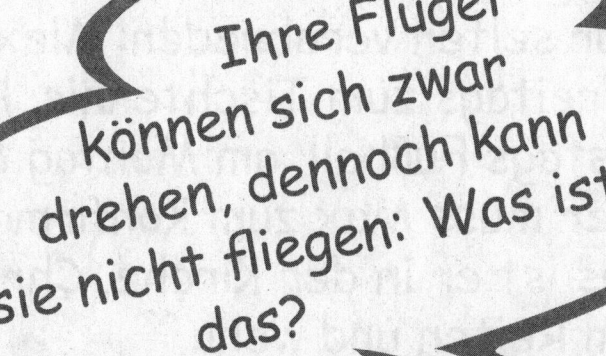

Ihre Flügel können sich zwar drehen, dennoch kann sie nicht fliegen: Was ist das?

Quiz

Wie wird die Erzählung über die Geburt von Jesus Christus auch genannt?

a) Osterfabel
b) Weihnachtsgeschichte
c) Pfingstgedicht

1

Das erste Menschenpaar waren ...

a) Tarzan und Jane
b) Heidi und Peter
c) Adam und Eva

2

Wovor sollte Noahs Arche die Menschen und Tiere retten?

a) Flut
b) Hitze
c) Meteoriteneinschlag

3

Alexander, Hans, Max und Christine sind Freunde, können sich aber nur selten verabreden: Alexander geht montags und freitags zum Tischtennis. Hans hat mittwochs und samstags Fußball, am Montag Schach-AG. Einen Tag später muss Max zum Konfirmandenunterricht, sonntags ist er in der Kirche. Christine geht mittwochs zum Reiten und wenn Max Konfirmandenunterricht hat zur Geigenstunde. An welchem Tag können die vier sich treffen?

Ein Fischer hat seine Netze von einem Ufer zum anderen gespannt. Gesucht werden Wörter, die in die Bojen passen und Begriffe ergeben, die das linke Uferwort ergänzen und dem rechten Uferwort vorangesetzt werden können. Die Buchstaben in den grauen Bojen ergeben das Lösungswort.

BRUST — — — — — — BÄR

KATZEN — — — — — STELLE

APFEL — — — — — GABEL

SOMMER — — — — — — — WAND

Rebus-Rätsel

Finde die gesuchten Begriffe zu den Bildern und trage die ausgewählten Buchstaben dieser Begriffe in den grau unterlegten Streifen im Rätsel als Startwort ein.

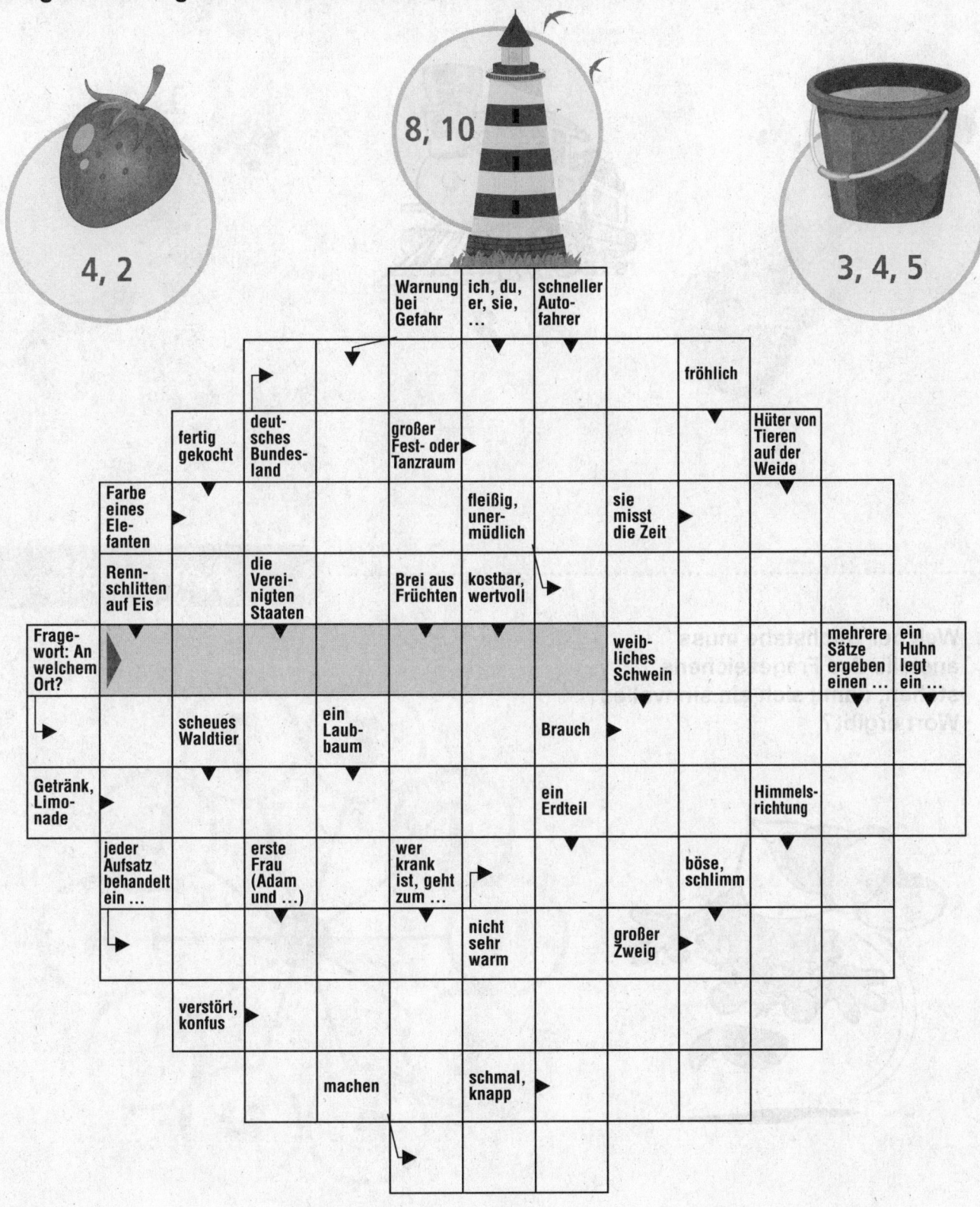

4, 2

8, 10

3, 4, 5

Warnung bei Gefahr	ich, du, er, sie, …	schneller Autofahrer

fröhlich

fertig gekocht | deutsches Bundesland | großer Fest- oder Tanzraum | | Hüter von Tieren auf der Weide

Farbe eines Elefanten | | | fleißig, unermüdlich | sie misst die Zeit

Rennschlitten auf Eis | die Vereinigten Staaten | Brei aus Früchten | kostbar, wertvoll

Fragewort: An welchem Ort? | | | | weibliches Schwein | mehrere Sätze ergeben einen … | ein Huhn legt ein …

scheues Waldtier | ein Laubbaum | | Brauch

Getränk, Limonade | | | ein Erdteil | Himmelsrichtung

jeder Aufsatz behandelt ein … | erste Frau (Adam und …) | wer krank ist, geht zum … | | | böse, schlimm

nicht sehr warm | großer Zweig

verstört, konfus

machen | schmal, knapp

Finde die gesuchten Begriffe zu den Bildern. Die angegebenen Buchstaben ergeben das Lösungswort.

2, 3, 4

1, 8

1, 7

Welcher Buchstabe muss anstelle des Fragezeichens stehen, damit sich ein sinnvolles Wort ergibt?

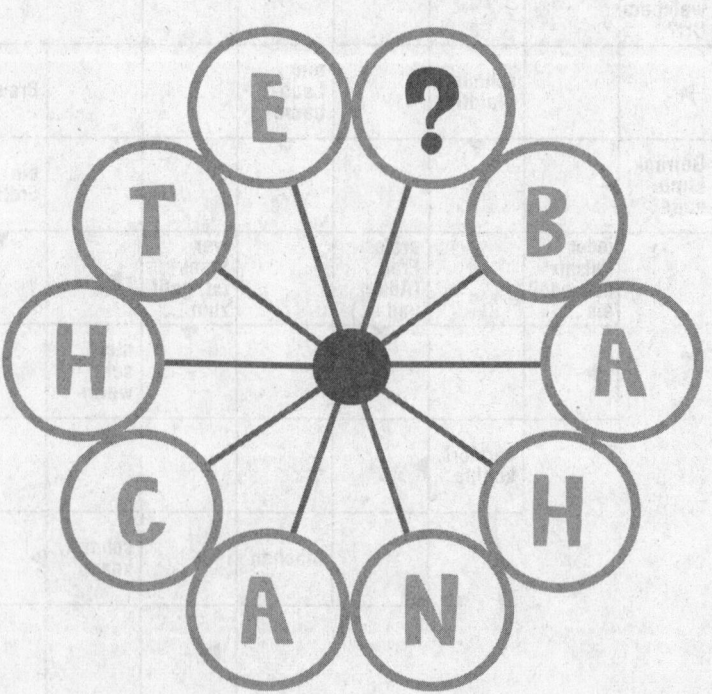

Wörtersalat

Wir haben 17 Wörter zum Thema Blumen in diesem Buchstaben-Wirrwarr versteckt. Die Wörter können in jede Richtung laufen, auch diagonal, rückwärts oder von unten nach oben. Und sie können auch andere Wörter schneiden. Kannst du alle finden?

GAENSEBLUEMCHEN – IRIS – KROKUS – LILIE – LOEWENZAHN – MAIGLOECKCHEN – NARZISSE – NELKE – ORCHIDEE – ROSE – SCHNEEGLOECKCHEN – SONNENBLUME – STIEFMUETTERCHEN – TULPE – VEILCHEN – VERGISSMEINNICHT – WEIHNACHTSSTERN

```
D B M T F R D S L O E W E N Z A H N P T
I T C P C N S I N D G B B R X B I W C H
J H B E E O T Y L N V E S S I Z R A N N
M C Q E J M I W M Q E O G G F D M H M E
Q I S D Q J E Z A E R C C A P O L A P X
T N L I W J F L I T R W H E C X M L U N
L N K H Y G M R G W X E H N A Q U B X E
W I Q C E K U K L F K I N S B T B O W H
O E F R L U E B O A X H Z E V P N U A C
S M Y O S Q T E E S S N E B B T E Q V K
L S M Y W E T V C D M A F L Y C H I Q C
G S J T D M E K K C J C O U V V C J V E
G I B D J U R A C C D H L E W Y L T S O
B G R I F L C J H Q W T L M C K I T V L
N R S I K B H C E T A S N C Y M E R J G
N E T B S N E T N J F S Q H A P V E S E
X V S Q G E N E D B M T N E L K E U H E
R Y E D T N F K I L D E L N G P K J L N
D O M P P N P U A L C R X V C O C N L H
K L S D I O I M K S I N S T R A F K M C
V X X E F S A U V N I L C K N X L J L S
```

Welches Wort mit zwei Bedeutungen wird gesucht?

Mein Teekesselchen lebt in Nordeuropa.

Mein Teekesselchen trägt der Hai auf dem Rücken.

Jeweils zwei Bilder ergeben zusammengesetzt ein neues Wort.
Welche drei Begriffe suchen wir?

Trage die unten stehenden Wörter so in das Gitter ein, dass du ein komplett ausgefülltes Rätsel erhältst. Als kleine Hilfe ist bereits ein Wort vorgegeben.

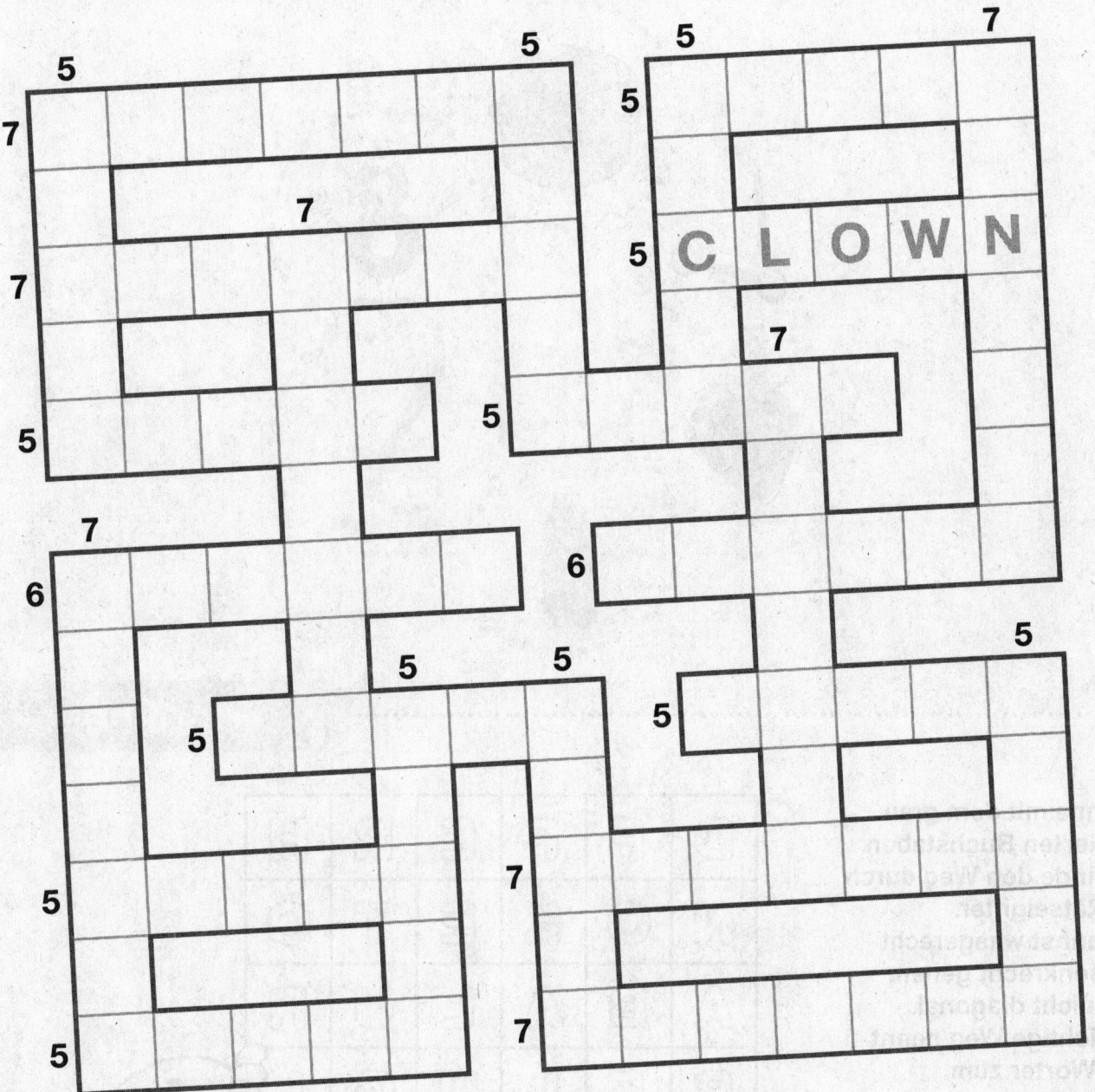

5 Buchstaben:
AKTIV – AMSEL – BOGEN – IMKER – LEDER – LOTSE – MACHT – MAPPE – NIERE – PRIMA – SEGEL – TRICK – ZEBRA

6 Buchstaben:
GARTEN – MAEDEL

7 Buchstaben:
BERGUNG – EINZAHL – GEISTER – GUERTEL – LIBELLE – SEEROSE – STAERKE – ZIELLOS

Finde heraus, welches Wort sich jeweils hinter den Bildern verbirgt. Ihre Anfangsbuchstaben ergeben im Uhrzeigersinn gelesen das Lösungswort. Beginne mit dem Bild oben.

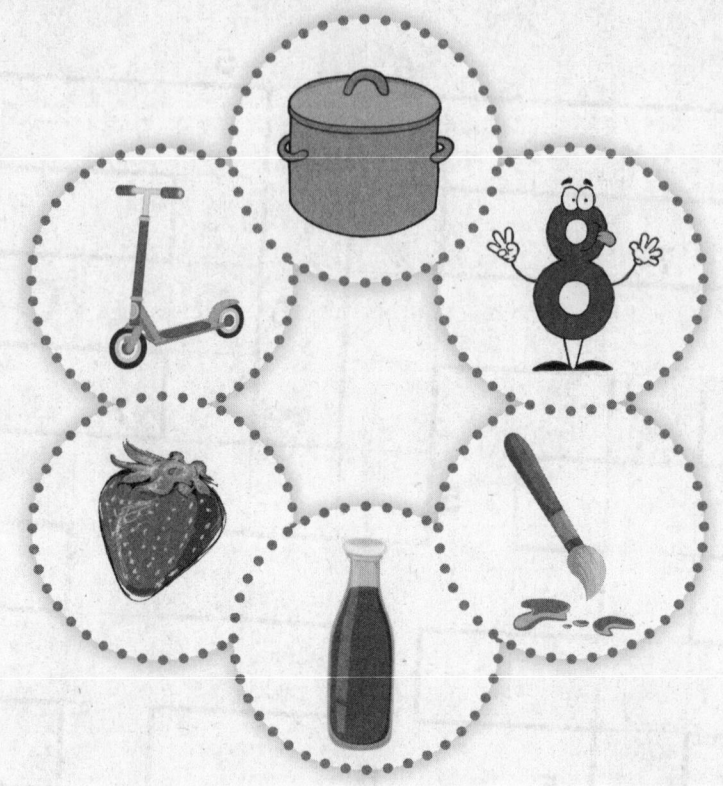

Pfadfinder

Beginne mit dem grau markierten Buchstaben und finde den Weg durch das Rätselgitter. Du kannst waagerecht und senkrecht gehen, aber nicht diagonal. Der richtige Weg nennt dir 6 Wörter zum Thema Reisen.

D	F	F	E	R	H
N	O	K	E	T	O
A	B	A	L	U	R
R	F	L	U	G	L
T	N	I	A	C	A
S	G	P	M	B	U

Welcher
mit Pudding
oder Creme gefüllte
Hefekuchen kann auch sehr
schmerzhaft wirken?

Füllrätsel

Die Wörter folgender Bedeutungen sind waagerecht in das Diagramm einzutragen.

1 rege, munter,

2 rutschen,

3 betreuen, umsorgen,

4 Bühnentanz mit Musik,

5 aussuchen, entscheiden,

6 Rangliste im Sport

1	L	E				
2		L	E			
3			L	E		
4				L	E	
5					L	E
6						L	E

Domino

Drehe die Dominosteine so, dass die oberen und unteren Buchstaben jeweils ein Meerestier ergeben.

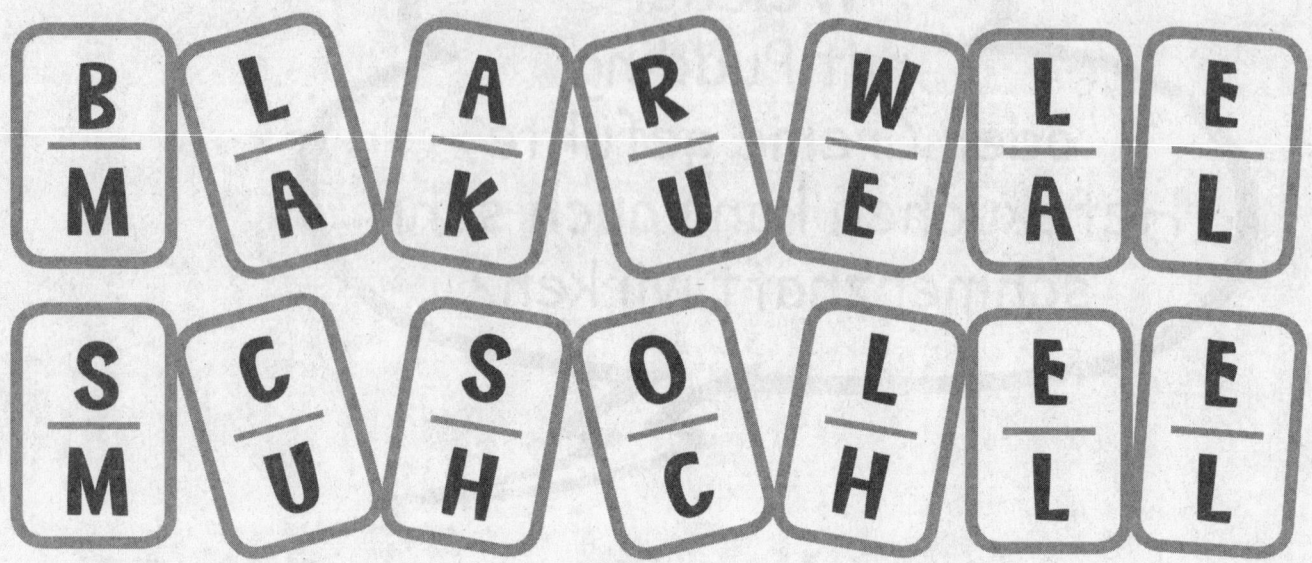

Spinnennetz

Beginne beim dunkelgrauen Buchstaben und finde den Weg durch das Spinnennetz. Welches Wort ergibt sich, wenn du jedes Feld im Spinnennetz nur einmal durchlaufen darfst?

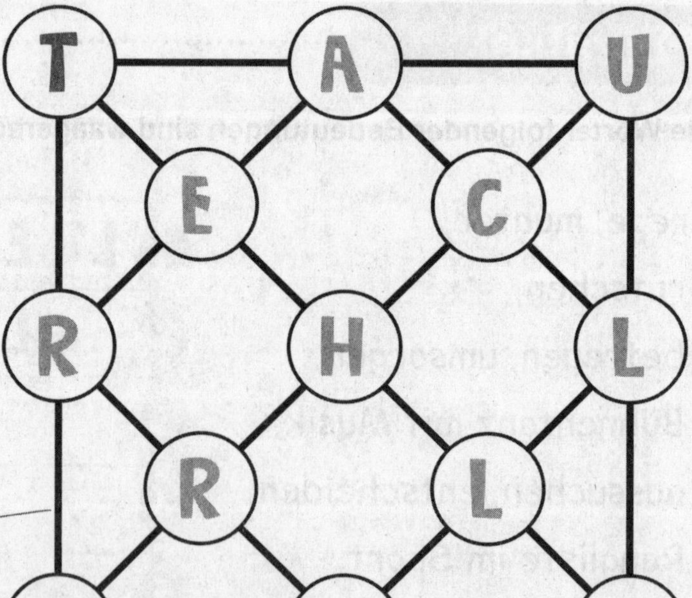

Nur ein Wort passt!

In der Liste stehen jeweils drei Wörter, von denen nur ein Wort ins Diagramm unter derselben Nummer eingetragen werden kann.

1 ENGE	2 NISTEN	3 IDEE
RAUM	DELFIN	FERN
HUND	COUSIN	REIM

4 MZ	5 BLEI	6 PREIS
ES	FAIR	STEIF
OK	DREI	PUDEL

7 WINK	8 TURM	9 LAMM
ENDE	DEIN	ESEL
LIED	HAST	DECK

10 TOPF	11 TRAB	12 WANGE
REGE	EBEN	WEIDE
DUTT	ZANK	HERDE

13 OHR	14 EHRLICH	15 NAME
NEU	STOEREN	KOJE
DIE	RUEHMEN	IGEL

16 KARG	17 ZART	18 LAIE
NARR	EURO	STAR
KIKA	TAXI	GURT

19 KLAR	20 LOSE	21 BUND
HORN	LAUF	EMIL
JUDO	WADE	REDE

22 KEGEL	23 TIROL	24 FRAGE
SEELE	ULKIG	ACKER
KUTTE	DRUCK	KNALL

Diagramm:
21, 2, 3, 7, 13, 20, 9, 6, 10, 15, 1, 22, 17, 11, 12, 14, 5, 19, 23, 16, 18, 24, 4, 8

IGEL

Welches Land liegt auf welchem Kontinent? Wenn du richtig zugeordnet hast, ergeben die Buchstaben von oben nach unten gelesen das Wort für ein Buch voller Landkarten.

Brasilien	Amerika (A)
China	Amerika (A)
Deutschland	Europa (L)
Kanada	Afrika (S)
Ägypten	Asien (T)

Finde heraus, welches Wort sich jeweils hinter den Bildern verbirgt. Die Zahl neben dem Bild gibt an, welchen Buchstaben des Wortes du brauchst. Der Reihe nach ergeben diese Buchstaben das Lösungswort.

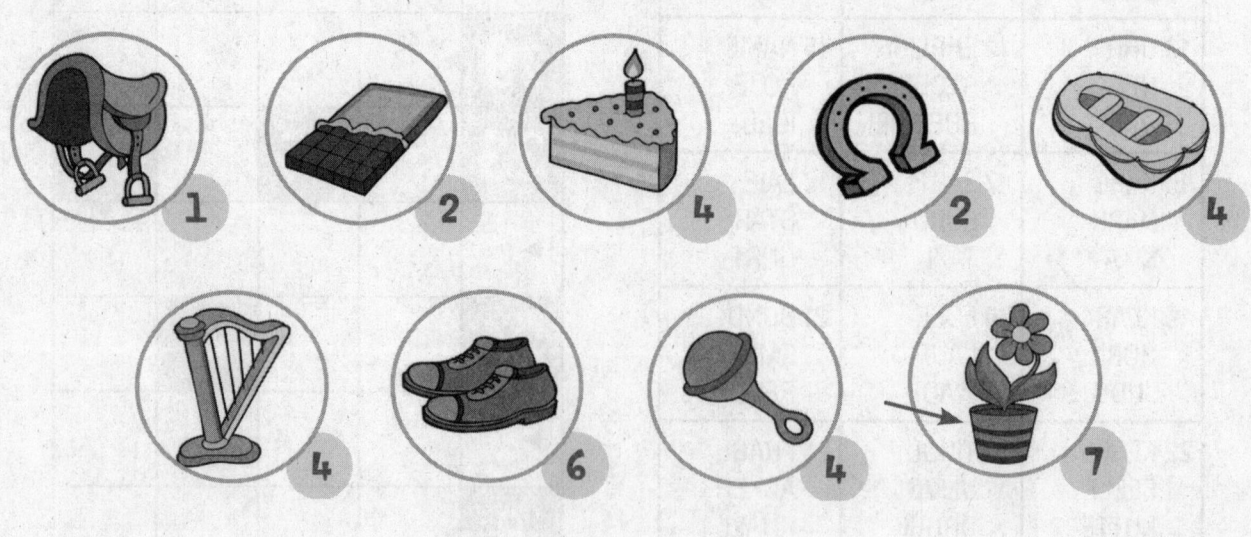

Benno hat sich ein Faschingskostüm überlegt. Welche Figur dabei sein Vorbild war, erfährst du, wenn du die Buchstaben in die richtige Reihenfolge bringst.

Quiz

1

Welches ist keines der zwölf Sternzeichen?

a) Waage
b) Stier
c) Denkzettel

2

Was teilte der heilige Martin mit einem Bettler?

a) Mantel
b) Mittagessen
c) Wohnhaus

3

Wie heißt die Hauptstadt von Belgien?

a) Den Haag
b) Antwerpen
c) Brüssel

Kreuzworträtsel

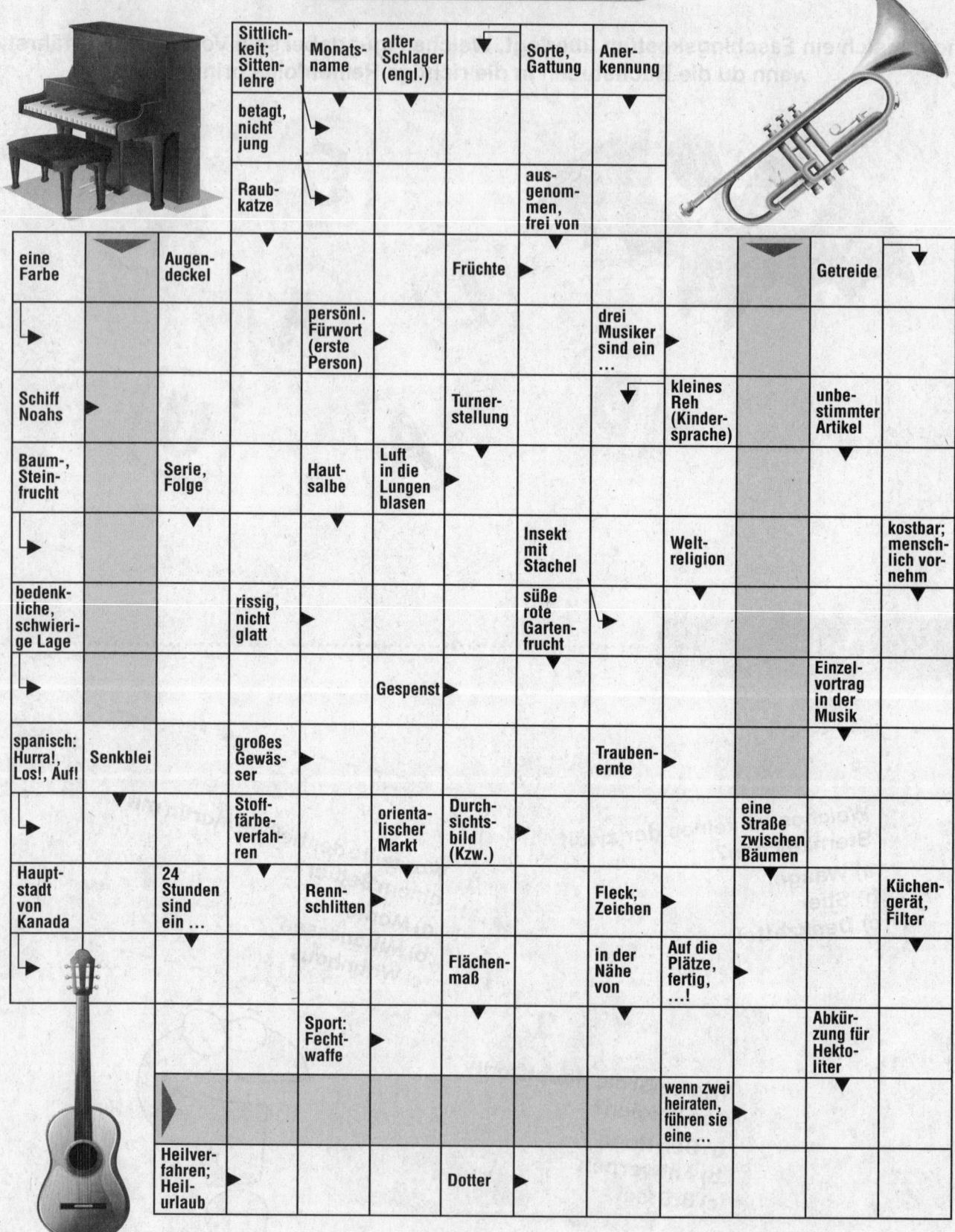

The grid contains the following clues:

- Sittlichkeit; Sittenlehre
- Monatsname
- alter Schlager (engl.)
- Sorte, Gattung
- Anerkennung
- betagt, nicht jung
- Raubkatze
- ausgenommen, frei von
- eine Farbe
- Augendeckel
- Früchte
- Getreide
- persönl. Fürwort (erste Person)
- drei Musiker sind ein ...
- Schiff Noahs
- Turnerstellung
- kleines Reh (Kindersprache)
- unbestimmter Artikel
- Baum-, Steinfrucht
- Serie, Folge
- Hautsalbe
- Luft in die Lungen blasen
- Insekt mit Stachel
- Weltreligion
- kostbar; menschlich vornehm
- bedenkliche, schwierige Lage
- rissig, nicht glatt
- süße rote Gartenfrucht
- Gespenst
- Einzelvortrag in der Musik
- spanisch: Hurra!, Los!, Auf!
- Senkblei
- großes Gewässer
- Traubenernte
- Stofffärbeverfahren
- orientalischer Markt
- Durchsichtsbild (Kzw.)
- eine Straße zwischen Bäumen
- Hauptstadt von Kanada
- 24 Stunden sind ein ...
- Rennschlitten
- Fleck; Zeichen
- Küchengerät, Filter
- Flächenmaß
- in der Nähe von
- Auf die Plätze, fertig, ...!
- Sport: Fechtwaffe
- Abkürzung für Hektoliter
- wenn zwei heiraten, führen sie eine ...
- Heilverfahren; Heilurlaub
- Dotter

— 134 —

In diesem Buchstaben-Wirrwarr sind 14 Wörter versteckt. Sie können in jede Richtung laufen, auch diagonal, rückwärts oder von unten nach oben. Wenn du sie alle gefunden hast, ergeben die übrig gebliebenen Buchstaben die Endpunkte von Urlaubsfahrten.

S	O	M	M	E	R	R	E	S
K	T	I	U	B	E	R	G	E
L	R	R	S	R	S	E	W	G
E	A	S	A	Z	L	A	B	E
T	D	E	N	N	A	I	L
T	E	E	D	D	D	E	U	N
E	L	M	E	E	R	L	E	B
R	N	R	N	W	I	E	S	E
N	N	T	A	U	C	H	E	N

BADEN
BERGE
KLETTERN
MEER
RADELN
SAND
SEE
SEGELN
SOMMER
STRAND
TAUCHEN
URLAUB
WANDERN
WIESE

Land gesucht

Von uns aus gesehen liegt das Land „ganz unten" auf dem Globus oder – wie man auch sagt: „down under". Es ist mit fast 7 700 000 Quadratkilometern der sechstgrößte Staat der Erde, es leben aber nur 22 Millionen Menschen in dem weiten und meist trockenen Land – so viele wie im Großraum von Mexiko City! Die ersten Europäer, die das Land vor rund 350 Jahren erkundeten, kamen aus den Niederlanden. Deswegen nannte man es früher auch Neu-Holland. Seine Wappentiere sind Känguru und Emu.

Maren besitzt einige Stofftiere. Um genau zu sein, sind es vier Stück. Was Maren nicht weiß, ist, dass die Stofftiere sehr gute Freunde sind, die sich gern kuscheln und drücken, wenn Maren schläft. Dann verlassen sie ihren Stammplatz und treffen sich auf dem bunten Teppich. Jedes dieser Tiere hat eine besondere Vorliebe für eine bestimmte Art, dem anderen zu sagen, dass es ihn gern hat. Wie heißt welches Stofftier, wo ist sein Stammplatz und welche Beschäftigung mag es am liebsten?

Marens Stofftiere

		Tierart				Stammplatz				Vorliebe		
		Bär	Ente	Krokodil	Löwe	Bett	Kiste	Regal	Stuhl	Drücken	Küssen	Kuscheln	Streicheln
Name	Bobby												
	Krümel												
	Sascha												
	Wolly												
Vorliebe	Drücken												
	Küssen												
	Kuscheln												
	Streicheln												
Stammplatz	Bett												
	Kiste												
	Regal												
	Stuhl												

1 Das freundliche Krokodil gibt jedem in seiner Nähe einen Kuss.

2 Der Bär heißt Krümel. Sein Platz ist nicht die Kiste und er drückt auch nicht ständig seine Freunde.

3 Das Tier, das in der Kiste wohnt, kuschelt gern.

4 Saschas Platz ist auf dem Bett, und der Platz der Ente auf dem Stuhl. Die Ente heißt nicht Bobby.

Kannst du erraten, welches Tier sich in dem Geschenk versteckt?

Tauschrätsel

In jeder Zeile darf nur jeweils ein Buchstabe getauscht werden, um ein neues Wort zu erhalten, und damit aus dem Wald bunt werden zu lassen.

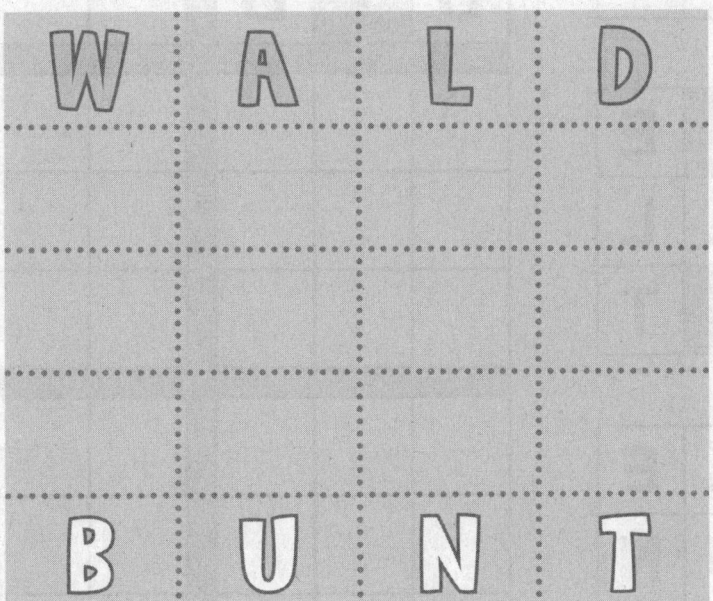

Wir haben eine Kreuzworträtsel-Auflösung zerschnitten.
Dann haben wir die Einzelteile durcheinandergebracht.
Ein Teil steht bereits an der richtigen Stelle. Die Einzelteile von
außen sollt ihr nun innen so ergänzen, dass eine vollständige
Kreuzworträtsel-Auflösung entsteht.

Die Buchstaben, in die richtige Reihenfolge hintereinandergestellt, ergeben ein großes Greifvogelnest.

Einer stört!

Einer der vier Begriffe passt nicht zu den anderen.
Welcher ist es?

Hirsch

Einhorn

?

Gämse

Ziege

Täuf-ling, Firm-ling	Vorsatz, Plan			glätten, Uneben-heiten entfernen		Sammlung von Schrift-stücken im Büro	Eier legen und aus-brüten		großer Greif-vogel		
						3			einge-schaltet, nicht aus		
in der Nähe von				Zer-legung, Spaltung					eine Kletter-pflanze		damit bezahlt man
				Verwun-dung durch ein Tier		Teil der Treppe					
graues Lasttier		bewachen				ohne Milde, hart		**5**			
								weib-liches Märchen-wesen			
Scheibe Brot		Zeit-einheit								Himmels-richtung	
				etwas, was übrig bleibt		wenn zwei heiraten, führen sie eine ...	Hänsel ... Gretel				
immer, zu jeder Zeit	stark, gewaltig	Schiffs-geländer	tiefes Bedauern								Gegenteil von alt
große Gruppe von Tieren		**2**			Auf die Plätze, fertig, ...!	Blech-blas-instru-ment					
				in der Küche steht ein Back...						**6**	
Ader, Blut-gefäß	Seerose				**4**	Keim-träger einer Pflanze			lang-schwän-ziger Papagei		
				Schwitz-bad						geschlos-sen	
unbieg-sam				ein Monats-name					**1**		
nicht außen	wer un-barmherzig ist, kennt keine ...							rissig, nicht glatt			

Welcher Ring ist nicht rund?

Quiz

Ein erzählerisches Gedicht nennt man …

a) Ballade
b) Parade
c) Marinade

1

Erich Kästner schrieb das Buch „Das doppelte …".

a) Lieschen
b) Lottchen
c) Gretchen

2

Auf welchem Internat lernt Harry Potter das Zaubern?

a) Richmond
b) Oxford
c) Hogwarts

3

Winterfreuden!

Ein bekanntes Weihnachtslied beginnt mit dem Vers:
„Leise rieselt der Schnee, still und starr ...
a) ... blüht der Klee."
b) ... dampft der Tee."
c) ... ruht der See."
d) ... schaut das Reh."

Brückenrätsel

Ein Fischer hat seine Netze von einem Ufer zum anderen gespannt. Gesucht werden Wörter, die in die Bojen passen und Begriffe ergeben, die das linke Uferwort ergänzen und dem rechten Uferwort vorangesetzt werden können. Die Buchstaben in den grauen Bojen ergeben das Lösungswort.

HEXEN — STIEL

VOGEL — HAFEN

DOMINO — MARDER

BUTTER — KORB

Finde die gesuchten Begriffe zu den Bildern und trage die ausgewählten Buchstaben dieser Begriffe in den grau unterlegten Streifen im Rätsel als Startwort ein.

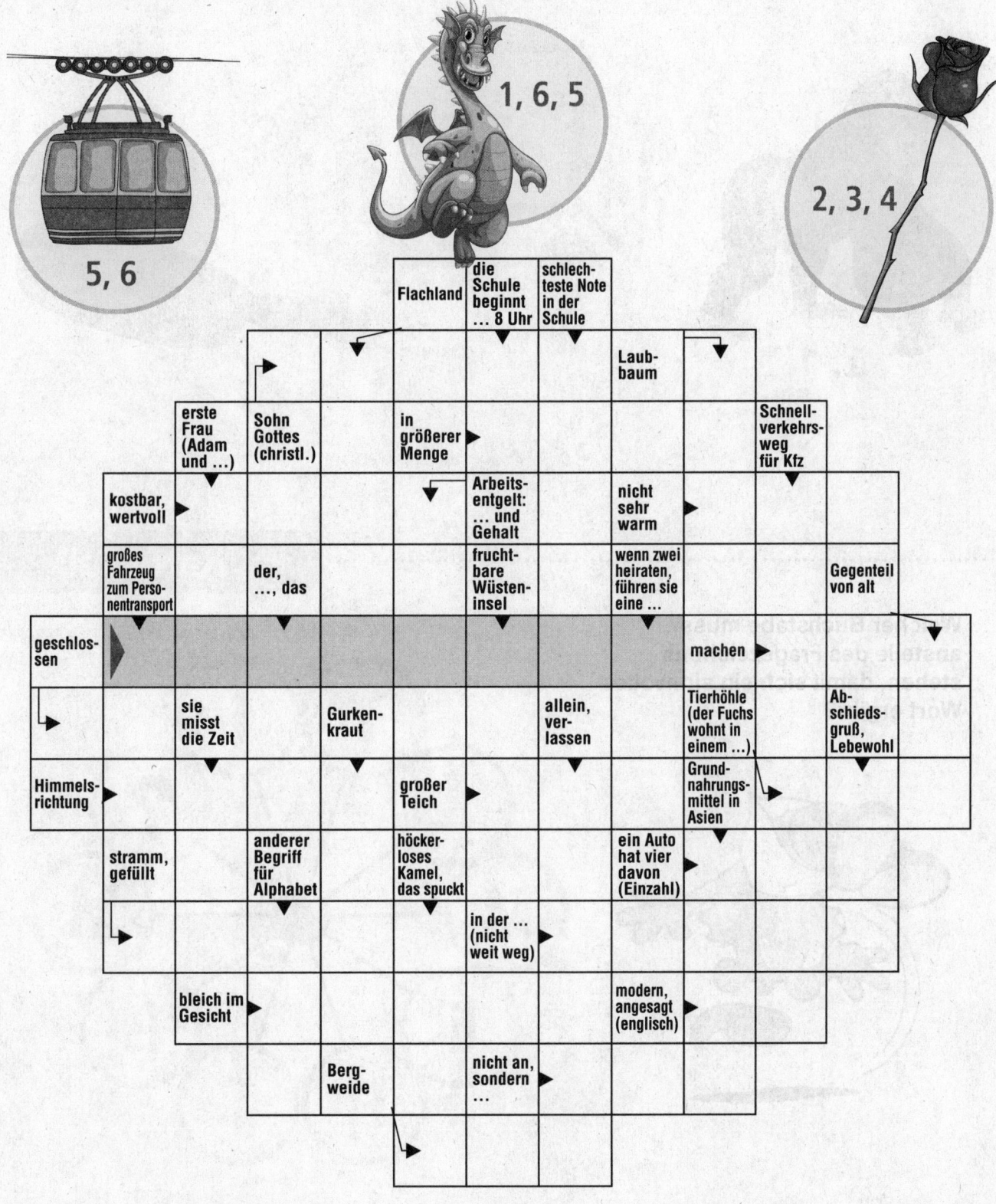

Bilderrätsel

Finde die gesuchten Begriffe zu den Bildern. Die angegebenen Buchstaben ergeben das Lösungswort.

1, 7

7, 5

6, 4

Karussell

Welcher Buchstabe muss anstelle des Fragezeichens stehen, damit sich ein sinnvolles Wort ergibt?

Wörtersalat

Wir haben 19 Wörter zum Thema Hallenbad in diesem Buchstaben-Wirrwarr
versteckt. Die Wörter können in jede Richtung laufen, auch diagonal, rückwärts
oder von unten nach oben. Und sie können auch andere Wörter schneiden.
Kannst du alle finden?

BADEHOSE – BADELATSCHEN – BADEMEISTER – BECKENRAND – DUSCHRAUM –
HANDTUCH – KASSE – PLANSCHBECKEN – RUTSCHE – SAUNA – SCHLIESSFACH –
SCHWIMMFLUEGEL – SCHWIMMLEHRER – SPRUNGBRETT – STARTBLOCK –
TAUCHERBRILLE – TAUCHRING – UMKLEIDEKABINE – WHIRLPOOL

```
H C M A B W N E H C S T A L E D A B N T
K S L Y E K H T V J D G P C P B E X S D
V C R G L F C I A H C U T D N A H A L U
H H K F L A A K R U P O H D P F U Q S S
Y W E X I Y F E S L C Q L M Q N P N P C
F I X L R B S C E V P H K M A U T D N H
E M W B B L S C Y E L O R Y X G Y N P R
N M U B R V E U M N R T O I C N I A J A
E F V H E K I H O I F T X L N L J R A U
K L C J H I L J S B L T C M M G G N Q M
C U P B C U H E Y A X E K K U M X E N B
E E J A U H C M H K D R M C C E E K B U
B G Q D A J S T D E N B T O K S M C Y V
H E S E T S D C U D B G C L W O M E G M
C L C M F I E O U I H N H B H H F B C G
S Y M E W H V H A E A U F T R E A W P A
N Y R I C Q S D O L V R G R O D S I C U
A K R S Q C H M T K O P Q A Q A Q S F Y
L B T T I S N V O M J S M T D B M X A Q
P U J E Y K V K F U L R H S J P I P A K
R G Q R C R E R H E L M M I W H C S O J
```

Welches Wort mit zwei Bedeutungen wird gesucht?

> Mit meinem Teekesselchen verbindet man zwei Fäden.

> Mein Teekesselchen gibt die Geschwindigkeit von Schiffen an.

Jeweils zwei Bilder ergeben zusammengesetzt ein neues Wort. Welche drei Begriffe suchen wir?

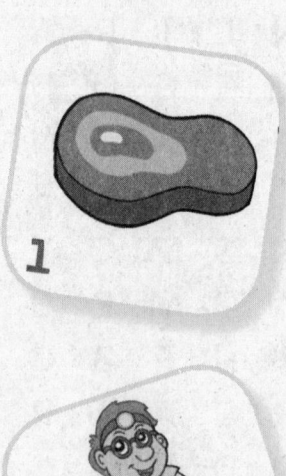

1

2

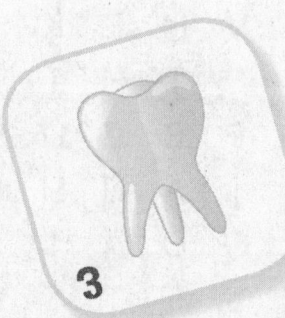

3

4

5

6

rage die unten stehenden Wörter so in das Gitter ein, dass du ein komplett ausgefülltes Rätsel erhältst. Als kleine Hilfe ist bereits ein Wort vorgegeben.

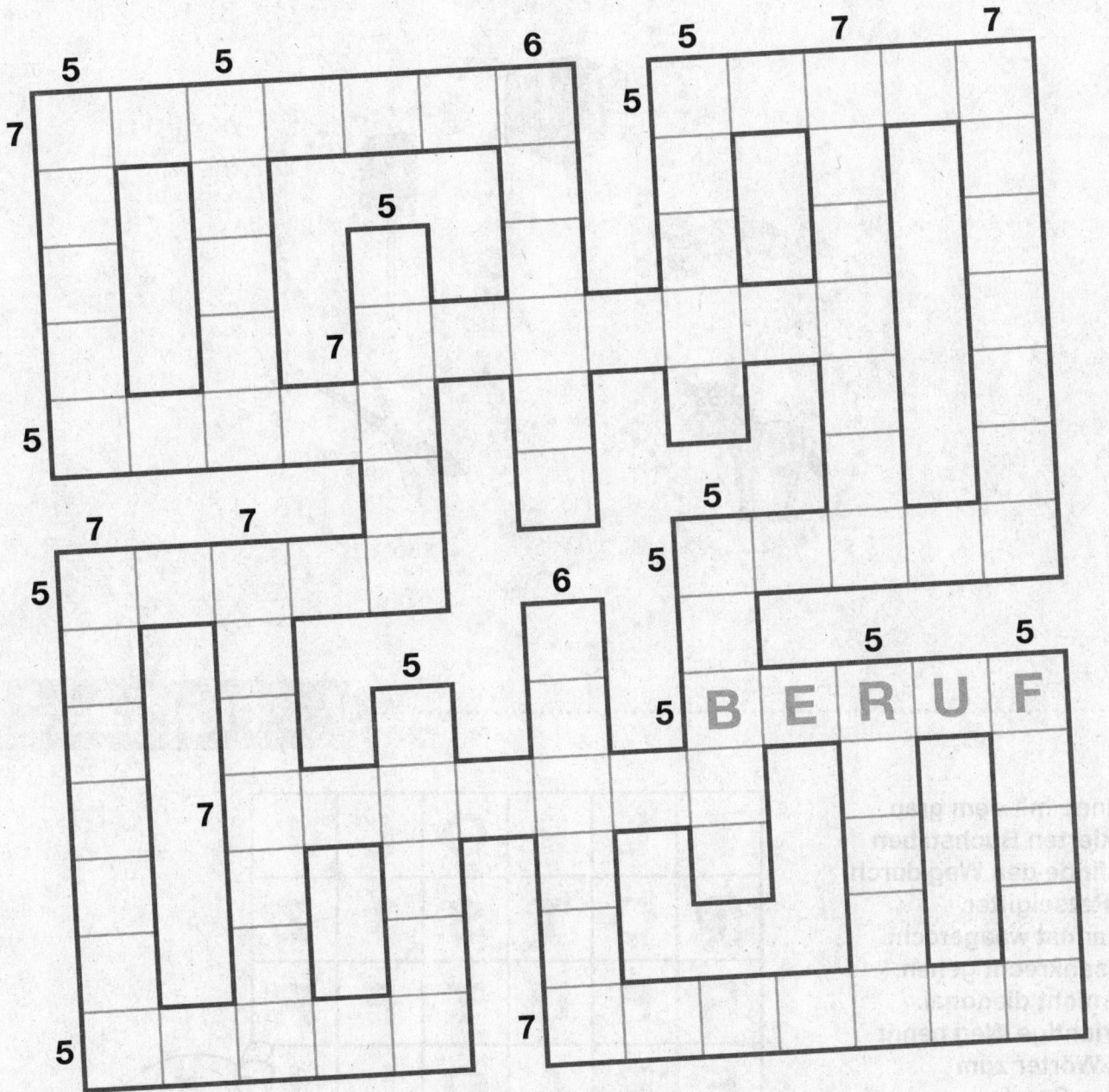

6 Buchstaben:
REKTOR – URTEIL

5 Buchstaben:
BRETT – FUCHS – HAFEN – HURRA –
KAMPF – KLEIN – KOBRA – PLANE –
REGAL – SIRUP – STAAT – WALZE –
WARUM

7 Buchstaben:
AUSPUFF – EINKAUF – LANGSAM –
LUSTLOS – POLSTER – RETTUNG –
SCHAUER – STREICH

Bilderrätsel

Finde heraus, welches Wort sich jeweils hinter den Bildern verbirgt. Ihre Anfangsbuchstaben ergeben im Uhrzeigersinn gelesen das Lösungswort. Beginne mit dem Bild oben.

Pfadfinder

Beginne mit dem grau markierten Buchstaben und finde den Weg durch das Rätselgitter. Du kannst waagerecht und senkrecht gehen, aber nicht diagonal. Der richtige Weg nennt dir 6 Wörter zum Thema Berufe.

Wenn Eisbären Raubtiere sind, warum fressen sie dann keine Pinguine?

Füllrätsel

Die Wörter folgender Bedeutungen sind waagerecht in das Diagramm einzutragen.

1 ein Quiz lösen,

2 Abmachung, Vereinbarung,

3 Küchengerät, Zeitmesser,

4 behindern, belästigen,

5 Hieb- und Stichwaffe der Ritter,

6 weiblicher Nachkomme

1 E	R				
2	E	R			
3		E	R		
4			E	R	
5				E	R
6					E	R

Domino

Drehe die Dominosteine so, dass die oberen und unteren Buchstaben jeweils einen Vornamen ergeben.

Spinnennetz

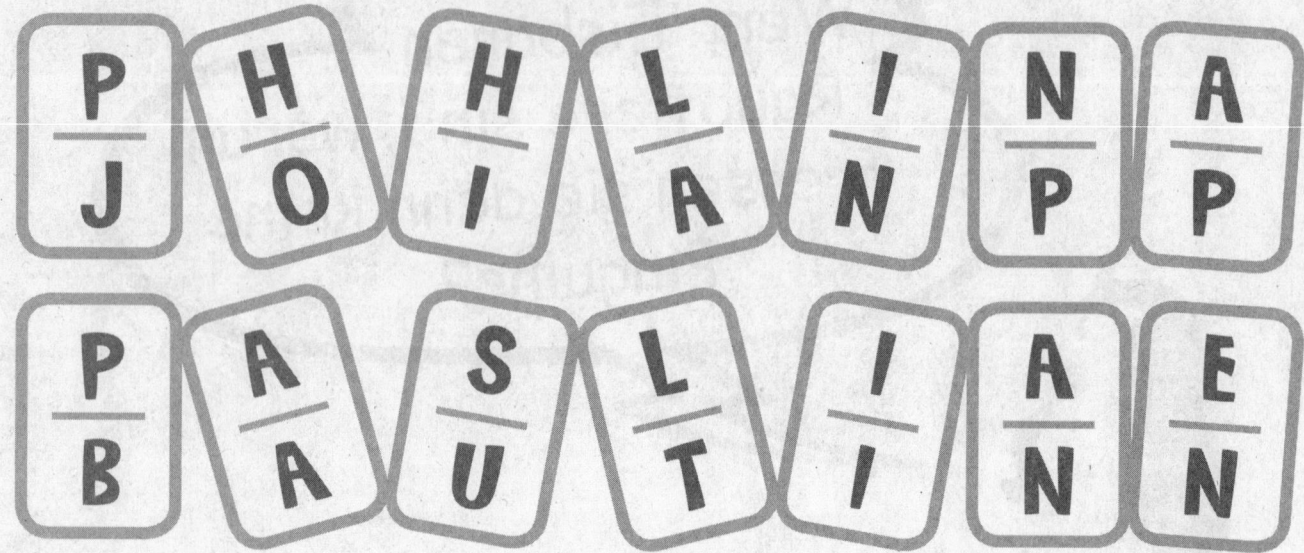

Beginne beim dunkelgrauen Buchstaben und finde den Weg durch das Spinnennetz. Welches Wort ergibt sich, wenn du jedes Feld im Spinnennetz nur einmal durchlaufen darfst?

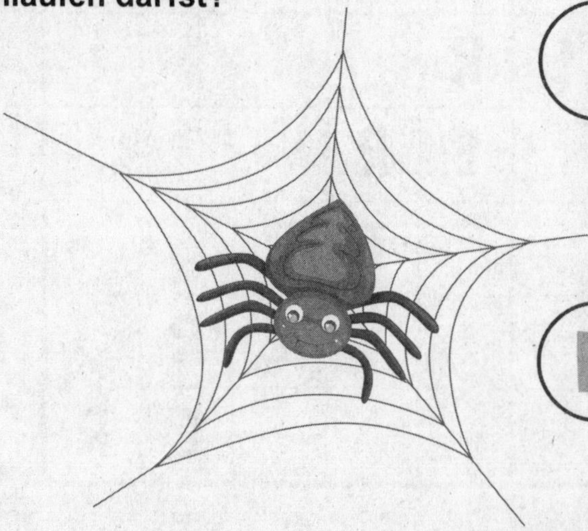

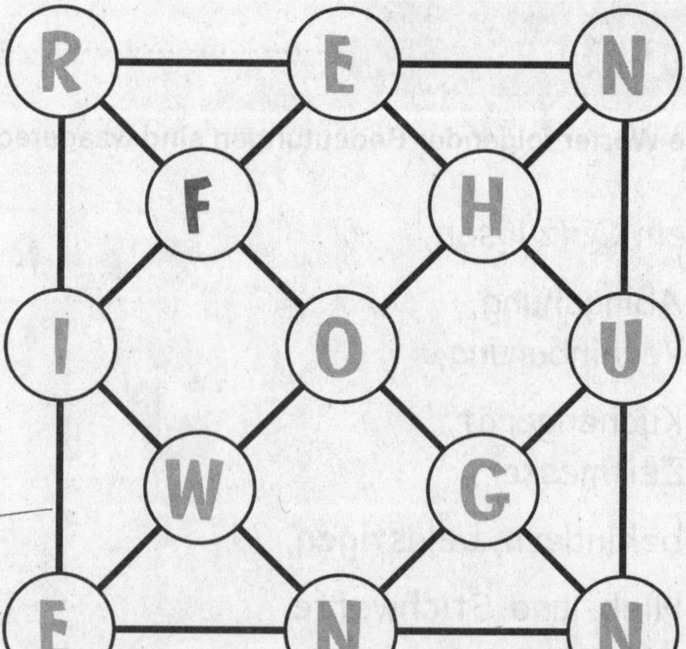

Nur ein Wort passt!

In der Liste stehen jeweils drei Wörter, von denen nur ein Wort ins Diagramm unter derselben Nummer eingetragen werden kann.

1 ENGE WEIT MOST	**2** EMIL PARK EFEU	**3** ACHT VIEL NOSE
4 NAHT BRUT KEIN	**5** FERN EBER MUND	**6** ES CD DT
7 EHRE MAHL EBEN	**8** QUALM WOLKE HAGEL	**9** LEER REIZ FELS
10 LOHN ZWEI HOHL	**11** AUCH BUNT NARR	**12** TENNE DIAET EXTRA
13 ANRUF METER KRANK	**14** FACE OESE STEG	**15** KUR RAU EIN
16 EIGELB BRUEHE ZEIGER	**17** WARM IGEL STAR	**18** STUR GELD KERN
19 ITALIEN NIEDRIG SEUFZER	**20** PLANE UNSER IMMER	**21** SIEB HOCH AUTO
22 NEST TREU EINS	**23** PAKET BIRKE BODEN	**24** MINE EURO HOLZ

The crossword grid contains the numbered clues 10, 16, 24, 1, 15, 9, 17, 8, 14, 4, 5 (with letters E B E R filled in), 12, 11, 2, 23, 19, 18, 22, 20, 21, 7, 13, 6, 3.

Welches Kind gehört zu welchem Tier? Wenn du richtig zugeordnet hast, ergeben die Buchstaben von oben nach unten gelesen ein weiteres Tierkind.

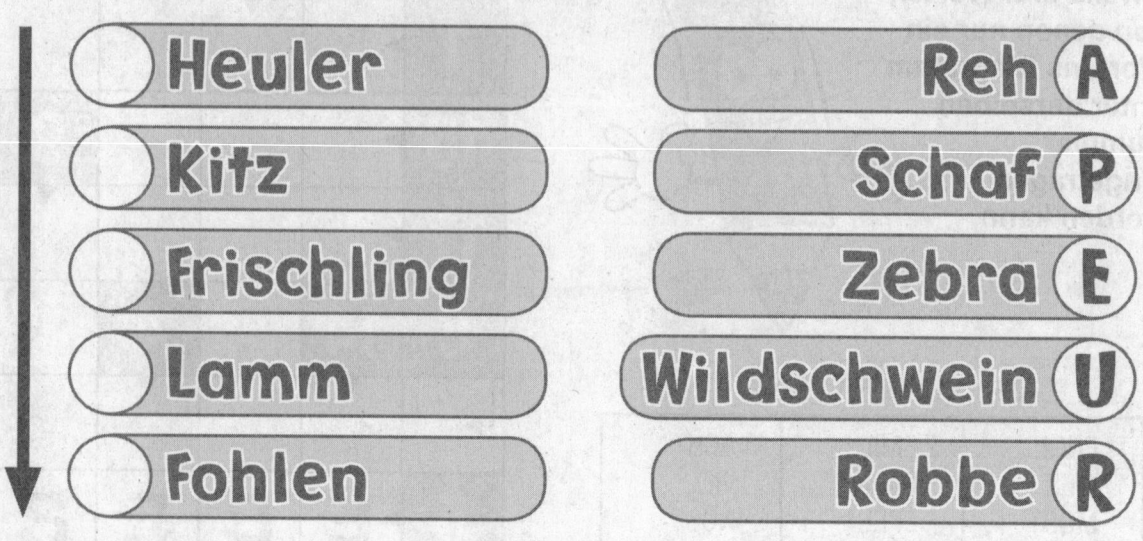

Heuler	Reh (A)
Kitz	Schaf (P)
Frischling	Zebra (E)
Lamm	Wildschwein (U)
Fohlen	Robbe (R)

Finde heraus, welches Wort sich jeweils hinter den Bildern verbirgt. Die Zahl neben dem Bild gibt an, welchen Buchstaben des Wortes du brauchst. Der Reihe nach ergeben diese Buchstaben das Lösungswort.

Wenn Kevin von der Schule nach Hause kommt, übt er gleich auf seinem Instrument. Welches das ist, erfährst du, wenn du die Buchstaben in die richtige Reihenfolge bringst.

Quiz

1

Welche Waffe benutzt Robin Hood?

a) Schleuder
b) Lasso
c) Bogen

2

Wann wurde Deutschland wiedervereinigt?

a) 1980
b) 1990
c) 2000

3

Welches menschliche Organ ist das größte?

a) Darm
b) Gehirn
c) Haut

Eintragungen (Hinweise):

- ein Buch kann man …
- nicht sehr warm
- Speise, Mahlzeit
- Himmelsrichtung
- Gegenteil von alt
- großer Zweig
- aus der Puste: außer …
- Menschen
- Hausbesitzer, Gastgeber
- nicht an, sondern …
- schlechter Mensch, Schuft
- Backmasse (Brot- oder Kuchen…)
- wenn zwei heiraten, führen sie eine …
- …, die, das
- sprachlos
- spaßig, komisch
- Anzahl
- kleine Brücke
- der Planet, auf dem wir leben
- wir, sie
- mit Geröll durchsetzt
- Schriftstück für Sportgewinner
- Milchorgan der Kuh
- Fragewort: Auf welche Art?
- Senke im Gelände: Berg und …
- Augendeckel
- nicht teuer: preis…
- Widersacher, Feind
- flach, ohne Hügel
- jetzt
- Befreiung aus einer Gefahr
- Schwimmvogel mit breitem Schnabel
- Schienenstrang, Eisenbahn…
- Laubbaum
- nicht fröhlich
- ein Turngerät
- Schluss
- graues Lasttier
- ein Metall
- englisch: eins
- Gegenteil von Breite
- Geld, das man im Alter erhält
- englisch: Kuh
- Klang, Laut
- mit Rat und … zur Seite stehen
- Griff; Stängel
- freundlich
- ein Huhn legt ein …
- fruchtbare Wüsteninsel
- schmale Straße
- Früchte einbringen

In diesem Buchstaben-Wirrwarr sind 12 Wörter versteckt. Sie können in jede Richtung laufen, auch diagonal, rückwärts oder von unten nach oben. Wenn du sie alle gefunden hast, ergeben die übrig gebliebenen Buchstaben das Lösungswort.

G	G	O	L	F	T	S	T	B
Y	F	P	B	E	O	L	U	A
M	R	E	N	O	A	T	R	D
N	T	N	C	U	X	H	N	M
A	I	A	F	H	O	E	E	I
S	S	E	N	C	T	T	N	N
T	N	U	K	Z	N	E	D	T
I	R	E	I	T	E	N	N	O
K	Y	J	U	D	O	N	E	N

BADMINTON
BOXEN
FECHTEN
GOLF
GYMNASTIK
HOCKEY
JUDO
LAUFEN
REITEN
TANZEN
TENNIS
TURNEN

Lexikon-Rätsel

?

Im Lexikon findet sich unter dem Stichwort „Bienengewicht" folgender Eintrag:

Bie|nen|ge|wicht, das: 1. o. Pl. (Schwerathletik) leichteste Körpergewichtsklasse. 2. a) (Schwerathletik) Sportler der Körpergewichtsklasse Bienengewicht; b) (ugs.) jmd., der ein sehr niedriges Körpergewicht hat: du bist ja nur ein B.

Ist das wirklich wahr?

Mirko sitzt beim Arzt im Wartezimmer. Weil er sich langweilt, versucht er, die Kleidungsstücke an der Garderobe, die aus vier Haken besteht, den jeweiligen Patienten zuzuordnen. An welchem Haken hängt welches Kleidungsstück, welcher der Patienten nimmt sich am Ende welches davon und was für ein Merkmal gibt Auskunft über die jeweilige Krankheit?

Zeit-vertreib im Warte-zimmer	Kleidung				Patient				Merkmal			
	Blouson	Jeansjacke	Mantel	Steppjacke	Älterer Mann	Blonde Frau	Brünette Frau	Junger Mann	Humpeln	Husten	Pflaster	Verband
Haken 1												
Haken 2												
Haken 3												
Haken 4												
Humpeln												
Husten												
Pflaster												
Verband												
Älterer Mann												
Blonde Frau												
Brünette Frau												
Junger Mann												

1 Die Jeansjacke hängt irgendwo ganz außen, also entweder an Haken 1 oder an Haken 4. **2** Direkt neben der Jeansjacke hängt das Kleidungsstück des Patienten mit dem Pflaster. **3** Der Mantel hängt irgendwo in der Mitte. **4** Die Steppjacke gehört dem jungen Mann. Sie hängt genau zwischen dem Mantel und dem Blouson. **5** Die Person mit dem Husten nimmt das Kleidungsstück von Haken 4. **6** Am 1. Haken hängt das Kleidungsstück der brünetten Frau, die ein wenig humpelt. **7** Der Blouson hängt direkt neben dem Kleidungsstück der Person mit dem Verband. Aber die Hakennummer des Blousons ist größer als die des anderen Kleidungsstücks. **8** Der ältere Mann ist nicht der Patient mit dem Pflaster.

Kannst du erraten, welches Tier sich hinter diesem Ungetüm verbirgt?

Tauschrätsel

In jeder Zeile darf nur jeweils ein Buchstabe getauscht werden, um ein neues Wort zu erhalten, und damit aus warm eine Robe werden zu lassen.

W	A	R	M
R	O	B	E

Kreuzwort-Puzzle

Wir haben eine Kreuzworträtsel-Auflösung zerschnitten.
Dann haben wir die Einzelteile durcheinandergebracht.
Ein Teil steht bereits an der richtigen Stelle. Die Einzelteile von
außen sollt ihr nun innen so ergänzen, dass eine vollständige
Kreuzworträtsel-Auflösung entsteht.

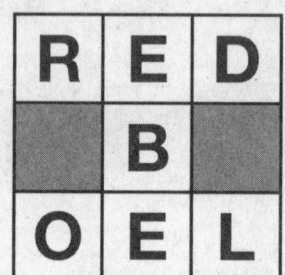

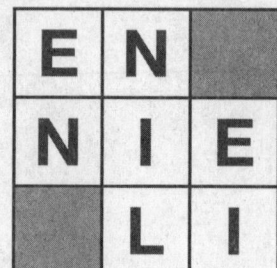

Die Buchstaben, in die richtige Reihenfolge hintereinandergestellt,
ergeben einen Schwanzlurch.

Einer stört!

Einer der vier Begriffe passt nicht zu den anderen.
Welcher ist es?

beständig	abwandeln	Hänsel ... Gretel	▼	Wassersportart	▼	Vorgesetzter	sehr guter Kamerad	▼	unbeweglich	▼
	▼	▼					▼		kurz für an dem	▶
schmal, knapp	▶			ein Quiz lösen	▶			◯ 2		
▶			◯ 5	Felsenklippe im Meer		Umbruch, Umschwung			fein, empfindlich	nicht leise
Schluss		Staat in Nahost		▼	Pflanzenteil unter der Erde	▶		▼	▼	▼
▶		▼					◯ 6	langschwänziger Papagei	▶	
säubern, von Schmutz befreien		Entdecker einer verlorenen Sache	▶						Schlusswort im Gebet	
▶				Beingelenk		Triebwagen der Eisenbahn	mit Rat und ... zur Seite stehen	▶		
Telefongespräch	undeutlich sprechen	strenge Regel	ein guter Freund ist ein Pfunds...	▶			▼	Schiff zum Übersetzen	jetzt	
nicht setzen u. nicht stellen	▼		▼		Augendeckel		▶	▼		
▶		anhänglich			Sportboot zum Paddeln	▶				
Leberflecken: Mutter...	kleines Felsstück	▶	◯ 4		▼	Radmittelstück		langes Wintersportgerät		
▶									ich, du, er, sie, ...	▼
Summe der Lebensjahre	▶		Laubbaum mit weißer Rinde	▶			◯ 1			
	damit schmeckt man	▶				gefrorenes Wasser	▶		◯ 3	

Scherzfrage

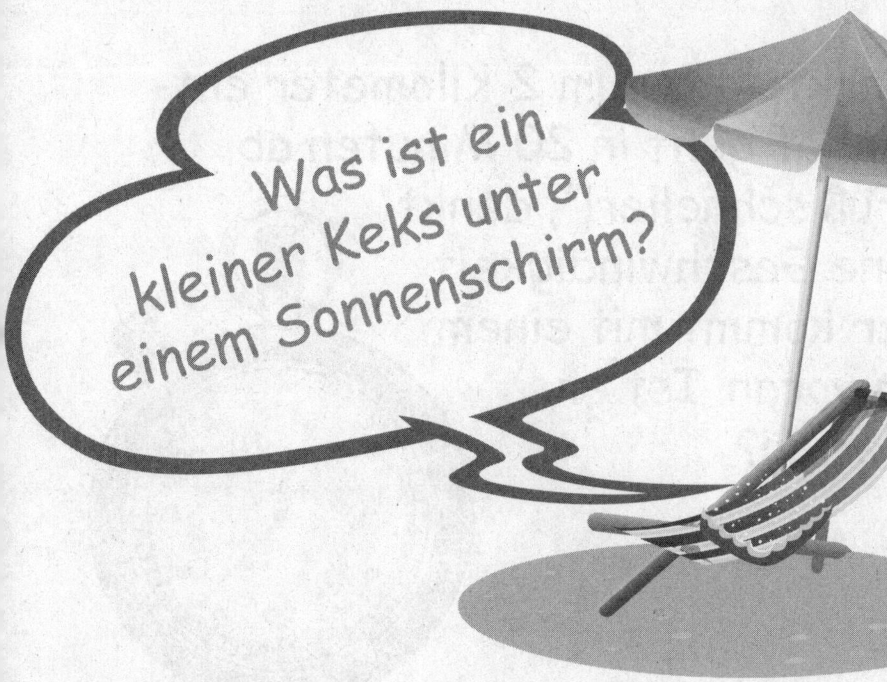
Was ist ein kleiner Keks unter einem Sonnenschirm?

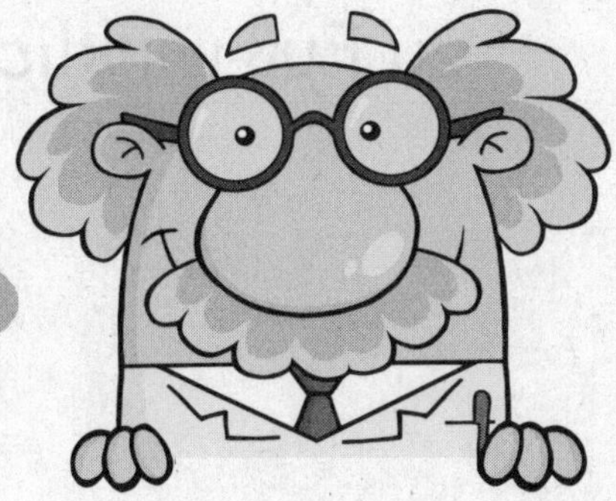

Quiz

Welches Bundesland ist das größte?
a) Saarland
b) Bayern
c) Hamburg
1

Welches Meer grenzt nicht an Deutschland?
a) Nordsee
b) Ostsee
c) Mittelmeer
2

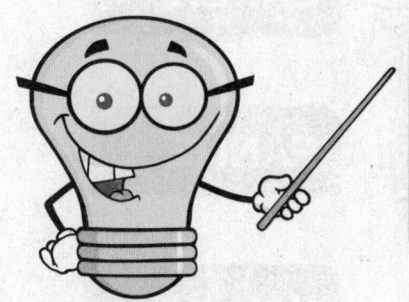

Unsere Nationalhymne beginnt mit „Einigkeit und Recht und ...".
a) Freiheit
b) Hoheit
c) Faulheit
3

Gehen oder fahren?

Peters Bus vom Marktplatz zum 2 Kilometer ent-
fernten Hauptbahnhof geht in 20 Minuten ab.
„Da bin ich ja zu Fuß schneller!", denkt
er. Der Bus hat eine Geschwindigkeit
von 30 km/h, Peter kommt mit einem
Tempo von 5 km/h voran. Ist er
zu Fuß wirklich eher da?

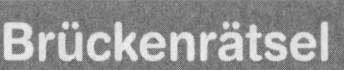

Brückenrätsel

Ein Fischer hat seine Netze von einem Ufer zum anderen gespannt. Gesucht werden Wörter, die
in die Bojen passen und Begriffe ergeben, die das linke Uferwort ergänzen und dem rechten
Uferwort vorangesetzt werden können. Die Buchstaben in den grauen Bojen ergeben
das Lösungswort.

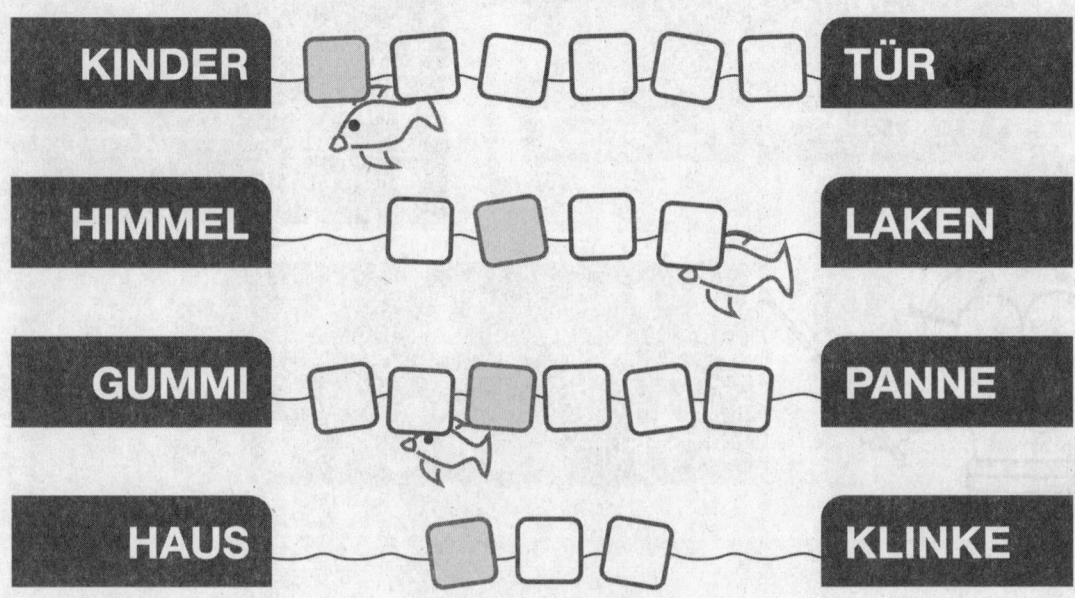

Finde die gesuchten Begriffe zu den Bildern und trage die ausgewählten Buchstaben dieser Begriffe in den grau unterlegten Streifen im Rätsel als Startwort ein.

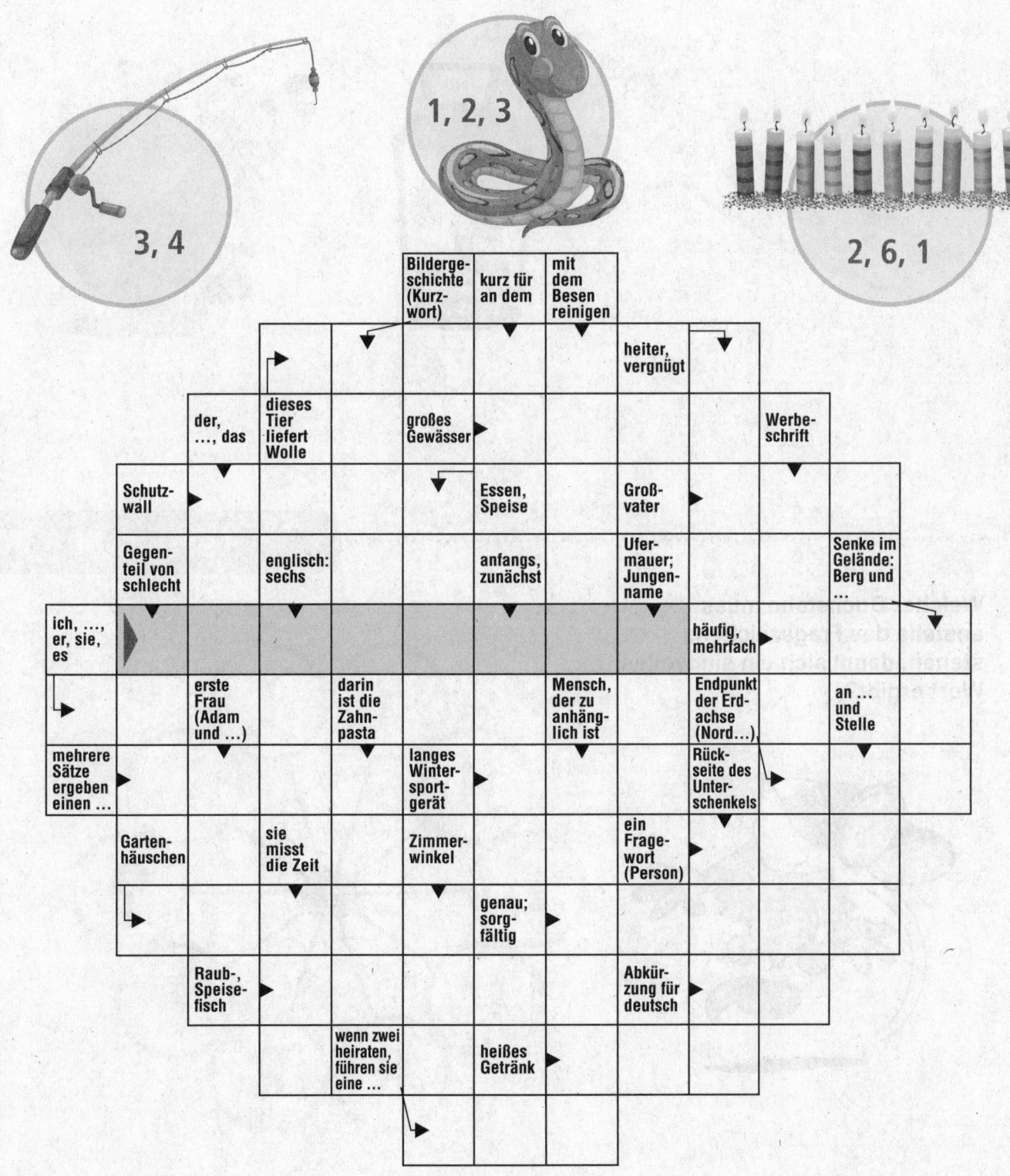

Finde die gesuchten Begriffe zu den Bildern. Die angegebenen Buchstaben ergeben das Lösungswort.

5, 2

1, 8

6, 7

Welcher Buchstabe muss anstelle des Fragezeichens stehen, damit sich ein sinnvolles Wort ergibt?

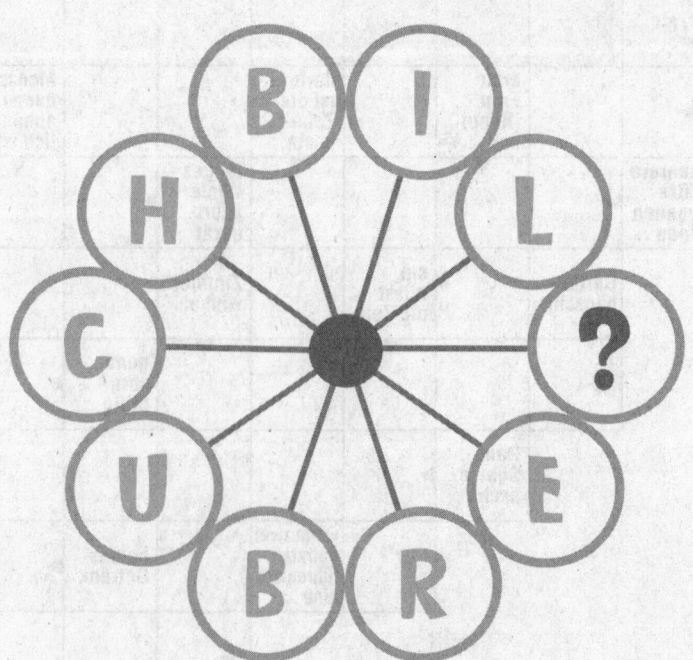

Wörtersalat

Wir haben 17 Wörter zum Thema Tiere in diesem Buchstaben-Wirrwarr versteckt.
Die Wörter können in jede Richtung laufen, auch diagonal, rückwärts
oder von unten nach oben. Und sie können auch andere Wörter schneiden.
Kannst du alle finden?

BOXER – DALMATINER – DOGGE – FISCHE – FRETTCHEN – HAMSTER – KANINCHEN –
MEERSCHWEINCHEN – MOPS – PAPAGEI – PERSERKATZE – ROTTWEILER – SCHAEFERHUND –
SCHILDKROETE – SIAMKATZE – WELLENSITTICH – WUESTENRENNMAUS

```
C V W W U E S T E N R E N N M A U S F F
R W Q C R E L I E W T T O R U S J S G J
U M Y X F R A P X W S L W T V R T K W W
G I P E R S E R K A T Z E F E S C V M U
E K T W V P B S K Y B S W X X K D L M D
T S N E H C T T E R F V O U X F M E Q V
K M D G F X S Y G X O B H P U T P O P A
J O J V W E L L E N S I T T I C H U P V
S V T X W C F A H B S A P O F C C N U S
C H N E H C N I E W H C S R E E M U S Z
H G L A Y I O Q S C C I W P A D P R G N
I J P X F T V E S Q E D H M Q M O E D E
L M H A V C X S G Z U Z F R R I R T O H
D Q V H P E T N Y G H B T R K A V S B C
K X E A A A E U I R O S E A W R B M O N
R K H C N A G K A P B D B N K S X A M I
O A C T N M K E G U P Q F J V M A H W N
E I S A O R E N I T A M L A D F A M H A
T L I Q A J U T J F B A R R N Y Y I T K
E B F E Y W B D N U H R E F E A H C S L
Q E Q L H M E W S N Y Y X T U S W M L Y
```

Welches Wort mit zwei Bedeutungen wird gesucht?

Man kann damit den Boden fegen.

Der Schlagzeuger macht damit Musik.

Jeweils zwei Bilder ergeben zusammengesetzt ein neues Wort.
Welche drei Begriffe suchen wir?

Gitterrätsel

Trage die unten stehenden Wörter so in das Gitter ein, dass du ein komplett ausgefülltes Rätsel erhältst. Als kleine Hilfe ist bereits ein Wort vorgegeben.

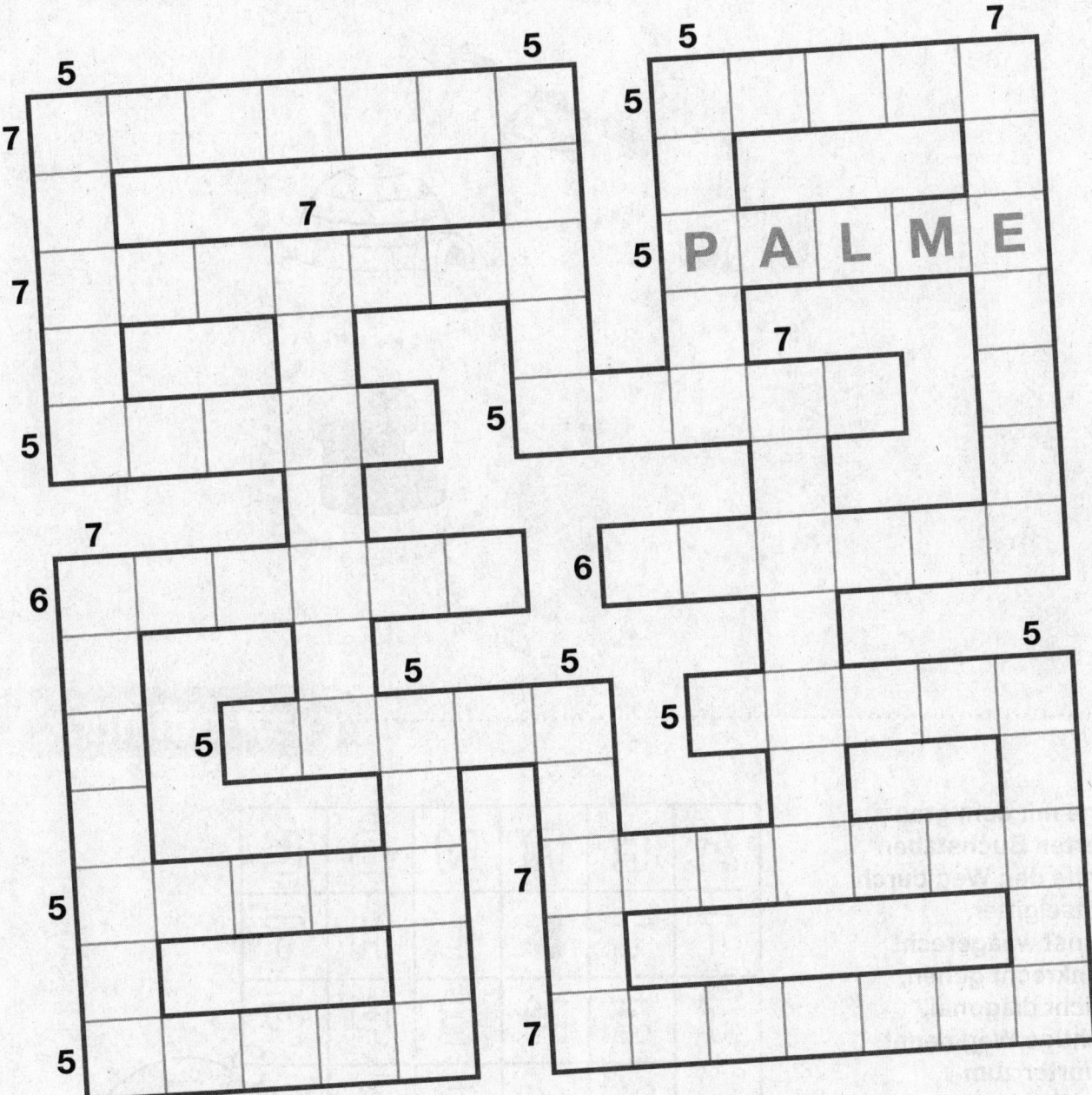

5 Buchstaben:
ARTIG – GASSE – GEBEN – HOEHE – KANON – MIXEN – PAPST – QUARK – REICH – STOSS – SUPPE – TANTE – TROST

6 Buchstaben:
GEBURT – MORGEN

7 Buchstaben:
AUSFUHR – BEWEGEN – GRIMMIG – HARPUNE – NASHORN – PAPAGEI – PFARRER – SPEISEN

Finde heraus, welches Wort sich jeweils hinter den Bildern verbirgt. Ihre Anfangsbuchstaben ergeben im Uhrzeigersinn gelesen das Lösungswort. Beginne mit dem Bild oben.

Pfadfinder

Beginne mit dem grau markierten Buchstaben und finde den Weg durch das Rätselgitter. Du kannst waagerecht und senkrecht gehen, aber nicht diagonal. Der richtige Weg nennt dir 5 Wörter zum Thema Weihnachten.

A	E	R	N	B	E
T	T	S	L	H	T
T	E	H	E	P	P
E	M	K	R	I	E
M	N	E	H	C	B
A	L	R	E	S	E

Welches Lokal verlässt man trotz reicher Auswahl auf der Karte mit leerem Magen?

Füllrätsel

Die Wörter folgender Bedeutungen sind waagerecht in das Diagramm einzutragen.

1 der 1. Januar,

2 verschiedener Ansicht,

3 ein hoher Offizier,

4 ein Asiat,

5 imstande sein, vermögen,

6 eine saure Frucht

1 N	E				
2	N	E			
3		N	E		
4			N	E	
5				N	E
6					N	E

Domino

Drehe die Dominosteine so, dass die oberen und unteren Buchstaben jeweils ein Tier ergeben.

Spinnennetz

Beginne beim dunkelgrauen Buchstaben und finde den Weg durch das Spinnennetz. Welches Wort ergibt sich, wenn du jedes Feld im Spinnennetz nur einmal durchlaufen darfst?

Nur ein Wort passt!

In der Liste stehen jeweils drei Wörter, von denen nur ein Wort ins Diagramm unter derselben Nummer eingetragen werden kann.

1 BUCHT KETTE MOPED	**2** RAND SAAL IGLU	**3** REDE AKTE PUTZ
4 EULE HELM BOOT	**5** STUMM DOLCH PIRAT	**6** KRUSTE ROSINE AERGER
7 OK ZU EI	**8** NOTE SAND HAUS	**9** TOUR RUHM GREY
10 LIST ENDE MAJA	**11** PLAN LAGE DREI	**12** FACH TROG BLUT
13 FLOP KOHL TURM	**14** RILLE TITEL UEBEN	**15** HAAR YETI MEER
16 INLINER VORSATZ GEDANKE	**17** TRUHE MAINZ LEDER	**18** REIM FETT LOSE
19 REUE TOTO ROST	**20** HALM BUND IDEE	**21** ALSO ROHR SEIT
22 KAMM LAMA ETWA	**23** LAERM BIEST JUWEL	**24** DUO AUF OED

Grid clues: 12, 6, 10, 2, 24, 15, 9, 23, 20, 21, 11, D, 1, E, 19, 4, E, 14, 16, 22, 8, 5, 3, 13, 17, 7, 18

Diagram entry: IDEE

Was braucht man für welche Sportart? Wenn du richtig zugeordnet hast, ergeben die Buchstaben von oben nach unten gelesen ein anderes Wort für laufen.

○ **Basketball**
○ **Schwimmen**
○ **Hockey**
○ **Tennis**
○ **Langlauf**
○ **Reiten**

Skier **E**
Schläger **G**
Schläger **G**
Korb **J**
Sattel **N**
Badeanzug **O**

Finde heraus, welches Wort sich jeweils hinter den Bildern verbirgt. Die Zahl neben dem Bild gibt an, welchen Buchstaben des Wortes du brauchst. Der Reihe nach ergeben diese Buchstaben das Lösungswort.

Jeden Donnerstag fährt Felix zum Training. Welchen Sport er in seiner Freizeit macht, erfährst du, wenn du die Buchstaben in die richtige Reihenfolge bringst.

Quiz

1

Wer ist im Lied „Die Vogelhoch-zeit" die Braut?
a) Amsel
b) Lerche
c) Star

2

Was stellt ein Müller her?

a) Käse
b) Milch
c) Mehl

3

Welches Land ist das größte?

a) Russland
b) China
c) Australien

unterirdischer Raum

Zahlung, Abgabe

Serie, Folge

Ausdrucksform

dicke Fleischscheibe

in der Nähe von

ein Verwandter (Tante und ...)

schüchtern

Tischlermaterial aus Bäumen

Amsel, Drossel, Fink und ...

Würde, Ansehen (Ruhm und ...)

Schmetterlingslarve

flach, ohne Hügel

nicht jung, sondern ...

wenn zwei heiraten, führen sie eine ...

ein Kartenspiel für drei

dieses Tier gibt Milch

die Vereinigten Staaten

ein Körperteil

„Prinzessin auf der ..."

lediglich

machen

leichter Schlag

baut man im Moor ab

Schlusswort im Gebet

ungebraucht

Trinkbedürfnis

ungefähr

unbiegsam

das junge Getreide

Nachtvogel

Sportboot zum Paddeln

Bergweide

eine Zahl (..., 2, 3)

nicht über, sondern ...

englisch: grün

anderes Wort für Slalom

Bienenzüchter

ich, du, er, sie, ...

Schienenstrang, Eisenbahn...

Stacheltier

Geschenk

Begrenzung einer Fläche

wir, ..., sie

Fußballmannschaft (Anzahl)

große Raubkatze

ein Huhn legt ein ...

Telefongespräch

sehr gern haben, mögen

Kummer, Seelenschmerz

In diesem Buchstaben-Wirrwarr sind 16 Wörter versteckt. Sie können in jede Richtung laufen, auch diagonal, rückwärts oder von unten nach oben. Wenn du sie alle gefunden hast, ergeben die übrig gebliebenen Buchstaben den Arbeitsraum eines Handwerkers.

S	C	H	A	U	F	E	L	K
C	F	A	W	F	E	R	B	E
H	A	M	H	E	L	M	R	I
R	R	M	E	I	S	S	E	L
A	B	E	I	L	C	N	T	S
U	E	R	K	E	H	A	T	T
B	Z	A	N	G	E	G	S	I
E	T	A	X	T	R	E	A	F
T	P	I	N	S	E	L	T	T

AXT
BEIL
BRETT
FARBE
FEILE
HAMMER
HELM
KEIL
MEISSEL
NAGEL
PINSEL
SCHAUFEL
SCHERE
SCHRAUBE
STIFT
ZANGE

Grenzen gesucht

Mit wie vielen Ländern haben die Vereinigten Staaten von Amerika eine gemeinsame Landesgrenze?

Logikrätsel

Anna hat in der kommenden Woche fast täglich eine Verabredung mit Freunden. An welchem Wochentag trifft sie sich mit wem um wieviel Uhr an welchem Treffpunkt?

Annas Wochen-plan		Name				Uhrzeit				Treffpunkt			
		Darius	Hanna	Leila	Sara	14:30 Uhr	15:00 Uhr	15:30 Uhr	16:00 Uhr	Eisdiele	Kino	Park	Springbrunnen
Wochentag	Montag												
	Dienstag												
	Mittwoch												
	Donnerstag												
Treffpunkt	Eisdiele												
	Kino												
	Park												
	Springbrunnen												
Uhrzeit	14:30 Uhr												
	15:00 Uhr												
	15:30 Uhr												
	16:00 Uhr												

1 Darius trifft sie am Dienstag. Mit ihm hat sie sich nicht um 14:30 Uhr verabredet und auch nicht am Kino.

2 Am Kino will sie sich um 15:30 Uhr mit einer Person treffen.

3 Die Verabredung mit Leila ist für 15:00 Uhr geplant.

4 Aber mit Leila trifft sie sich nicht am Montag.

5 Am Donnerstag wird sie Hanna treffen.

6 Die Verabredung um 14:30 Uhr wird genau 1 Tag vor dem Treffen in der Eisdiele stattfinden.

7 Mit Sara ist sie nicht am Springbrunnen verabredet.

Wenn du die versteckten Buchstaben in dem Bild gefunden hast, erkennst du, in der richtigen Reihenfolge gelesen, einen plötzlich aufkommenden Gedanken.

Tauschrätsel

In jeder Zeile darf nur jeweils ein Buchstabe getauscht werden, um ein neues Wort zu erhalten, und damit aus dem Hass dann fort werden zu lassen.

H	A	S	S
F	O	R	T

Kreuzwort-Puzzle

Wir haben eine Kreuzworträtsel-Auflösung zerschnitten.
Dann haben wir die Einzelteile durcheinandergebracht.
Ein Teil steht bereits an der richtigen Stelle. Die Einzelteile von
außen sollt ihr nun innen so ergänzen, dass eine vollständige
Kreuzworträtsel-Auflösung entsteht.

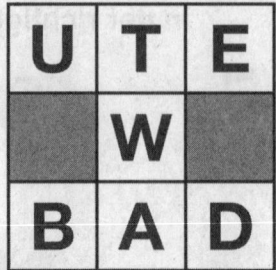

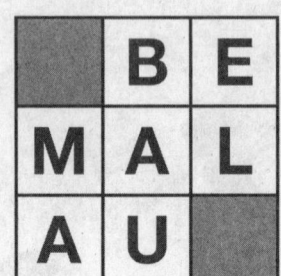

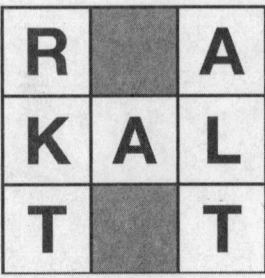

Die Buchstaben, in die richtige Reihenfolge hintereinandergestellt, ergeben einen Hort oder eine Betreuungsstätte.

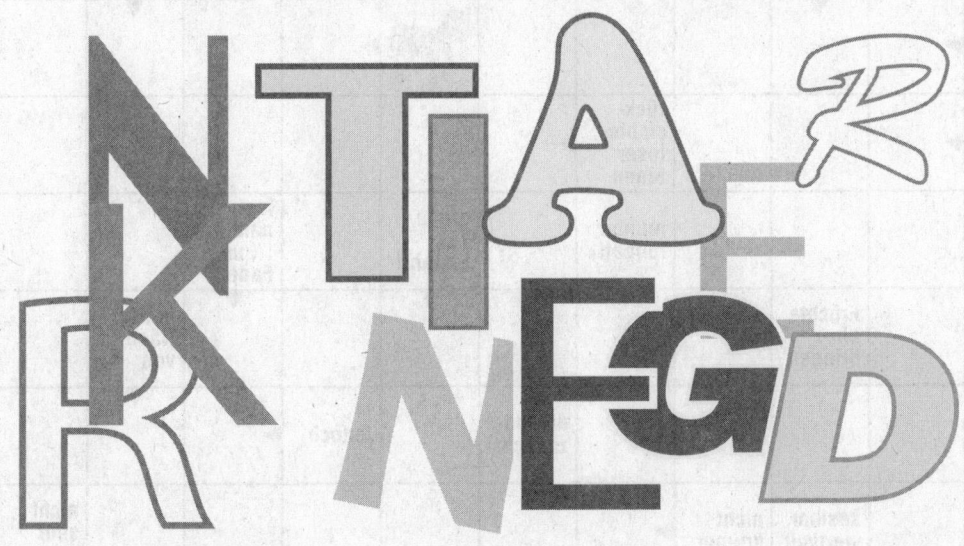

Einer stört!

Einer der vier Begriffe passt nicht zu den anderen.
Welcher ist es?

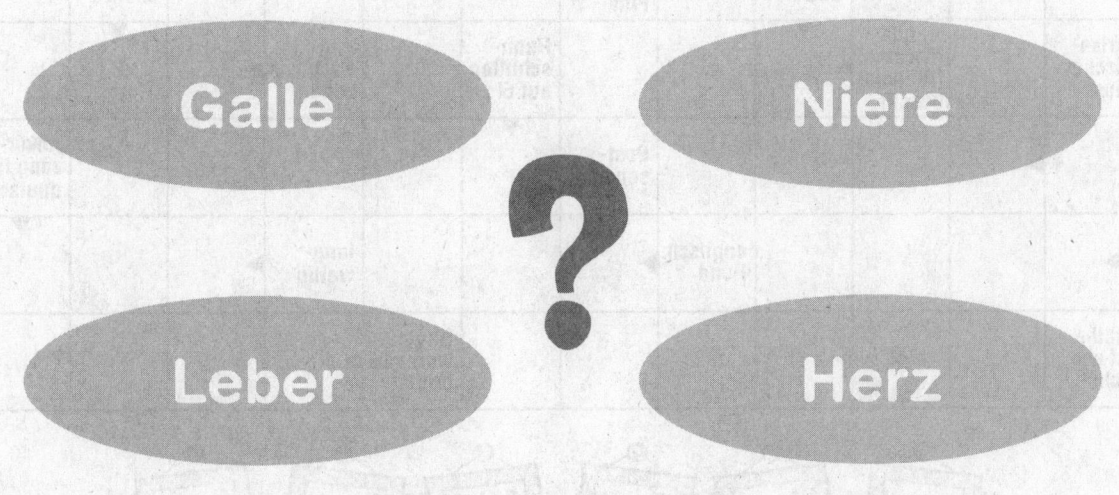

man muss nicht arbeiten in der …		wir, …, sie		aus einer weichen Masse formen		feindlich, anti		Keimkorn	unbestimmter Artikel (…, eine)			Klaue, Tatze
langer, schmaler Graben			◯ 1									
wenn zwei heiraten, führen sie eine …				rücksichtsloser Mann								
				munter, lebhaft		große Tür, Einfahrt		man näht mit … und Faden				der Planet, auf dem wir leben
Hausbesitzer, Gastgeber		Früchte einbringen			◯ 6				in der Nähe von			
				anfangs, zunächst		jedoch						
Teil des Bogens		kostbar, wertvoll	nicht krumm						◯ 3	nicht sehr warm		
						heißes Getränk	Hast					
Lenkvorrichtung	hilft beim Zeichnen von geraden Strichen		großer Fest- oder Tanzraum	Ausdrucksform					Sternschnuppe		… und her	
Zierlatte							Kuhlaut			◯ 2		
		◯ 5	gemahlenes Getreide	am Meer gibt es … und Flut						eine Kletterpflanze		
afrikanischer Fluss	… und Moritz (Wilhelm Busch)			Rennschlitten auf Eis		englisch: zehn						
			Postsendung								Abkürzung für deutsch	
			englisch: Hund				langweilig			◯ 4		
Mathe ist ein Schul…			englisch: Hund				Hauptwort von brüten					

Ein Hahn sitzt auf dem Kirchturm und legt ein Ei. Warum fällt das Ei nicht vom Turm herunter?

Quiz

Welcher Fisch erfüllt dem Fischer und seiner Frau Wünsche?

a) Aal
b) Butt
c) Wels

1

Der Hase in der Fabel heißt Meister ...

a) Röhre
b) Birne
c) Lampe

2

Wie viele Tiere bildeten die Bremer Stadtmusikanten?

a) 4
b) 5
c) 6

3

Fast dunkel ist es in der Schatzkammer der alten Burg, die Bernd betritt. Zum Glück hat er Streichhölzer dabei! Denn auf der Schatztruhe stehen eine Kerze und eine Öllampe. In einer Ecke der Kammer befindet sich außerdem ein Kamin. Was muss Bernd zuerst anzünden?

Brückenrätsel

Ein Fischer hat seine Netze von einem Ufer zum anderen gespannt. Gesucht werden Wörter, die in die Bojen passen und Begriffe ergeben, die das linke Uferwort ergänzen und dem rechten Uferwort vorangesetzt werden können. Die Buchstaben in den grauen Bojen ergeben das Lösungswort.

KÜCHEN — □ ■ □ □ □ □ — WERFER

AUTO — □ ■ □ — FAHRER

FLUT — ■ □ □ □ □ — SCHALTER

FAMILIEN — □ ■ □ □ □ — ABEND

Finde die gesuchten Begriffe zu den Bildern und trage die ausgewählten Buchstaben dieser Begriffe in den grau unterlegten Streifen im Rätsel als Startwort ein.

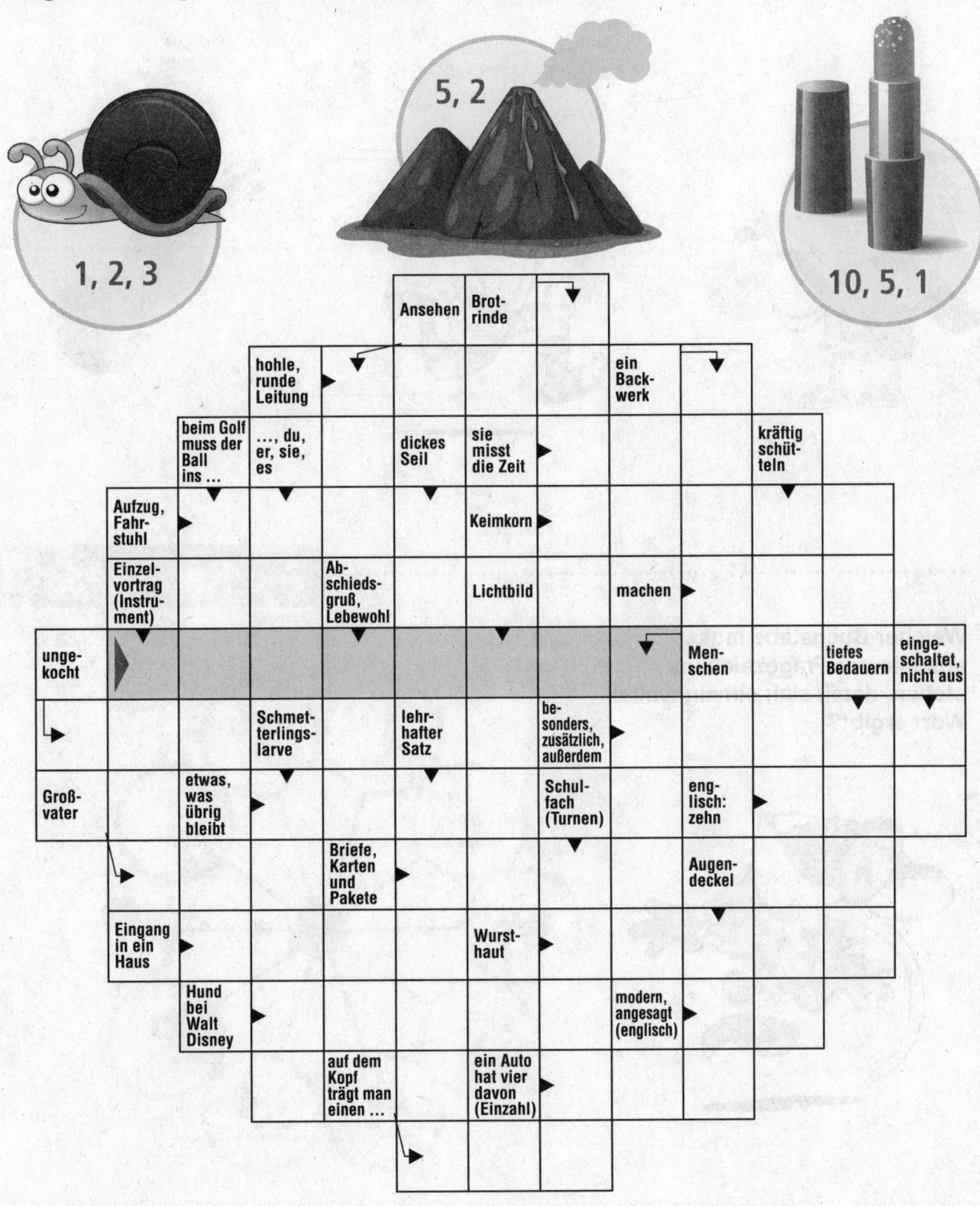

5, 2

1, 2, 3

10, 5, 1

Ansehen	Brot-rinde		
hohle, runde Leitung		ein Back-werk	
beim Golf muss der Ball ins …	…, du, er, sie, es	dickes Seil	sie misst die Zeit	kräftig schüt-teln
Aufzug, Fahr-stuhl			Keimkorn	
Einzel-vortrag (Instru-ment)		Ab-schieds-gruß, Lebewohl	Lichtbild	machen
unge-kocht				Men-schen	tiefes Bedauern	einge-schaltet, nicht aus
Schmet-terlings-larve	lehr-hafter Satz	be-sonders, zusätzlich, außerdem	
Groß-vater	etwas, was übrig bleibt		Schul-fach (Turnen)	eng-lisch: zehn
	Briefe, Karten und Pakete		Augen-deckel
Eingang in ein Haus		Wurst-haut	
Hund bei Walt Disney		modern, angesagt (englisch)	
auf dem Kopf trägt man einen …	ein Auto hat vier davon (Einzahl)	

Finde die gesuchten Begriffe zu den Bildern. Die angegebenen Buchstaben ergeben das Lösungswort.

3, 7   6, 1   2, 6

Welcher Buchstabe muss anstelle des Fragezeichens stehen, damit sich ein sinnvolles Wort ergibt?

L T E I M ? R U M R

Wörtersalat

Wir haben 19 Wörter zum Thema Möbel in diesem Buchstaben-Wirrwarr
versteckt. Die Wörter können in jede Richtung laufen, auch diagonal, rückwärts
oder von unten nach oben. Und sie können auch andere Wörter schneiden.
Kannst du alle finden?

ANBAUWAND – BETT – BUECHERSCHRANK – BUEROSTUHL – COUCH – ESSECKE –
GARDEROBE – GARTENTISCH – KINDERBETT – KLEIDERSCHRANK – KOMMODE – LAUFGITTER –
NACHTTISCH – REGAL – SCHAUKELSTUHL – SCHREIBTISCH – SESSEL – TRESEN – WICKELTISCH

```
R Z Z K N A R H C S R E H C E U B C V Q
B B M U P J S T P P P X X Q N V R W R E
S T C K L E I D E R S C H R A N K W K V
Q T F G S G P J X N P F J V D J W C G T
U S R G N A C H T T I S C H C B E G F L
B K R E A H B Q N F J S Q W A S F G Z H
A V J A S B S S U A T A G G S N N A J U
H L I Y Q E R F F Y T T E E I S E R D T
C J H W C C N E W A W D E C B N M D F S
S B C D L N O R G Q E B C B E T Q E A L
I U S A N B A U W A N D W T C X G R C E
T R I K W P S H C G L P O A U H B O K K
L D T J S I V B C H C J V M X U J B B U
E C B T E N U V A X B V U C M Q B E A A
K T I Q S N L V D Y J X G O W O Q W E H
C A E H S L H U T S O R E U B Q K R X C
I H R K E E C M M U R U O N G B P S Q S
W R H I L E L R L A U F G I T T E R A Q
P L C F I R B Y U S F T L F W D E O G S
B E S F T T E B R E D N I K V U Q O V W
S P F S J I C R G A R T E N T I S C H T
```

Welches Wort mit zwei Bedeutungen wird gesucht?

> **Mein Teekesselchen arbeitet auf dem Feld.**

> **Mein Teekesselchen ist ein Vogelkäfig.**

Jeweils zwei Bilder ergeben zusammengesetzt ein neues Wort. Welche drei Begriffe suchen wir?

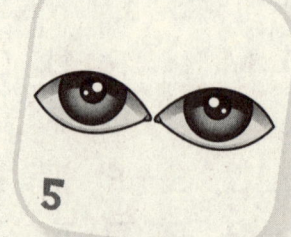

Gitterrätsel

Trage die unten stehenden Wörter so in das Gitter ein, dass du ein komplett ausgefülltes Rätsel erhältst. Als kleine Hilfe ist bereits ein Wort vorgegeben.

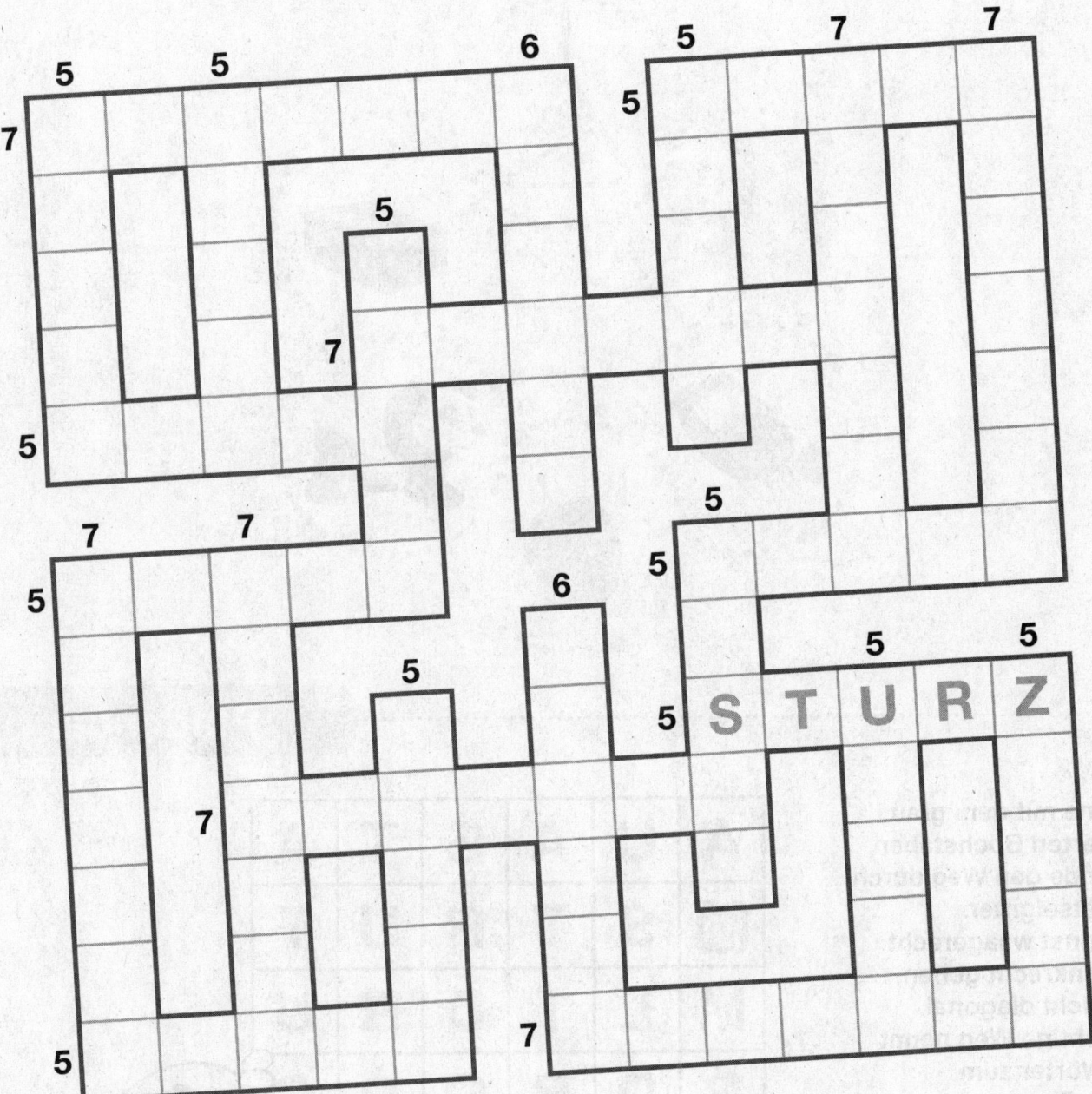

6 Buchstaben:
GAEREN – LASSEN

5 Buchstaben:
ALBUM – BESEN – BEZUG – HAUPT – HORST – KEHLE – KREIS – MIENE – SEIFE – STEAK – UMBAU – ZWANG – ZWECK

7 Buchstaben:
AUSFLUG – BLAESSE – EINSATZ – EISBAER – NEIGUNG – SONNTAG – STROLCH – WERTLOS

Bilderrätsel

Finde heraus, welches Wort sich jeweils hinter den Bildern verbirgt. Ihre Anfangsbuchstaben ergeben im Uhrzeigersinn gelesen das Lösungswort. Beginne mit dem Bild oben.

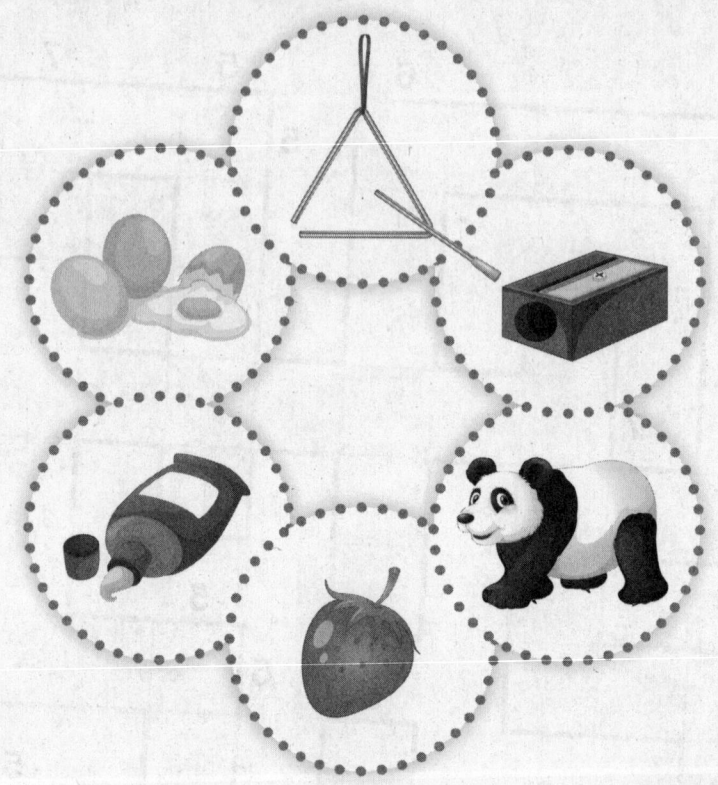

Pfadfinder

Beginne mit dem grau markierten Buchstaben und finde den Weg durch das Rätselgitter. Du kannst waagerecht und senkrecht gehen, aber nicht diagonal. Der richtige Weg nennt dir 5 Wörter zum Thema Computer.

A	U	A	S	T	A
M	S	T	R	U	T
M	L	I	D	R	U
R	D	B	O	R	C
I	S	R	W	B	K
H	C	E	S	R	E

Sie hat einen Rücken und kann nicht liegen, sie hat zwei Flügel und kann nicht fliegen. Sie hat nur ein Bein und kann nicht gehen, aber laufen hat man sie schon gesehen! Wen?

Füllrätsel

Die Wörter folgender Bedeutungen sind waagerecht in das Diagramm einzutragen.

1 gleichmäßig hin- und herschwingen,

2 unzugänglich machen,

3 kleine Kirche,

4 mit Absicht stoßen,

5 per Anhalter reisen,

6 Gerüst, Skelett

1	P	E				
2		P	E			
3			P	E		
4				P	E	
5					P	E
6						P	E

Domino

Drehe die Dominosteine so, dass die oberen und unteren Buchstaben jeweils eine Sportart ergeben.

S	U	G	E	L	N
T	E	R	N	E	N

T	E	D	N	I	N
R	U	N	E	R	S

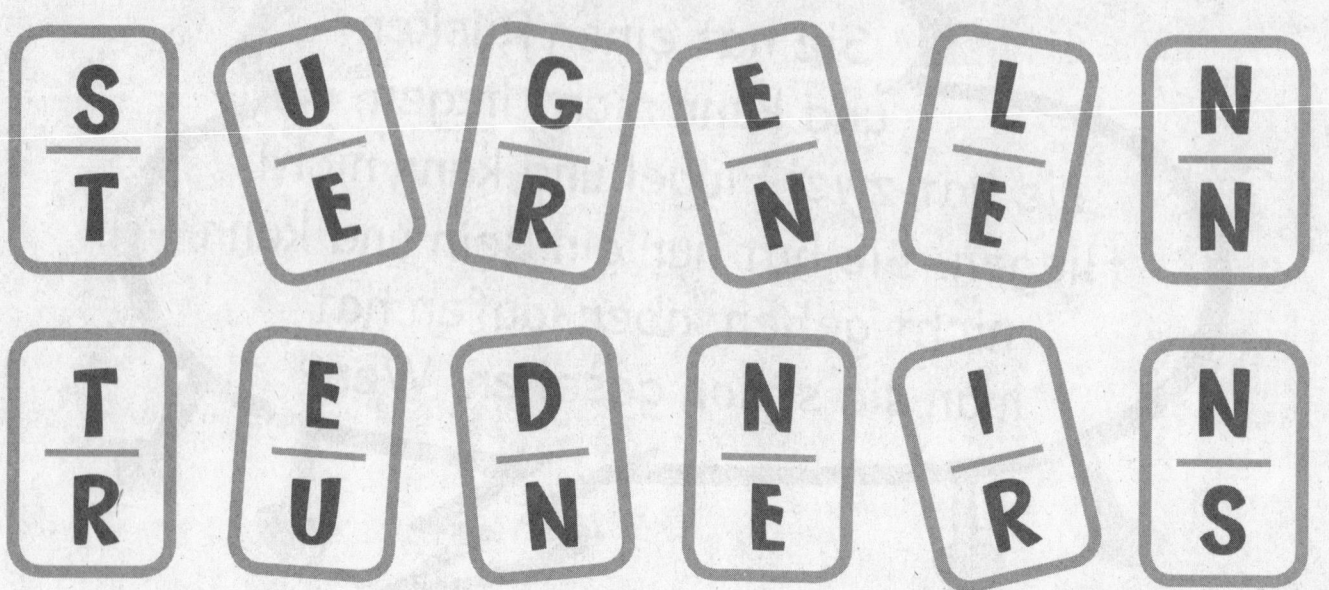

Spinnennetz

Beginne beim dunkelgrauen Buchstaben und finde den Weg durch das Spinnennetz. Welches Wort ergibt sich, wenn du jedes Feld im Spinnennetz nur einmal durchlaufen darfst?

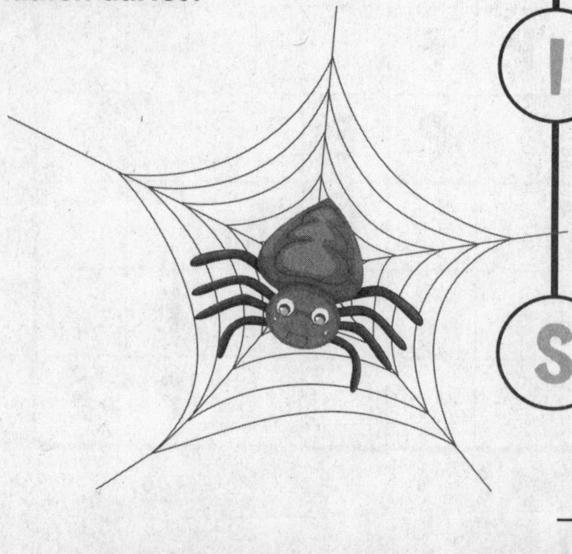

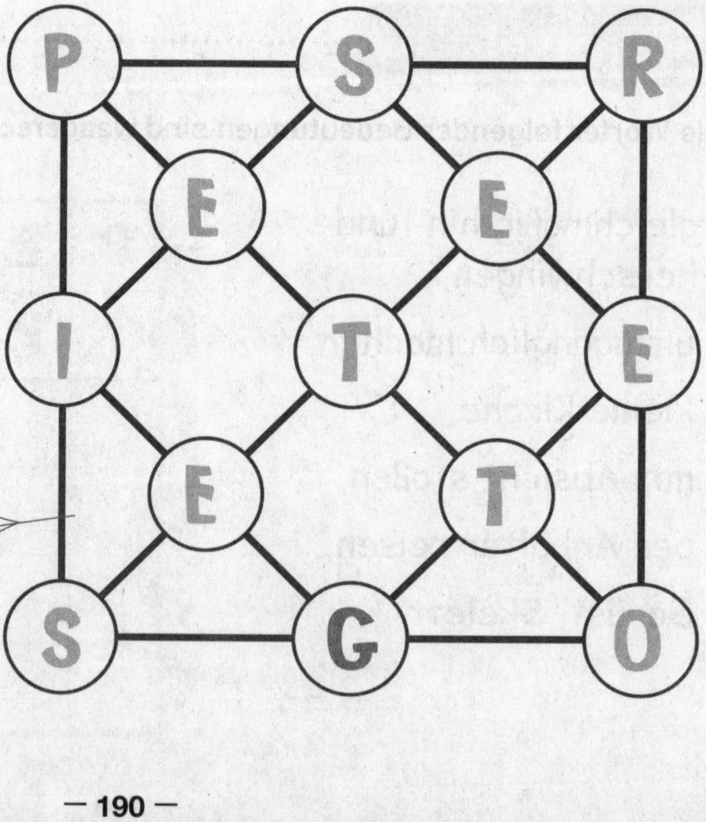

Nur ein Wort passt!

In der Liste stehen jeweils drei Wörter, von denen nur ein Wort ins Diagramm unter derselben Nummer eingetragen werden kann.

24	M	**14**	**12**
	A		
21	M	**3**	
	A		
18	**7**		**23**
20			
4		**10**	**16**
11	**2**		**5**
22		**19**	
8			**15**
6		**17**	
9	**13**		
1			

1 TEIL BANK ENTE	**2** UEBER BRIEF NAGEL	**3** UFER REIS LOHN
4 SENSE AHNEN GRUND	**5** DIE LAU FIT	**6** ES DA ZU
7 WARE HUND EHER	**8** BAU RAU HIT	**9** KRIMI PLATT ESCHE
10 OEL RAT MUT	**11** TROTZ OZEAN SEGEN	**12** KLAPPE ERNTEN TICKEN
13 EIN HUF SAU	**14** CHEF AKTE ZART	**15** MINE FOTO KRUG
16 ZIEL DORF TUCH	**17** LID MIT TON	**18** MALEN LEDIG FABEL
19 DOLCH ASIEN NELKE	**20** NOCH NASS EHRE	**21** MAKEL ZACKE FIBEL
22 WANGE HETZE BULLE	**23** TREU PUMA REST	**24** QUER MAMA MUND

Welche Währung stammt aus welchem Land? Wenn du richtig zugeordnet hast, ergeben die Buchstaben von oben nach unten gelesen ein anderes Wort für begütert, vermögend.

Dänemark	Franken **C**
Deutschland	Euro **E**
Großbritannien	Dollar **H**
Schweiz	Pfund **I**
USA	Krone **R**

Finde heraus, welches Wort sich jeweils hinter den Bildern verbirgt. Die Zahl neben dem Bild gibt an, welchen Buchstaben des Wortes du brauchst. Der Reihe nach ergeben diese Buchstaben das Lösungswort.

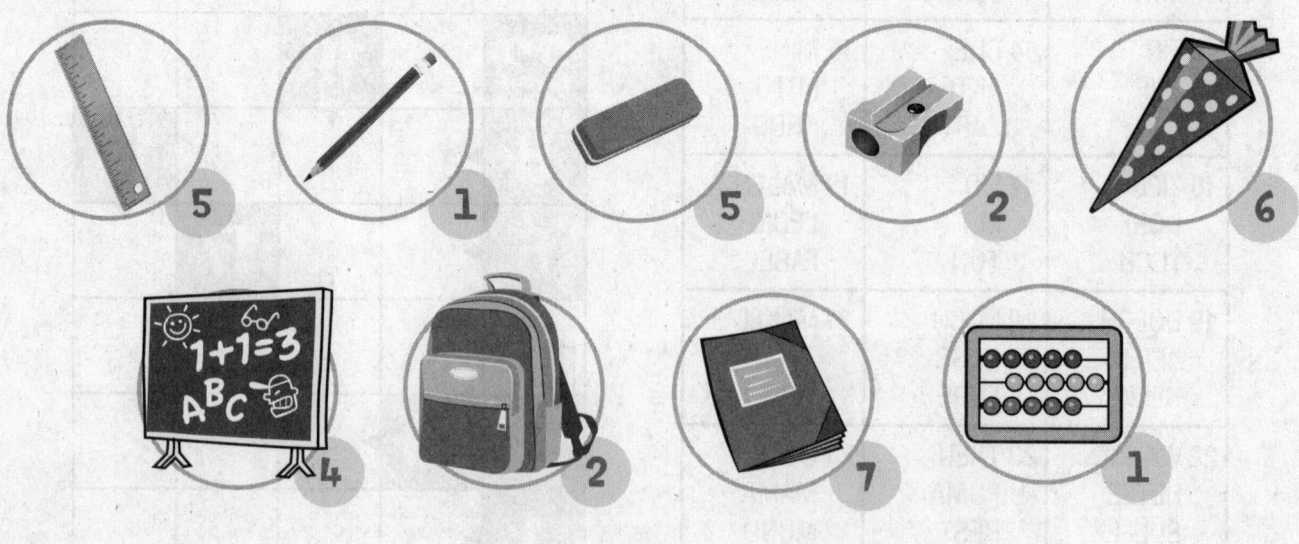

Wann immer sie Zeit findet, hat Anne ein Buch in der Hand. Wer ihr Lieblingsromanheld ist, erfährst du, wenn du die Buchstaben in die richtige Reihenfolge bringst.

Quiz

1

Was essen Vegetarier nicht?

a) Gemüse
b) Brot
c) Fleisch

2

Welcher Planet wird oft als der Rote Planet bezeichnet?

a) Mars
b) Merkur
c) Jupiter

3

Woraus wird Papier hergestellt?

a) Plastik
b) Gips
c) Holz

Kreuzworträtsel

Aussicht; Augenausdruck	Rennschlitten auf Eis	nicht laut	▼	afrikanischer Fluss	Ufermauer; Jungenname

flüssiges Fett

Schlusswort im Gebet — dort sieht man sich Filme an

im Kino läuft ein ...	▼	Kurzwort für Abitur		Kinderfernsehsender (Abk.)				um zu stoppen, betätigt man die ...

langes Wintersportgerät — Rasenpflanze

starker innerer Antrieb		Zirkuskünstler	Menschenaffe	Ader, Blutgefäß		Fährte, Abdruck		anderes Wort für hüpfen (Hase)

von edler Abstammung

nicht über, sondern ...			englisch: eins		mit ihr fängt man Fische	Standbild

sehr feucht — Auf die Plätze, fertig, ...!

übereinkommen: sich ...					Modell, Bauart			braten

häufig, mehrfach	weibliches Märchenwesen		Situation	nicht an, sondern ...	Handwerker für Fenster

unverheiratet — Stimmzettelbehälter: Wahl... — tropfenförmiger Niederschlag

Sand- oder Schneeanhäufung		nicht sehr warm			abgegrenzter Teil des Gartens (Gemüse...)	die Note 1 ist ... gut

langschwänziger Papagei — großer Teich — große Eule

an dieser Stelle, dort		wenn zwei heiraten, führen sie eine ...		Gegenteil von schlecht

Ausdehnungsbegriff

Zaun; Reithindernis — jetzt

— 194 —

In diesem Buchstaben-Wirrwarr sind 13 Wörter versteckt. Sie können in jede Richtung laufen, auch diagonal, rückwärts oder von unten nach oben. Wenn du sie alle gefunden hast, ergeben die übrig gebliebenen Buchstaben ein anderes Wort für Schriftzeichen.

B	R	A	D	I	E	R	E	R
L	I	N	E	A	L	A	B	Z
E	U	S	M	T	I	N	T	E
I	S	P	A	H	C	Z	A	U
S	T	I	P	E	H	E	F	G
T	U	T	P	F	S	N	E	N
I	H	Z	E	T	T	A	L	I
F	L	E	H	R	E	R	B	S
T	K	R	E	I	D	E	E	N

ANSPITZER
BLEISTIFT
HEFT
KREIDE
LEHRER
LINEAL
MAPPE
RADIERER
RANZEN
STUHL
TAFEL
TINTE
ZEUGNIS

Schild gesucht

? Fast überall auf der Welt sieht es gleich aus: Ein signalrotes, achteckiges Verkehrsschild mit einer wichtigen Anweisung. Was steht darauf?

a) ENDE

b) HALT

c) NEIN

d) STOP

Lars ist Sänger in seiner Schulband. Einmal in der Woche fährt eines der Elternteile der Bandmitglieder die Kinder zur Probe. Diese Woche ist die Mutter von Lars an der Reihe, die nach und nach alle Kinder dort einsammelt, wo sie wohnen. Wie heißen die Kinder der Band mit Nachnamen? Kriegst du raus, in welcher Straße welches Kind wohnt und welches Instrument es spielt?

Der Weg zur Probe

		Nachname				Straße				Instrument			
		Asmuss	Busmann	Graber	Schubert	Fliedergasse	Poststraße	Rosenweg	Talstraße	Bass	Gitarre	Keyboard	Schlagzeug
Vorname	Christine												
	Jonas												
	Melissa												
	Paul												
Instrument	Bass												
	Gitarre												
	Keyboard												
	Schlagzeug												
Straße	Fliedergasse												
	Poststraße												
	Rosenweg												
	Talstraße												

1 Einer der Jungen heißt mit Nachnamen Asmuss und wohnt in der Talstraße.

2 Christine spielt Gitarre. Ihr Nachname lautet nicht Busmann.

3 Das Kind mit dem Nachnamen Schubert wohnt in der Poststraße.

4 Melissa Graber wohnt nicht in der Fliedergasse.

5 Jonas kann nicht Keyboard spielen.

6 Der Junge mit dem Nachnamen Asmuss spielt nicht den Bass.

7 Eines der Mädchen spielt das Schlagzeug.

Kannst du erraten, welches Wort sich hier verbirgt?

Tauschrätsel

In jeder Zeile darf nur jeweils ein Buchstabe getauscht werden, um ein neues Wort zu erhalten, und damit aus dem Harz den Kult werden zu lassen.

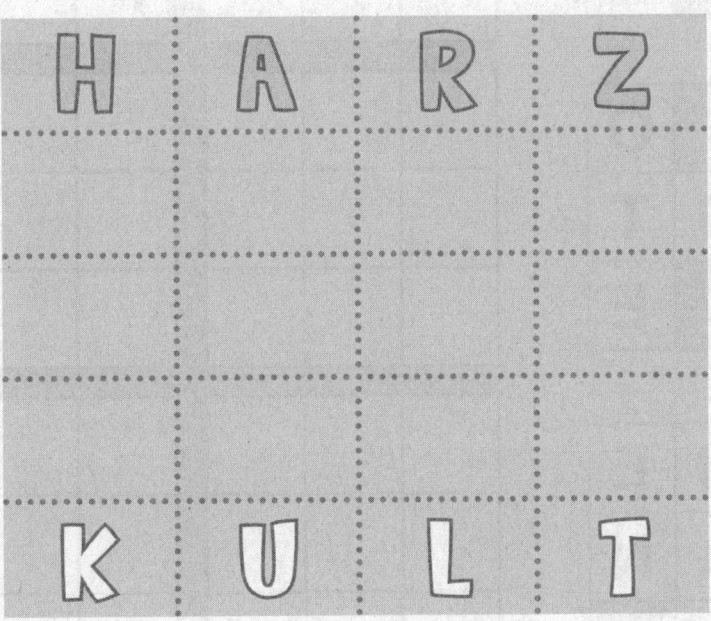

Wir haben eine Kreuzworträtsel-Auflösung zerschnitten.
Dann haben wir die Einzelteile durcheinandergebracht.
Ein Teil steht bereits an der richtigen Stelle. Die Einzelteile von
außen sollt ihr nun innen so ergänzen, dass eine vollständige
Kreuzworträtsel-Auflösung entsteht.

B	E	T
L		I
A	G	E

M	O	O
	B	
S	E	H

A		D
T	H	E
E		M

T	R	E
A		X
B	L	E

	G	E
	M	A
A	S	S

S		E
E	I	N
R		D

N		O
G	S	T
E		E

U	E	R
	R	
E	N	N

N	N	E
	A	N
C	H	

Die Buchstaben, in die richtige Reihenfolge hintereinandergestellt,
ergeben das nächtliche Firmament.

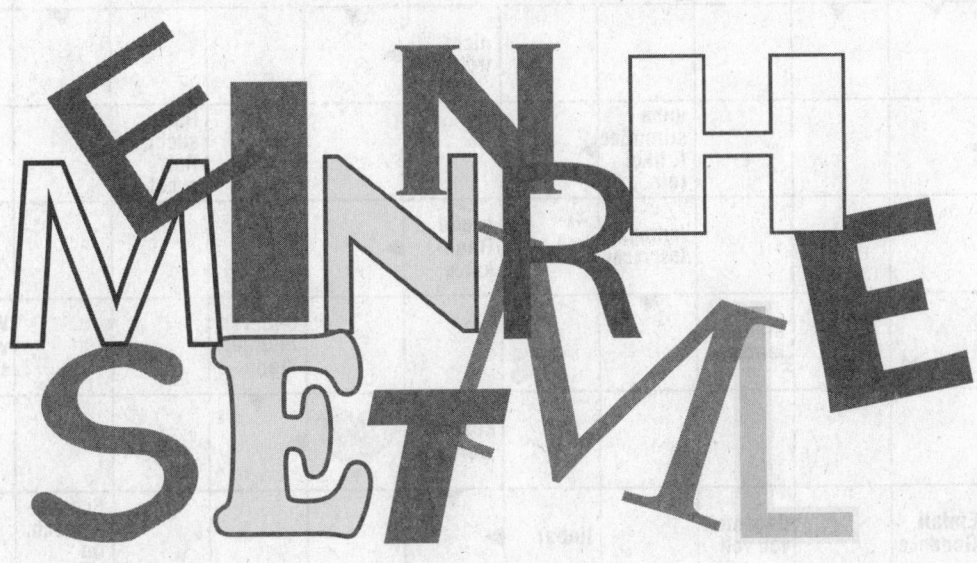

Einer stört!

Einer der vier Begriffe passt nicht zu den anderen.
Welcher ist es?

Elbe

Rhein

?

Donau

Halle

Bilder-Kreuzworträtsel

ein Grund-stoff, Element	Flachland	Urlaubs-reisen-der	▼	(Bild)	▼	Leim	(Bild)	▼	wenn man Ferien hat, hat man ...	Wurf-, Sport-gerät	Ziel beim Ballspiel
▶	▼	▼				nicht fröhlich	▶			▼	▼
Renn-schlitten auf Eis ▶			unbe-stimmter Artikel (ein, ...) ▶						Hab-sucht, Raff-sucht		
▶			Vortrag, Ansprache			große Raub-katze					
tiefes Bedauern	(4)		munter, lebhaft ▶	(6)				tapferer, mutiger Mann			Waren-verkehrs-steuer
▶						kostbar, wertvoll	(Bild ♥)				
Teil der Uhr	Einfall, Gedanke		Gegenteil von voll		lieber ▶					Schnee-mensch im Himalaja
▶		(2)	▼				Knecht Ruprecht hat eine ...		Gabe, Spende	
Teilnah-me an fremdem Schmerz	(Bild)		Empfeh-lung	flüssiger Rohstoff aus dem Boden ▶				(5)		
männ-liches Borsten-tier ▶				Klavier-teil; Druck-hebel			sportlich in Form			jeder Aufsatz behandelt ein ...
▶					Absicht, Vor-haben		ein Straßen-belag ▶			
Ehe-schlie-ßung, Trauung	eng-lisch: zehn		Wand-verklei-dung aus Papier ▶				ein Straßen-belag		großes Fahrzeug zum Perso-nentransport
▶				ich, du, er, sie, ...		Vermögen, das je-mand hin-terlässt ▶			
Aus-drucks-form			Stock-werk, Geschoss ▶					die Schule beginnt ... 8 Uhr	(3)
Erkäl-tungs-zeichen ▶			(1)			blass-roter Farbton ▶		

Welchen Planeten kann man von Ende November bis Anfang Dezember beobachten?

Quiz

Womit hat ein Bibliothekar zu tun?

a) Autos
b) Tiere
c) Bücher

1

Was kann man beim Optiker kaufen?

a) Brille
b) Waschmaschine
c) Fleisch

2

Wo arbeitet der Förster?

a) auf der Autobahn
b) im Wald
c) im Gericht

3

Eine Mutter hat vier Töchter und jede dieser Töchter hat drei Brüder. Wie viele Kinder hat die Mutter?

Brückenrätsel

Ein Fischer hat seine Netze von einem Ufer zum anderen gespannt. Gesucht werden Wörter, die in die Bojen passen und Begriffe ergeben, die das linke Uferwort ergänzen und dem rechten Uferwort vorangesetzt werden können. Die Buchstaben in den grauen Bojen ergeben das Lösungswort.

FLIEGEN — □ □ □ ■ — SAMMLER

BLÜTEN — □ □ ■ □ □ — LAUS

MÄRCHEN — □ ■ □ □ — STÜTZE

DAUMEN — □ □ ■ □ — KARTE

Finde die gesuchten Begriffe zu den Bildern und trage die ausgewählten Buchstaben dieser Begriffe in den grau unterlegten Streifen im Rätsel als Startwort ein.

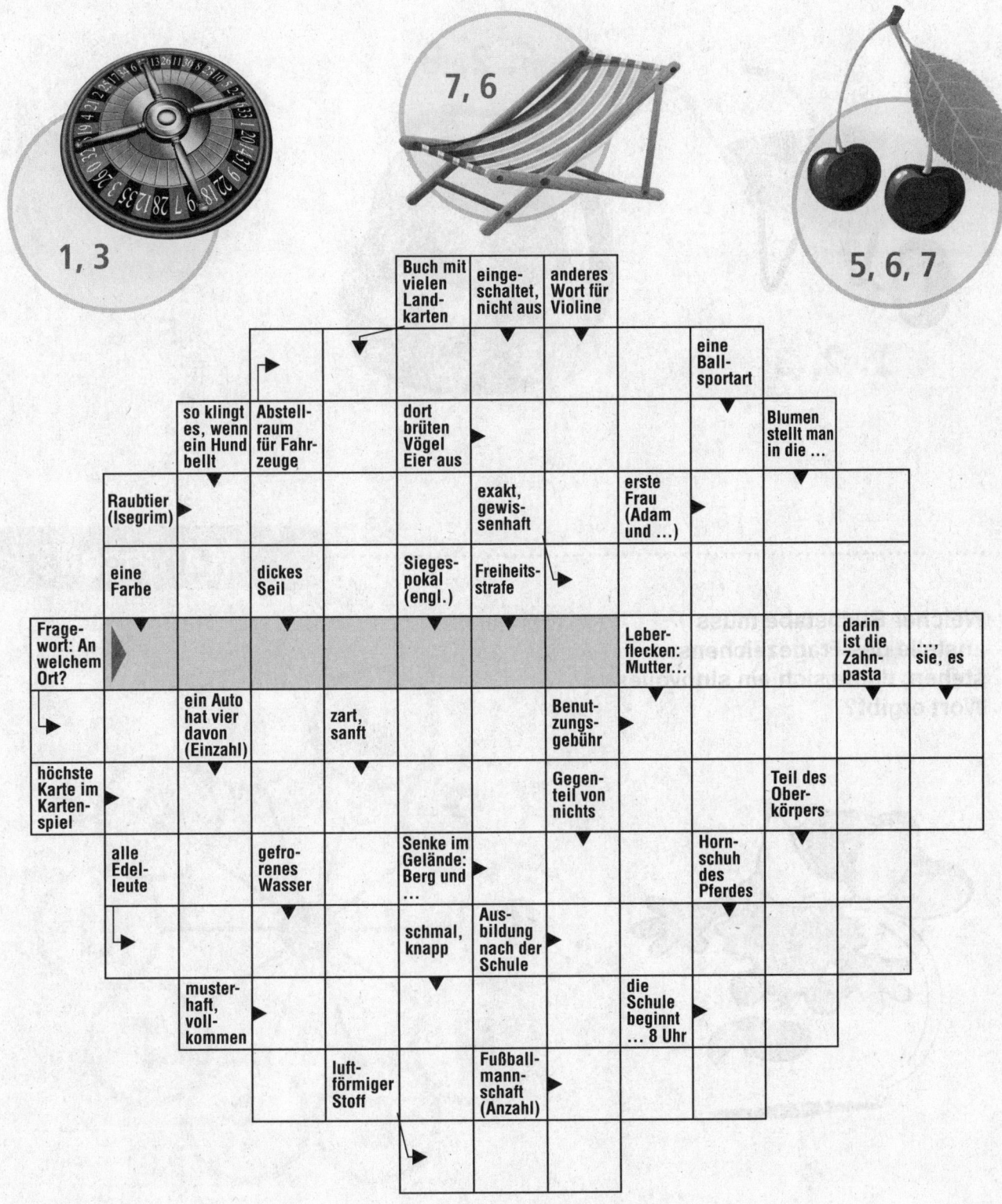

Bilderrätsel

Finde die gesuchten Begriffe zu den Bildern. Die angegebenen Buchstaben ergeben das Lösungswort.

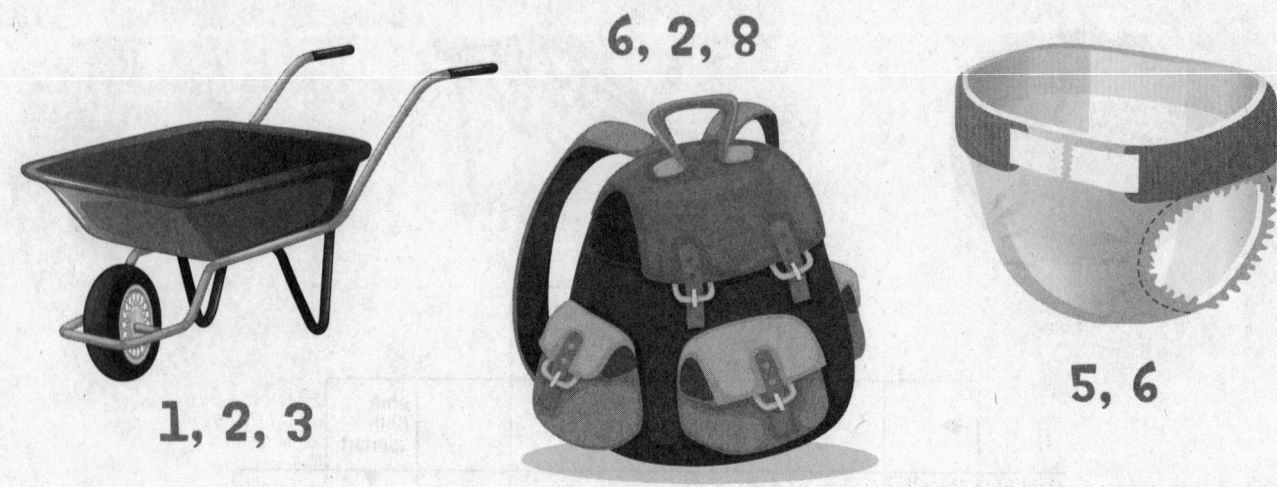

6, 2, 8

1, 2, 3

5, 6

Karussell

Welcher Buchstabe muss anstelle des Fragezeichens stehen, damit sich ein sinnvolles Wort ergibt?

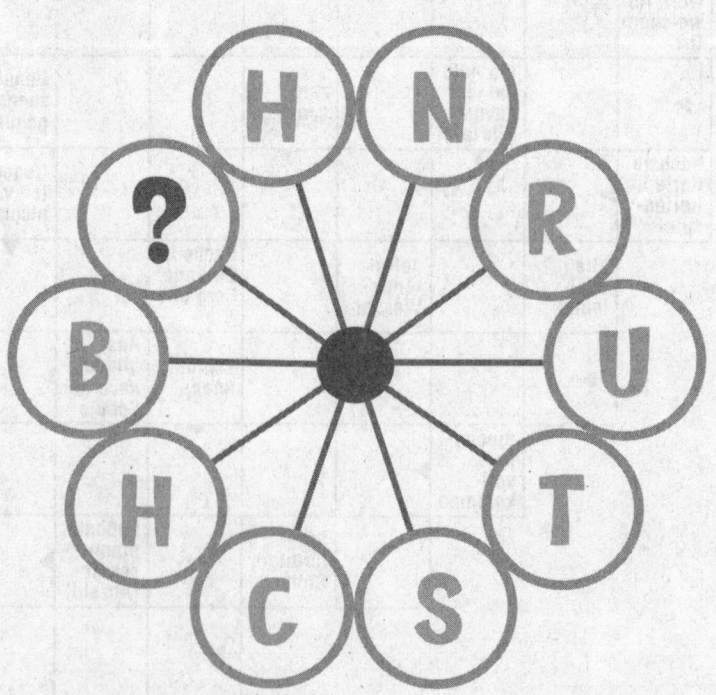

H N

? R

B U

H T

C S

Wörtersalat

Wir haben 20 Wörter zum Thema Musik in diesem Buchstaben-Wirrwarr versteckt. Die Wörter können in jede Richtung laufen, auch diagonal, rückwärts oder von unten nach oben. Und sie können auch andere Wörter schneiden. Kannst du alle finden?

BRATSCHE – CHOR – GITARRE – HITPARADE – KLARINETTE – KLAVIER – KONTRABASS – LIED – MUNDSTUECK – NOTENSCHLUESSEL – NOTENSTAENDER – ORCHESTER – ORGEL – POSAUNE – QUERFLOETE – SAXOFON – SCHLAGER – SINGEN – STIMMGABEL – VIOLINE

```
Q E J N O F O X A S I D Z M D Z Z C K A
A K U V V Y T X E P U L K L A V I E R P
K R C Q B P V M H R C E W V W Y G T H O
S E L E B A G M M I T S R T R C P N L S
C D G E U M N P Q M O S L O D P A F U A
U N X D F T O X J C Y E D J H L A X J U
C E N A M G S J A Y F U S G E C B Y E N
M A D R A K L D D N O L L B T G F R W E
P T U A M L C E N K R H N D O R G E L M
Q S C P D G Y B N U C C K F K H Q G X S
R N F T H B S D L I M S S A Q E C A I S
R E G I G M M I N V V N E T J L Q A
S T Z H V L E G N J B E P C B T V H L B
X O C V I D C B E G W T X E Z E C C L A
G N A P C U R H U N E O K J N N I S H R
I D W Z E A Z O H U T N S B H I Z Z L T
T P D I T K N M J U S N S O S R L I V N
A A Y S F E T E O L F R E U Q A L O A O
R O C R I F V I D U A L B L T L S Q I K
R H C S O R C H E S T E R D J K U K Q V
E Q C N B R Q L L X I I J A D E N C B F
```

Welches Wort mit zwei Bedeutungen wird gesucht?

Mein Teekesselchen tropft aus Nadel-bäumen.

Mein Teekesselchen ist ein deutsches Mittelgebirge.

Memo

Jeweils zwei Bilder ergeben zusammengesetzt ein neues Wort.
Welche drei Begriffe suchen wir?

Trage die unten stehenden Wörter so in das Gitter ein, dass du ein komplett ausgefülltes Rätsel erhältst. Als kleine Hilfe ist bereits ein Wort vorgegeben.

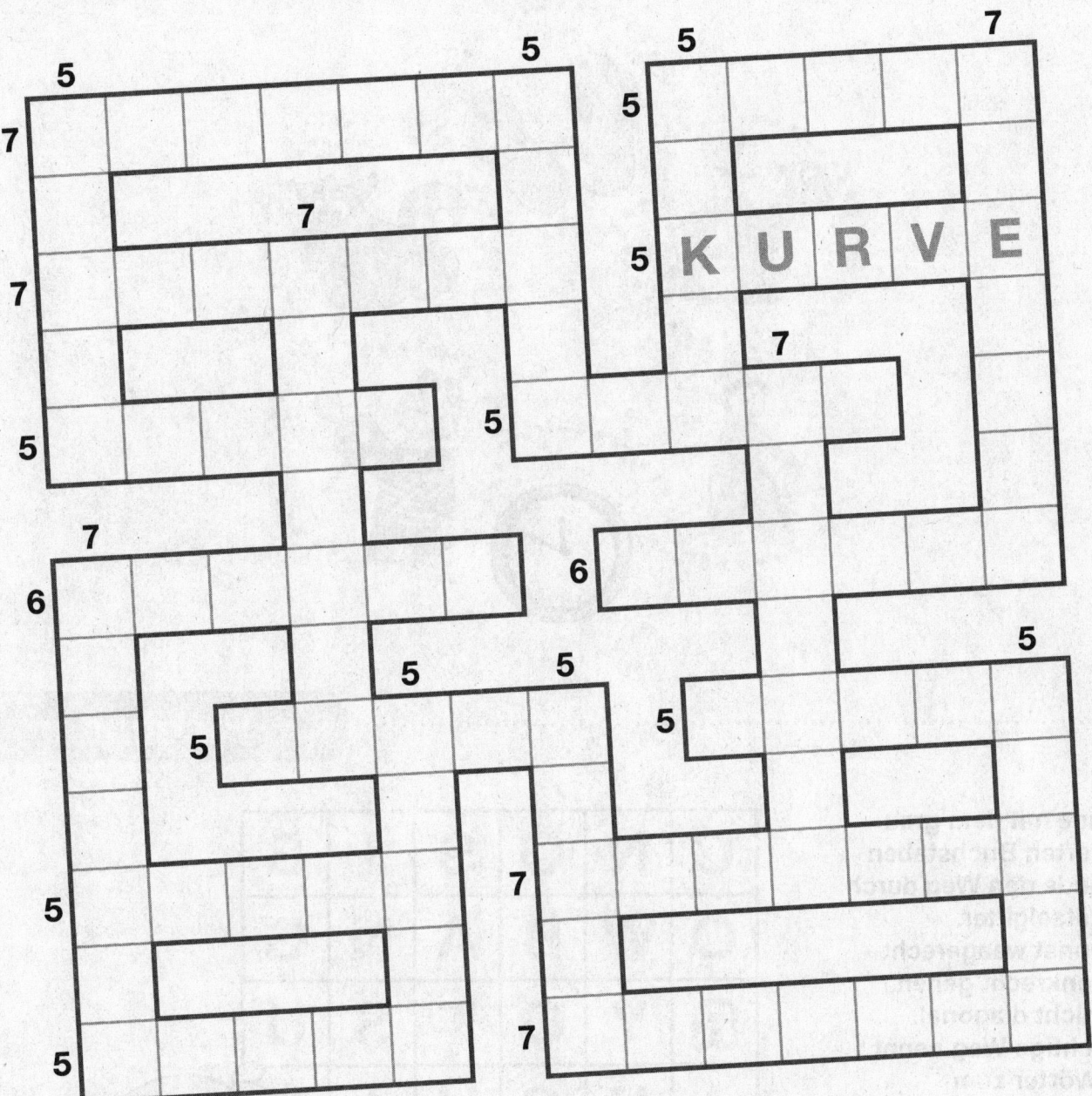

5 Buchstaben:
BIEST – BLOCK – FAHNE – GRIMM – HILFE – KLANG – MAKEL – MILCH – MUMPS – OZEAN – ROMAN – SUMPF – TUETE

6 Buchstaben:
BUMMEL – PYJAMA

7 Buchstaben:
AUSGABE – CAMPING – EINFALL – GEBILDE – MOGELEI – PANTHER – SENDUNG – SUEDPOL

Bilderrätsel

Finde heraus, welches Wort sich jeweils hinter den Bildern verbirgt. Ihre Anfangsbuchstaben ergeben im Uhrzeigersinn gelesen das Lösungswort. Beginne mit dem Bild oben.

Pfadfinder

Beginne mit dem grau markierten Buchstaben und finde den Weg durch das Rätselgitter. Du kannst waagerecht und senkrecht gehen, aber nicht diagonal. Der richtige Weg nennt dir 6 Wörter zum Thema Wilder Westen.

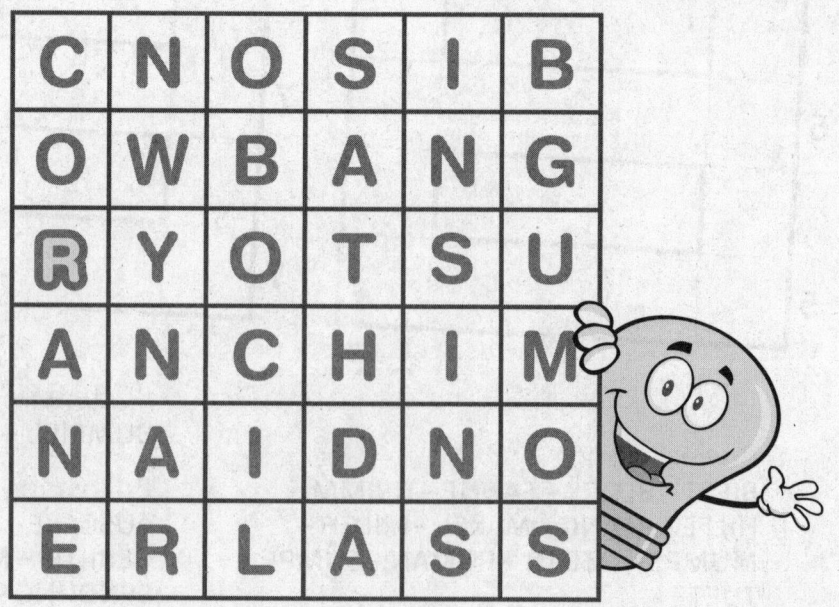

Welches Tier sollte Kinder beim Baden begleiten?

Füllrätsel

Die Wörter folgender Bedeutungen sind waagerecht in das Diagramm einzutragen.

1 großes graues Rüsseltier,

2 von allen gern gesehen,

3 durch einen heftigen Stoß kann man sich das Knie ...,

4 Sportler; Zocker,

5 sich schnell, heftig bewegen,

6 drückend warm

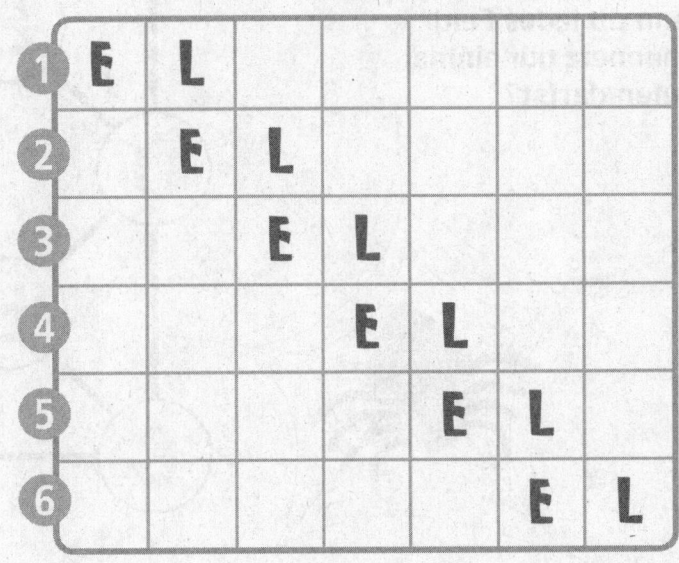

Domino

Drehe die Dominosteine so, dass die oberen und unteren Buchstaben jeweils eine Frucht ergeben.

Spinnennetz

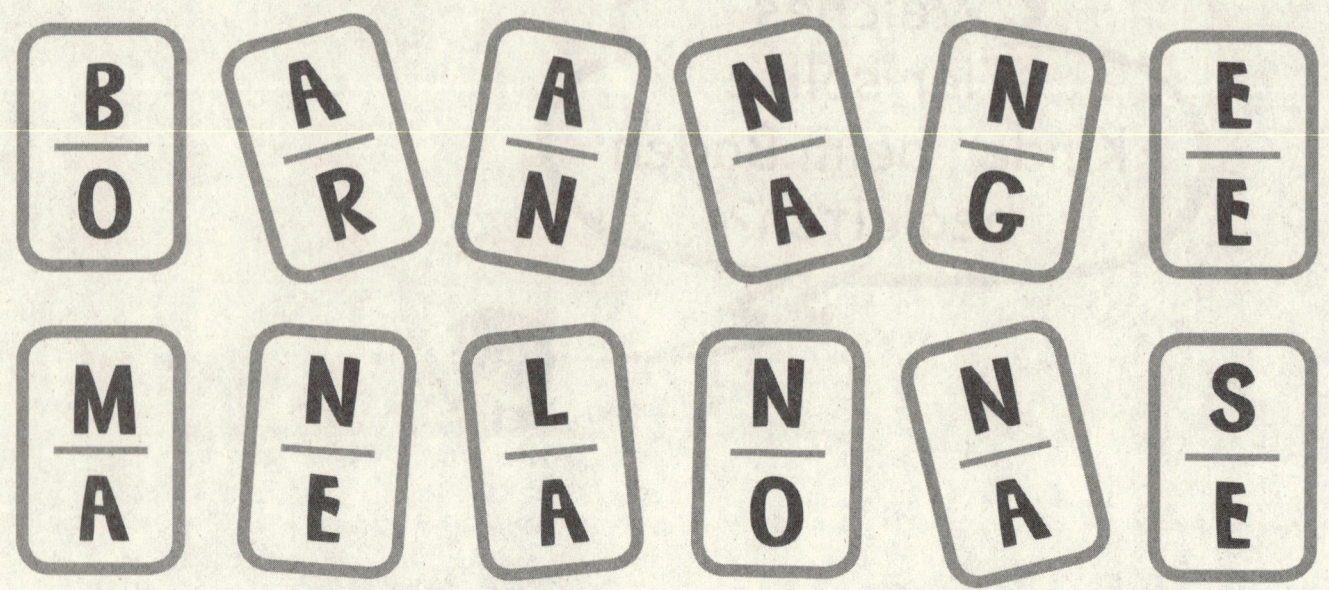

Beginne beim dunkelgrauen Buchstaben und finde den Weg durch das Spinnennetz. Welches Wort ergibt sich, wenn du jedes Feld im Spinnennetz nur einmal durchlaufen darfst?

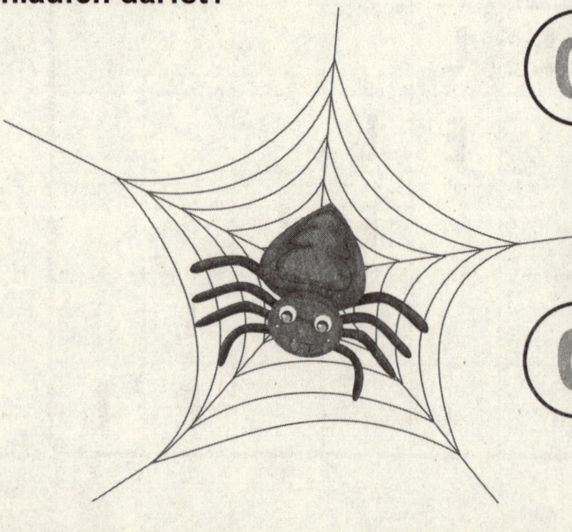

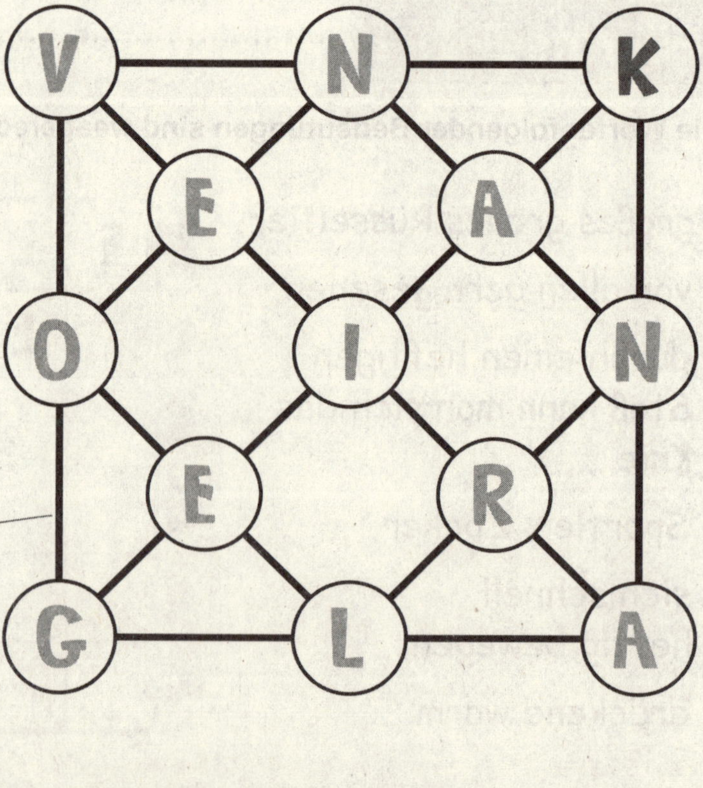

Nur ein Wort passt!

In der Liste stehen jeweils drei Wörter, von denen nur ein Wort ins Diagramm unter derselben Nummer eingetragen werden kann.

1 ESEL BERG HOLZ	**2** BERUF LIEBE KRACH	**3** ULME GROB STAB
4 OHR BUG OPA	**5** IGEL EBBE PEIN	**6** FREI LAMA NETT
7 SOHN BAUM MADE	**8** HAIR DUTT EHER	**9** GEIZ EINS HUND
10 DORT KRUG REIS	**11** DAISY FROMM BIEST	**12** WOHL TOPF LUPE
13 ERBE FUER EINE	**14** AN ES EI	**15** JAGD MEIN HERR
16 AUGE STAR FLAU	**17** RUHM LEER HERZ	**18** BETT UFER ERDE
19 ZWANG STEIN UEBEN	**20** TREU IDEE PFAU	**21** FEIND CREME TRIEB
22 BLUME SPORT LEDER	**23** BELIEBT KOMISCH INLINER	**24** AUSRUF KAMERA TRABEN

Was macht man womit im Garten? Wenn du richtig zugeordnet hast, ergeben die Buchstaben von oben nach unten gelesen eine Frucht.

○ **Unkraut**	**gießen** (R)
○ **Rasen**	**harken** (E)
○ **Blumen**	**mähen** (I)
○ **Äpfel**	**jäten** (B)
○ **Laub**	**ernten** (N)

Bilderrätsel

Finde heraus, welches Wort sich jeweils hinter den Bildern verbirgt. Die Zahl neben dem Bild gibt an, welchen Buchstaben des Wortes du brauchst. Der Reihe nach ergeben diese Buchstaben das Lösungswort.

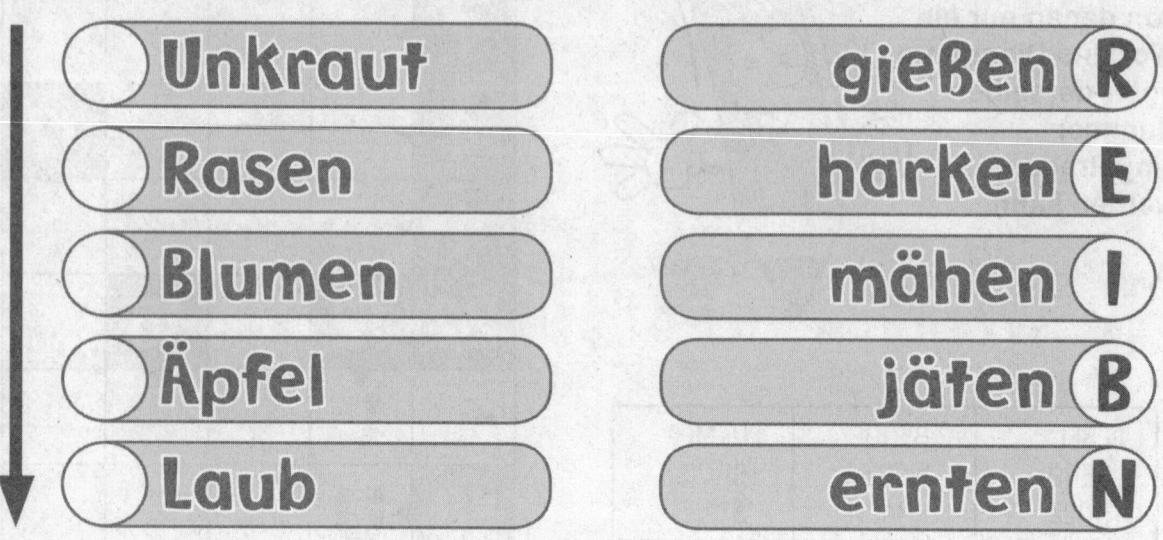

Mareike liebt das Wasser. Am liebsten taucht sie bis auf den Grund. Was sie dort sucht, erfährst du, wenn du die Buchstaben in die richtige Reihenfolge bringst.

Quiz

1

Wie heißt der böse Zauberer, der die Schlümpfe ärgert?
a) Merlin
b) Krabat
c) Gargamel

2

Welche Farbe haben reife Preisel-beeren?
a) blau
b) rot
c) gelb

3

Regnet es stark, dann regnet es in ...
a) Flüssen
b) Strömen
c) Bächen

	Begrenzung einer Fläche	▼	ein Edelstein	▼	ein altes Wort für Aufsicht	▼	Schulfestsaal	▼
	▶			Tierhöhle	▶		Rot auf Französisch heißt …	
	Schafjunges		Ausruf der Verwunderung	▶			▼	
Funkortung	▶ ▼				wer ganz alt ist, ist …	▶	▼	anhänglich, loyal
Zimmerwinkel		persönliches Fürwort	Luftrolle (Sport) ▶			Sorte, Gattung		
▶			▼	Abschiedsgruß, Lebewohl	kostbar, wertvoll	Stimmzettelbehälter: Wahl… ▶		eine Farbe ▼
wir sind, er …		Eingang in ein Haus	▶			es gibt Moll und … ▶		
▶			Fahrbahn neben Straßen	er baute die Arche (Bibel)	Schiffsstockwerk ▶		großer Teich ▼	
das Gesicht hat zwei …				nicht scharf oder spitz ▼	Platz, Stelle	großer Zweig ▼		
Zirkus-, Varietékünstler		in der Physik gibt es die …	norwegische Hauptstadt ▶			aus der Puste: außer … ▼		Hauptstadt von Italien ▼
▶				Rätselfreund ▶				
Schreibflüssigkeit	kurz für in dem	ein kleines Wort in Fragen		einfaches, kleines Haus ▶			nicht euer, sondern …	
▶	▼		Kletterpflanze		Schlusswort im Gebet	langschwänziger Papagei	die Schule beginnt … 8 Uhr ▶	
ein Frühlingsmonat ▶		Großvater	▼	wenn zwei heiraten, führen sie eine …				große Tür, Einfahrt ▼
	▶					modern, angesagt (englisch) ▶		
	Friedensvogel		Raubfisch ▶			Himmelsrichtung		
	▶			törichter Mensch				

In diesem Buchstaben-Wirrwarr sind 13 Wörter versteckt. Sie können in jede Richtung laufen, auch diagonal, rückwärts oder von unten nach oben. Wenn du sie alle gefunden hast, ergeben die übrig gebliebenen Buchstaben einen runden Kuchen mit Früchten.

B	A	N	A	N	E	O	A	Z
P	I	K	I	W	I	N	P	I
K	F	R	B	S	A	A	R	T
I	E	L	N	N	M	P	I	R
R	I	T	A	E	T	F	K	O
S	G	S	L	U	O	E	O	N
C	E	O	R	T	M	L	S	E
H	N	B	E	E	R	E	E	E
E	P	F	I	R	S	I	C	H

ANANAS
APFEL
APRIKOSE
BANANE
BEERE
BIRNE
FEIGE
KIRSCHE
KIWI
MELONE
PFIRSICH
PFLAUME
ZITRONE

Lexikon-Rätsel

Im Lexikon findet sich unter dem Stichwort „Ida" folgender Eintrag:
Ida (neugriechisch Psiloritis), höchster Gebirgsstock der griechischen Insel Kreta, bis 2456 m über dem Meeresspiegel, mit der Idäischen Grotte, der Sage nach die Geburtsstätte des Zeus.
Ist das wirklich wahr?

In Verenas und Guidos Familie wird gekocht, was allen schmeckt.
Für die nächste Woche hat jeder sich ein Essen gewünscht und per Auslosung
wurde dann der Tag festgelegt. An welchem Tag bekommt wer sein gewünsch-
tes Essen, was ist der Wunsch und welchen Nachtisch gibt es dazu?

Essens-Wünsche

		Wer				Hauptspeise				Nachtisch			
		Guido	Mutter	Verena	Vater	Auflauf	Bratwurst	Fisch	Spaghetti	Eis	Milchreis	Pudding	Quark
Wochentag	Montag												
	Dienstag												
	Mittwoch												
	Donnerstag												
Nachtisch	Eis												
	Milchreis												
	Pudding												
	Quark												
Hauptspeise	Auflauf												
	Bratwurst												
	Fisch												
	Spaghetti												

1 Guido würde gern einen Auflauf essen. Den gibt es aber nicht am Montag.
Dafür gibt es am Montag Eis zum Nachtisch.

2 Am Mittwoch gibt es Bratwurst, aber keinen Pudding.

3 Am Donnerstag wird der Wunsch der Mutter gekocht.

4 Der Vater möchte keinen Quark.

5 Die Spaghetti und der Milchreis werden am selben Tag serviert.

In den Buchstabengesichtern verstecken sich drei Vogelarten. Wie heißen sie?

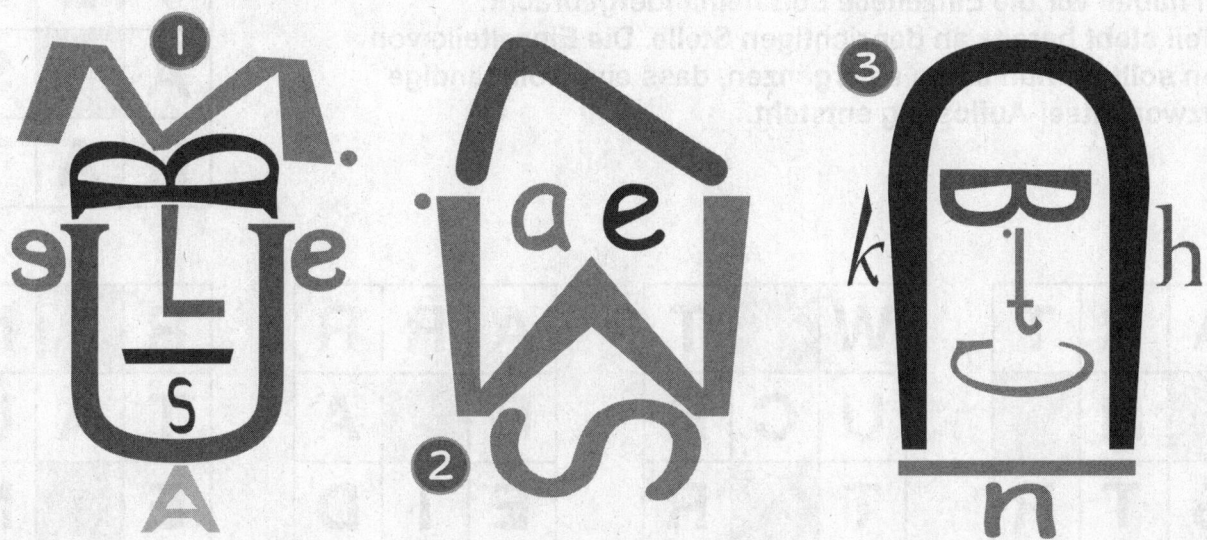

Tauschrätsel

In jeder Zeile darf nur jeweils ein Buchstabe getauscht werden, um ein neues Wort zu erhalten, und damit aus einem Korb ein Nein werden zu lassen.

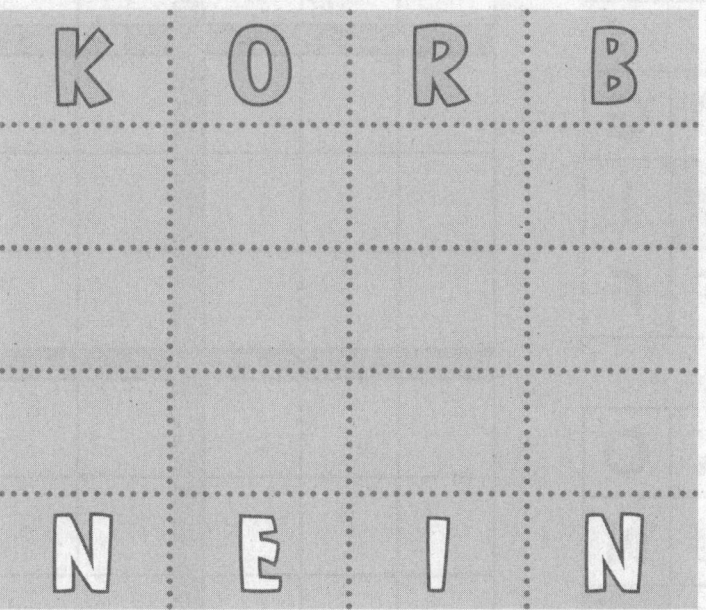

Wir haben eine Kreuzworträtsel-Auflösung zerschnitten.
Dann haben wir die Einzelteile durcheinandergebracht.
Ein Teil steht bereits an der richtigen Stelle. Die Einzelteile von
außen sollt ihr nun innen so ergänzen, dass eine vollständige
Kreuzworträtsel-Auflösung entsteht.

T	E	E
A		S
R	A	T

A	R	T
	N	
S	T	R

W		T
U	C	H
T		R

A	R	R
B		A
E	I	D

R		N
T	A	U
E		N

S	H	O
O		B
F	E	S

R	O	G
E		I
I	F	F

M	E	T
	G	
W	E	G

	K	O
T	U	N
O	H	

Die Buchstaben, in die richtige Reihenfolge hintereinandergestellt, ergeben ein anderes Wort für einen Ort zum Spielen, Spielplatz.

Einer stört!

Einer der vier Begriffe passt nicht zu den anderen. Welcher ist es?

Zollstock

Barometer

Metermaß

Elle

?

Bilder-Kreuzworträtsel

	Teil des Wagens	den Rachen spülen				regeln; sortieren	winziges Tier, lebt im Fell von Tieren		Körperteil	immer, zu jeder Zeit	englisch: zehn
							geballte Hand				
Siegespokal (engl.)			Gurkenkraut				**1**		großer Behälter für Tierfutter		
			Leid, Schmerz			Himmelsrichtung					
Würde, Ansehen (Ruhm und ...)			Unglück, Missgeschick		**5**			sehr kurzer Rock			ein Straßenbelag
	2					Pferdegangart	unvergorener Traubensaft				
den Inhalt entnehmen	Gegenteil von Breite		Klassenarbeit		Backmasse (Brot- oder Kuchen...)						
	6						Babyspeise		frühere Münze		
Gewichtseinheit (50 Kilogramm)		essbare Meeresmuschel		heißes Getränk	Schulabschlussprüfung						
Besucher					Laubbaum			Augendeckel			nicht dick, sondern ...
						eine Zahl		bereitwillig			
	häufig, mehrfach		ein paar, mehrere							Tierhöhle (der Fuchs wohnt in einem ...)	
				von da an: ... hier			Vermögen, das jemand hinterlässt				
Sportwette			großer Greifvogel						**3**	eingeschaltet, nicht aus	
lebhaftes oder lustiges Treiben							eine Zahl				**4**

1+1+ durchgestrichen:
was ergibt das?

Quiz

Wie heißt eine Papierfalt-
technik?

a) Origami
b) Mikado
c) Kimono

1

Womit kann man keine
Bilder malen?

a) Buntstift
b) Bleistift
c) Klebestift

2

Welche Farbe ist keine Grund-
farbe?

a) Rot
b) Blau
c) Weiß

3

Familie Meier hat einen rechteckigen Teppich. Nach dem Umzug in ihr neues Haus brauchen sie jetzt einen quadratischen Teppich. Sie wollen den alten Teppich umarbeiten, aber kein Stück verschwenden oder ein neues Stück hinzukaufen. Mit nur zwei Schnitten kann das gelingen. Wie?

Ein Fischer hat seine Netze von einem Ufer zum anderen gespannt. Gesucht werden Wörter, die in die Bojen passen und Begriffe ergeben, die das linke Uferwort ergänzen und dem rechten Uferwort vorangesetzt werden können. Die Buchstaben in den grauen Bojen ergeben das Lösungswort.

Rebus-Rätsel

Finde die gesuchten Begriffe zu den Bildern und trage die ausgewählten Buchstaben dieser Begriffe in den grau unterlegten Streifen im Rätsel als Startwort ein.

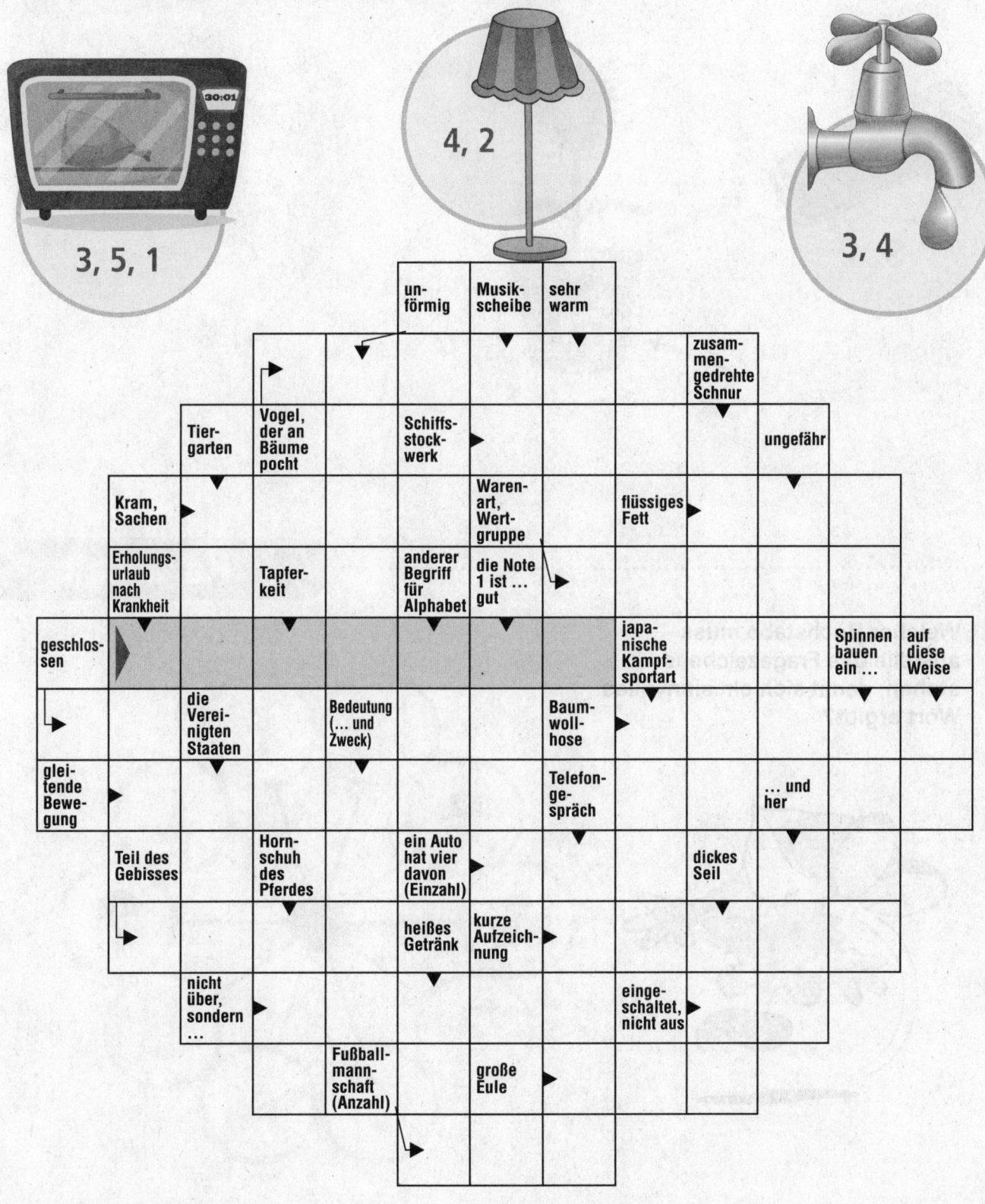

3, 5, 1

4, 2

3, 4

un-förmig	Musik-scheibe	sehr warm
Tier-garten	Vogel, der an Bäume pocht	Schiffs-stock-werk			zusam-men-gedrehte Schnur
Kram, Sachen		Waren-art, Wert-gruppe	flüssiges Fett	ungefähr
Erholungs-urlaub nach Krankheit	Tapfer-keit	anderer Begriff für Alphabet	die Note 1 ist … gut
geschlos-sen					japa-nische Kampf-sportart	Spinnen bauen ein …	auf diese Weise
	die Ver-einigten Staaten	Bedeutung (… und Zweck)	Baum-woll-hose
glei-tende Bewe-gung			Telefon-ge-spräch	… und her
Teil des Gebisses	Horn-schuh des Pferdes	ein Auto hat vier davon (Einzahl)	dickes Seil
	heißes Getränk	kurze Aufzeich-nung
nicht über, sondern …		einge-schaltet, nicht aus
Fußball-mann-schaft (Anzahl)	große Eule

Finde die gesuchten Begriffe zu den Bildern. Die angegebenen Buchstaben ergeben das Lösungswort.

3, 2

3, 4

4, 6

Welcher Buchstabe muss anstelle des Fragezeichens stehen, damit sich ein sinnvolles Wort ergibt?

Wörtersalat

Wir haben 18 Wörter zum Thema Zirkus in diesem Buchstaben-Wirrwarr versteckt. Die Wörter können in jede Richtung laufen, auch diagonal, rückwärts oder von unten nach oben. Und sie können auch andere Wörter schneiden. Kannst du alle finden?

ARTISTIK – BEIFALL – DOMPTEUR – DRESSUR – KOSTUEM – KRONE – KUENSTLER – KUNSTSTUECK – PEITSCHE – PROGRAMM – PUBLIKUM – TIGER – TRAPEZ – TRIBUENE – VORSTELLUNG – WAGHALSIG – WOHNWAGEN – ZELT

```
J M U K I L B U P R P Y M F R P Z N A D
D H W S P H G E U R U Q W P G E E V X O
K V J X R R S S O D V X G I Q H P U X M
W O K Q F V S G T V J F S U K C A G S P
Y R N C E E R S D I N L B U R Y R D U T
E S G L R A A O V D A E E D V K T S O E
Y T A D M A O K S H E N G L F L F K D U
N E Z M M Z Z X G G S V H A B X J X K R
Q L N V L O R A R T X S Y R W E G C E X
J L Q A Z C W H L N E E J L T N E J M J
J U T T N K J E H C V J H N Y U H O W I
K N V T V C R R E I E W M I T N E O A B
I G Z L G L C G B W V I Y S C Y H V W P
T C U E M N H J G E T P T F G N C W W N
S T D Z M U M A I R I S A C W L S G M S
I C E T E E E H I U N F H B M I T X M G
T R W R U D J B L U G E A S N A I D J P
P R I K T A X U U K Q N W P L M C E C S A
A L S J I E G D T O K M Y L L I P W J I
Y O N M N O X S R A L J J W T W Q B E M
K S M E N K N K Q K A Y S R E G I T I V
```

Welches Wort mit zwei Bedeutungen wird gesucht?

Aus meinem Teekesselchen kann man essen.

Mein Teekesselchen umhüllt Eier und Früchte.

Jeweils zwei Bilder ergeben zusammengesetzt ein neues Wort. Welche drei Begriffe suchen wir?

1

3

2

2

4

6

Gitterrätsel

Trage die unten stehenden Wörter so in das Gitter ein, dass du ein komplett ausgefülltes Rätsel erhältst. Als kleine Hilfe ist bereits ein Wort vorgegeben.

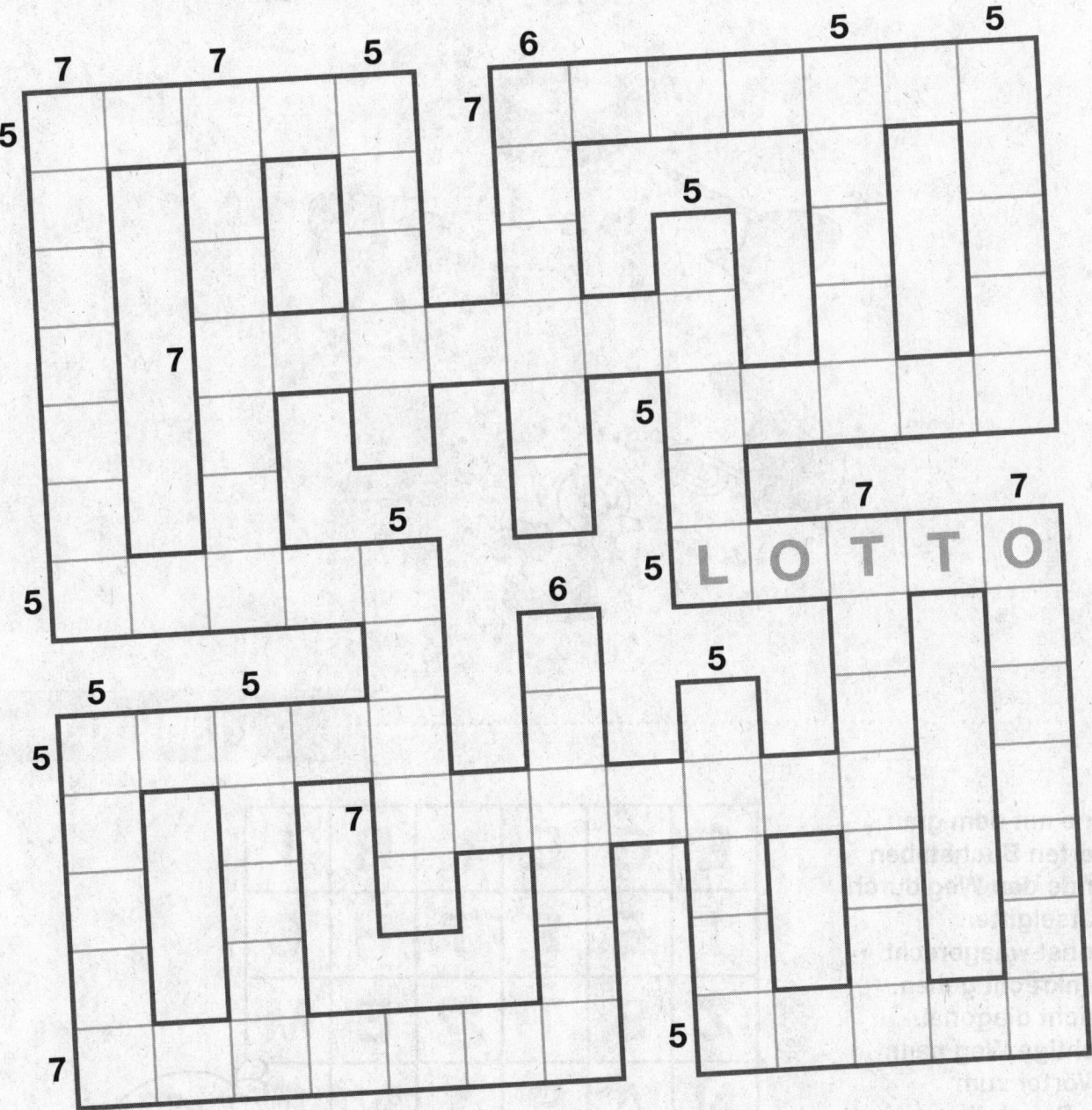

6 Buchstaben:
RUPPIG – ZENSUR

5 Buchstaben:
APRIL – DURCH – KELCH – LASSO –
LESEN – LINIE – MUEDE – ONKEL –
PEDAL – PELLE – PFIFF – REGEL –
STROM

7 Buchstaben:
DOPPELT – FROSTIG – GAUKLER –
KNIPSEN – OEFFNEN – RATHAUS –
TAKTLOS – ZUSTAND

Bilderrätsel

Finde heraus, welches Wort sich jeweils hinter den Bildern verbirgt. Ihre Anfangsbuchstaben ergeben im Uhrzeigersinn gelesen das Lösungswort. Beginne mit dem Bild oben.

Pfadfinder

Beginne mit dem grau markierten Buchstaben und finde den Weg durch das Rätselgitter.
Du kannst waagerecht und senkrecht gehen, aber nicht diagonal.
Der richtige Weg nennt dir 6 Wörter zum Thema Baustelle.

E	G	E	L	R	I
I	E	F	T	H	C
Z	S	T	Z	E	M
N	A	B	T	N	E
A	G	G	E	R	K
R	K	E	L	L	E

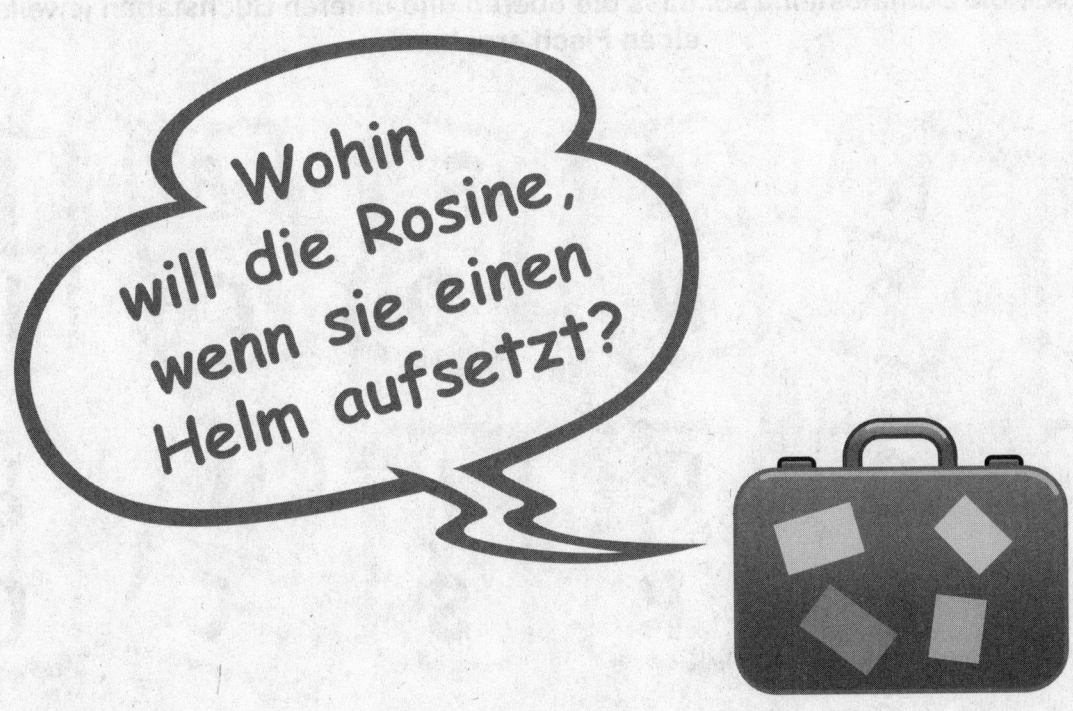

Wohin will die Rosine, wenn sie einen Helm aufsetzt?

Füllrätsel

Die Wörter folgender Bedeutungen sind waagerecht in das Diagramm einzutragen.

1 Zahlen verknüpfen,

2 ein Pfarrer hält in der Kirche eine ...,

3 sich sehr bemühen,

4 heftige Gemüts-erschütterung,

5 wahrnehmen, fühlen,

6 Saiteninstrument

1	R	E					
2		R	E				
3			R	E			
4				R	E		
5					R	E	
6						R	E

Domino

Drehe die Dominosteine so, dass die oberen und unteren Buchstaben jeweils einen Fisch ergeben.

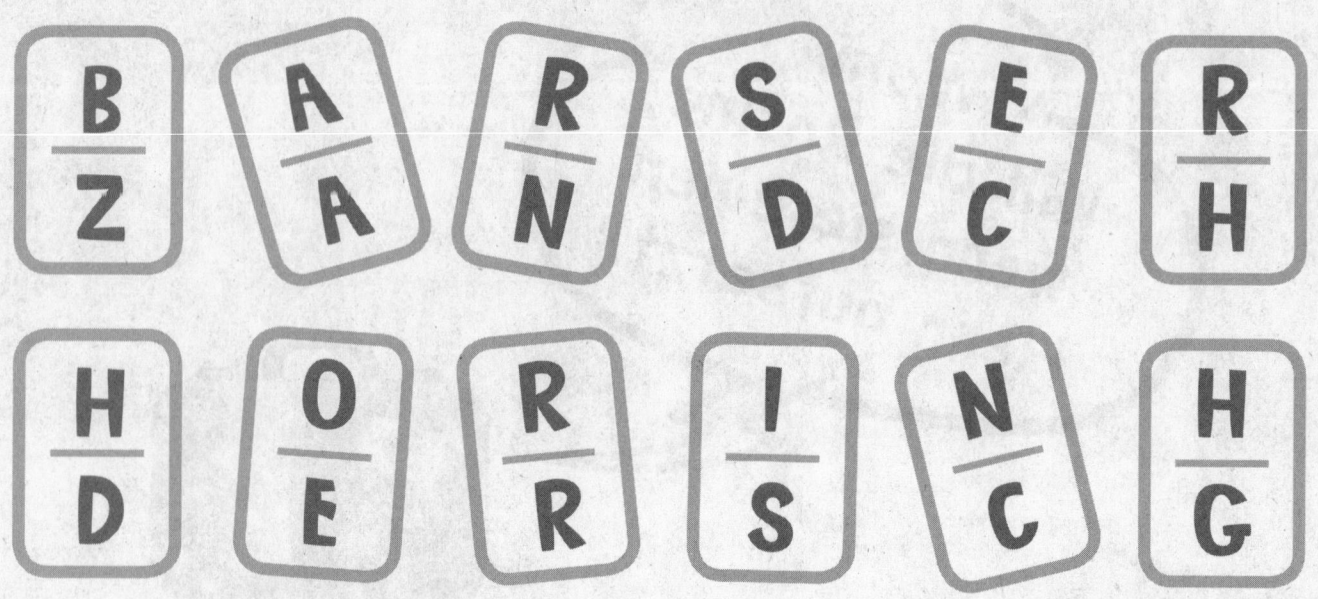

Spinnennetz

Beginne beim dunkelgrauen Buchstaben und finde den Weg durch das Spinnennetz. Welches Wort ergibt sich, wenn du jedes Feld im Spinnennetz nur einmal durchlaufen darfst?

In der Liste stehen jeweils drei Wörter, von denen nur ein Wort ins Diagramm unter derselben Nummer eingetragen werden kann.

1 RAUB	2 EVA	3 MAL
TANZ	EIS	MUH
FUND	WER	TEE
4 OED	**5** ERDE	**6** SENF
EID	WORT	UFER
MAI	DUMM	BERT
7 TOLL	**8** ZART	**9** UHU
REIS	VOLL	VOR
HERD	HAFT	LOK
10 WIESE	**11** GREY	**12** EGAL
FLACH	VASE	LOHN
BITTE	SAND	FACH
13 KLIMA	**14** EIMER	**15** HAUEN
ARMEE	MALEN	APFEL
BRAND	JUMBO	STICH
16 DANKE	**17** KLUFT	**18** BART
RITZE	LAUBE	BAER
HOLEN	STIFT	OESE
19 BOHNE	**20** KULI	**21** HAUPT
TATZE	HEER	NUDEL
ALTER	QUER	SAITE
22 HOF	**23** PROBEN	**24** EI
FEE	FETZEN	ES
EHE	LOESEN	WO

Diagram entries: 20, 7, 23, 21, 12, 10, 8, 6, 11 V A S E, 16, 9, 1, 17, 19, 22, 15, 14, 3, 18, 24, 4, 13, 2, 5

Sortierquiz

Welche Figuren gehören zusammen? Wenn du richtig zugeordnet hast, ergeben die Buchstaben von oben nach unten gelesen ein Wort für einen guten Kameraden.

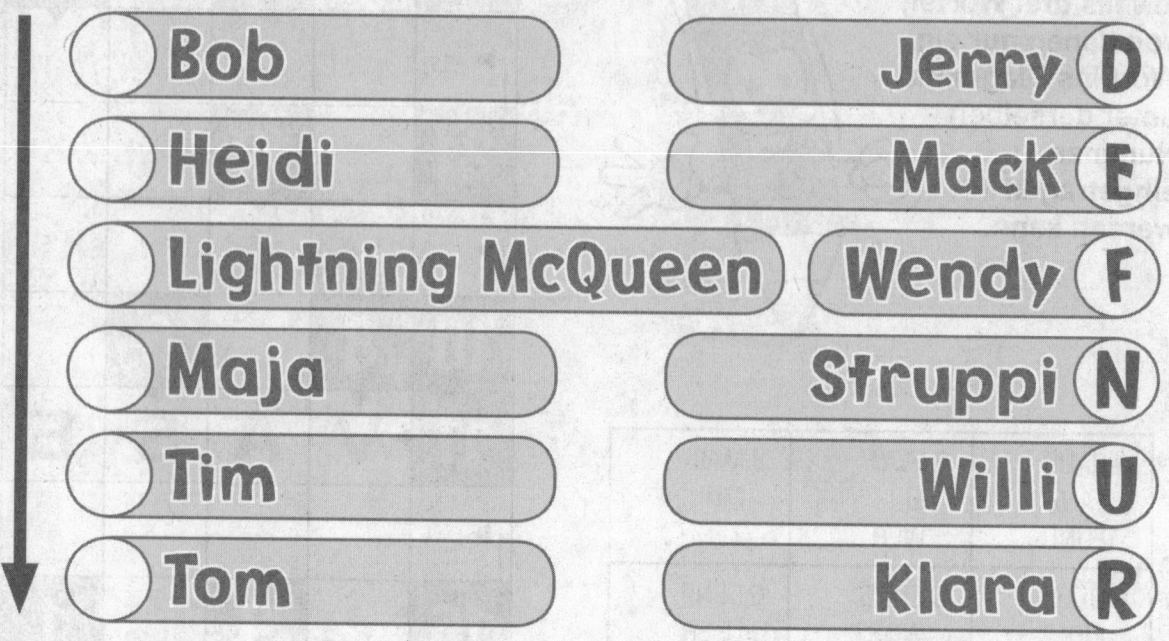

Bob
Heidi
Lightning McQueen
Maja
Tim
Tom

Jerry **D**
Mack **E**
Wendy **F**
Struppi **N**
Willi **U**
Klara **R**

Bilderrätsel

Finde heraus, welches Wort sich jeweils hinter den Bildern verbirgt. Die Zahl neben dem Bild gibt an, welchen Buchstaben des Wortes du brauchst. Der Reihe nach ergeben diese Buchstaben das Lösungswort.

Nina hat eine tolle Idee und will sie auf die Leinwand bringen. Was sie gleich malt, erfährst du, wenn du die Buchstaben in die richtige Reihenfolge bringst.

Quiz

1

In welcher Stadt lebt Comic-Held Batman?

a) Metropolis
b) Gotham City
c) Blue Valley

2

Wer steuert das Flugzeug?

a) Matrose
b) Pilot
c) Schaffner

3

Welches Tier gibt keine Milch?

a) Ziege
b) Gans
c) Kuh

Waagerechte und senkrechte Hinweise:

- Himmelsrichtung
- Wäschestück für den Oberkörper
- Behälter
- zeitlich später, hinterher
- auf den Beinen und Füßen sein
- übermenschliches Wesen
- kleines Motorrad
- mehrstimmiges Lied
- damit bezahlt man
- eine Zahl
- Klassenarbeit
- leise fließen oder fallen
- Sinn zur Wahrnehmung von Tönen
- Fuß einer Katze
- schwerer Sturm
- Dotter
- wenn man sich fürchtet, hat man ...
- das Einbringen der Feldfrüchte
- Rasenpflanze
- unbestimmter Artikel (..., eine)
- ..., sie, es
- Einfall, Gedanke
- Teil der Geige, Gitarre
- Zauber-, Geheimkunst
- Gewinn, Erfolg
- alberner Mensch (ugs.)
- spaßig, komisch
- Stacheltier
- flach, ohne Hügel
- ein Kartenspiel für drei
- aus der Puste: außer ...
- gleichgültig: das ist mir ...
- kreisen lassen; wenden
- ... und her
- später Teil des Tages
- Stockwerk, Geschoss
- Kirchenmusikinstrument
- Funkortung
- Gegenteil von wenig
- Würde, Ansehen (Ruhm und ...)
- Singspiel im Theater
- Feier
- erste Frau (Adam und ...)
- englisch: Kuh
- Abschiedsgruß, Lebewohl
- Maßeinheit der Temperatur
- Spaßmacher im Zirkus
- kleine Metallschlinge
- an dieser Stelle, dort
- Gegenteil von voll

In diesem Buchstaben-Wirrwarr sind 18 Wörter versteckt. Sie können in jede Richtung laufen, auch diagonal, rückwärts oder von unten nach oben. Wenn du sie alle gefunden hast, ergeben die übrig gebliebenen Buchstaben das Lösungswort.

S	U	I	L	U	J	L	V	A
A	O	T	I	M	P	A	U	L
N	O	P	L	R	E	U	H	E
O	N	E	H	I	S	R	A	X
J	N	A	R	I	S	A	N	A
A	M	A	M	E	E	A	N	N
T	M	O	N	L	J	E	A	D
O	N	N	E	M	M	A	H	E
M	A	N	T	R	E	B	O	R

ALEXANDER
ANNE · EMMA
HANNAH
JAN · JONAS
JULIUS
LAURA
LEA · LENA
LISA
MARIE
PAUL
ROBERT
SIMON
SOPHIE
TIM · TOM

Land gesucht

? Im fünftgrößten Land der Erde spricht man portugiesisch. Das Amazonasgebiet im Norden des Landes gilt wegen seines gewaltigen tropischen Regenwaldes auch als „Lunge der Erde". An der Atlantikküste hat das Land wunderschöne Strände. Es ist gesegnet mit großen natürlichen Reichtümern, trotzdem sind viele Menschen hier immer noch sehr arm. 2014 war das Land Gastgeber der Fußballweltmeisterschaft. 2016 fanden hier die Olympischen Spiele statt.

Die vier Kinder der Familie Schobmann sind aufgeweckt und eine kleine Rasselbande. Damit es bei verschiedenen Dingen wie Teller, Tassen, Handtüchern und so weiter keinen Streit gibt, hat jedes Kind diese Gegenstände in einer bestimmten Farbe. Wie alt ist welches Kind, welches ist seine Farbe und was isst es heute auf dem Frühstücksbrot?

Alles ist bunt

		Alter				Tellerfarbe				Brotbelag			
		5	7	8	10	Blau	Gelb	Grün	Rot	Aufschnitt	Honig	Käse	Marmelade
Name	David												
	Edith												
	Lukas												
	Paula												
Brotbelag	Aufschnitt												
	Honig												
	Käse												
	Marmelade												
Tellerfarbe	Blau												
	Gelb												
	Grün												
	Rot												

1 Edith ist älter als Lukas. Ihr Teller ist nicht grün.

2 Das jüngste Kind isst heute Marmelade.

3 Paulas Teller ist blau. Sie mag keinen Aufschnitt.

4 David ist 7 Jahre alt, sein Teller ist nicht grün.

5 Das Kind, dem der rote Teller gehört, isst heute Honig auf dem Brot.

6 Das älteste Kind isst heute Käse, aber nicht von dem blauen Teller.

Was sollte der Pilot nicht verfehlen?

Tauschrätsel

In jeder Zeile darf nur jeweils ein Buchstabe getauscht werden, um ein neues Wort zu erhalten, und damit aus dem Bast eine Robe werden zu lassen.

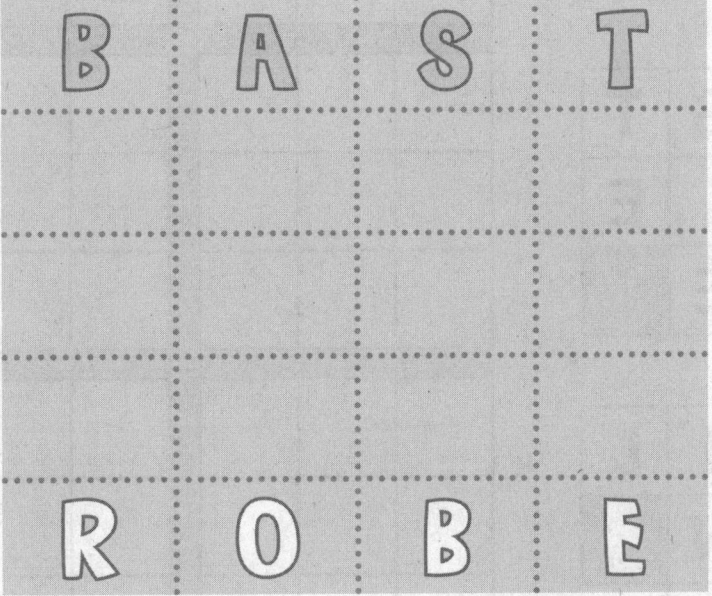

Kreuzwort-Puzzle

Wir haben eine Kreuzworträtsel-Auflösung zerschnitten. Dann haben wir die Einzelteile durcheinandergebracht. Ein Teil steht bereits an der richtigen Stelle. Die Einzelteile von außen sollt ihr nun innen so ergänzen, dass eine vollständige Kreuzworträtsel-Auflösung entsteht.

A	S	E
S		I
S	E	L

Z	A	H
A		E
H	E	L

E	G	A
C		G
K	L	E

N	I	L
	N	
L	I	L

L		N
L	E	I
E		E

A	C	K
L		I
L	M	E

	S	T
W	I	E
I	E	

E	I	L
	N	
B	U	S

			L		L			
			I	T	E			
			D		U			

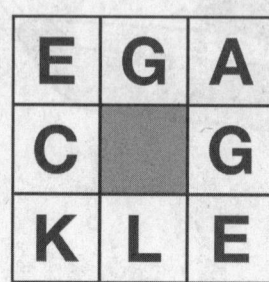

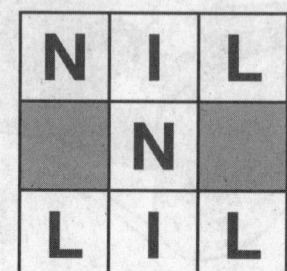

Die Buchstaben, in die richtige Reihenfolge hintereinandergestellt,
ergeben einen Unparteiischen beim Sport.

Einer stört!

Einer der vier Begriffe passt nicht zu den anderen.
Welcher ist es?

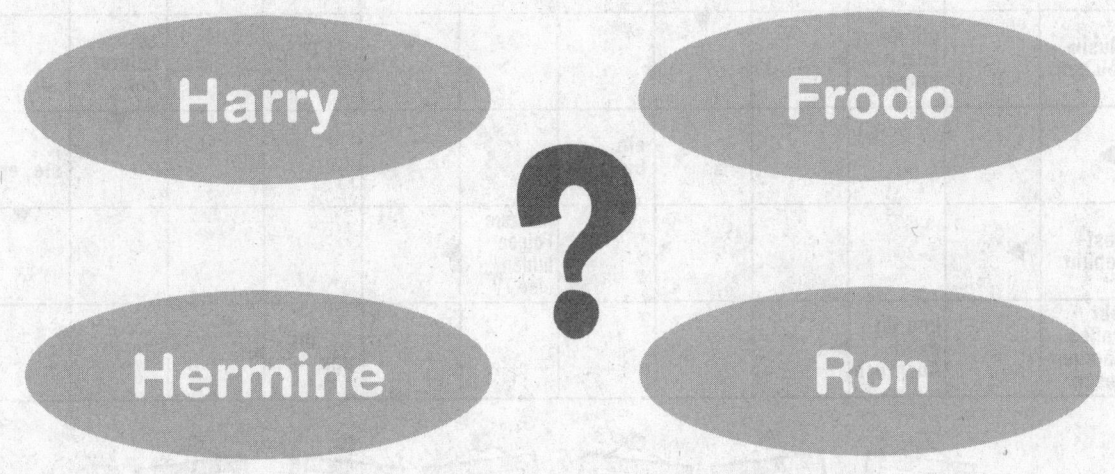

starkes inneres Bedürfnis	miteinander Verheiratete	rissig, nicht glatt	▼	ein Insekt	▼	Schwimmvogel mit breitem Schnabel	▼	aus tiefstem Herzen	▼	Wohnungsnehmer
▶	⬤6							modern, angesagt (englisch) ▶		
🦈▶			Flüssigkeit zu sich nehmen ▶							
▶			anfangs, zunächst		Luftrolle (Sport)			Nichtfachmann		Begrenzung einer Fläche
tiefes Bedauern			▼	Wassersportler ▶		▼		▼	⬤1	▼
▶							langschwänziger Papagei ▶			
Roh-, Werkstoff		Gewürz-, Arzneipflanze ▶							runde Schneehütte	
▶			⬤4	großes Gewässer		englisch: zehn	Schwur ▶		▼	
Stoß mit dem Fuß	unverzüglich		Helfer in der Not	unvergorener Traubensaft	▶		▼	Höchstleistung: einen ... aufstellen		schmal, knapp
banges Gefühl, Unruhe	▼			⬤5	Rennschlitten auf Eis	Laubbaum	▶			▼
▶			Beinbekleidung			eine Zahl ▶				
Musikzeichen	ein König sitzt auf einem ... ▶				▼			zu keiner Zeit		
▶			ein Baustoff ▶						..., sie, es	
Postgebühr			⬤3	mehrere Folgen bilden eine TV-...	▶			⬤2	▼	
sehr großes Märchenwesen	begründeter Anspruch ▶					..., die, das ▶				

Ich reiche sie dir und sie bleibt doch bei mir! Was ist das?

Quiz

Welche Zähne wachsen als Letztes?
a) Weisheitszähne
b) Eckzähne
c) Milchzähne

1

Was wird oft auch als Lebenssaft bezeichnet?
a) Speichel
b) Schweiß
c) Blut

2

Wie heißt der äußere Teil des menschlichen Ohrs?
a) Ohrschnecke
b) Ohrmuschel
c) Ohrsegel

3

Justin hat eine tolle Mathe-Arbeit geschrieben! Stolz berichtet er zu Hause: „Wenn Sebastian nicht wäre, wäre ich sogar Klassenbester. Benny und Paul haben die gleiche Note, Rolf ist nicht besser als Benny und Stefan ist ein bisschen besser als Rolf. Na ja, und welcher von uns sechs Freunden der schlechteste ist, will ich hier nicht ausplaudern."

Hat er aber schon, oder?

Brückenrätsel

Ein Fischer hat seine Netze von einem Ufer zum anderen gespannt. Gesucht werden Wörter, die in die Bojen passen und Begriffe ergeben, die das linke Uferwort ergänzen und dem rechten Uferwort vorangesetzt werden können. Die Buchstaben in den grauen Bojen ergeben das Lösungswort.

KORN — □ □ □ ■ — HERR

PAPIER — □ ■ □ □ — STUHL

FLASCHEN — □ □ ■ □ — BOTE

BRAUT — □ □ □ ■ □ □ — EULE

Rebus-Rätsel

Finde die gesuchten Begriffe zu den Bildern und trage die ausgewählten Buchstaben dieser Begriffe in den grau unterlegten Streifen im Rätsel als Startwort ein.

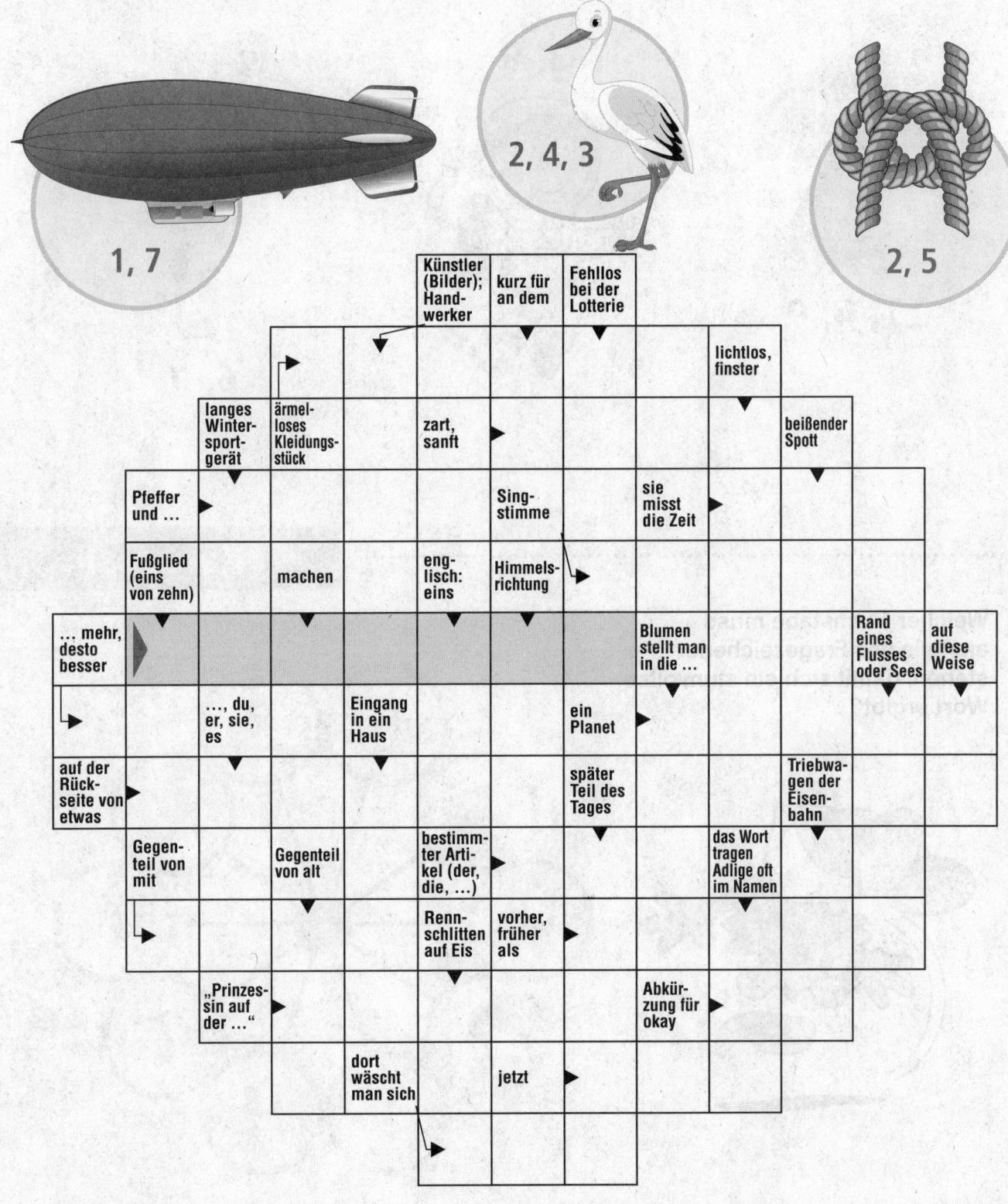

Finde die gesuchten Begriffe zu den Bildern. Die angegebenen Buchstaben ergeben das Lösungswort.

3, 8

11, 4, 9

6, 7

Welcher Buchstabe muss anstelle des Fragezeichens stehen, damit sich ein sinnvolles Wort ergibt?

Wörtersalat

Wir haben 20 Wörter zum Thema Urlaub in diesem Buchstaben-Wirrwarr
versteckt. Die Wörter können in jede Richtung laufen, auch diagonal, rückwärts
oder von unten nach oben. Und sie können auch andere Wörter schneiden.
Kannst du alle finden?

AUTOBAHN – EISKUGEL – FAHRKARTE – FERIEN – FLUGZEUG – HITZE – HOTEL – KOFFER –
MEER – MINIDISCO – SANDBURG – SCHIFFFAHRT – SCHLAUCHBOOT – SCHULFREI –
SONNENBRILLE – STRAND – STROHHUT – SWIMMINGPOOL – TAUCHEN – ZUGFAHRT

```
F W Q R H X J X S T A U C H E N V D N D
E G V O F X U Q K V E L Q V G X V K F L
D C T O E K D O B E O N Q I V Q H X L O
P E A H R K F Y W O E D L A G Q A I U Q
L S B S I F P U P I E R F L U H C S G B
M U N C E T B G T U H H O R T S Q R Z L
P H X R N E N G F S G Q N T D L R O E Y
D J E L L I R B N E N N O S Q N D M U T
R S M T M S C H I F F F A H R T A I G M
V L B M E I I W P P E O T T A M S R I R
L J I C P M P F V G X F E A M Q E N T K
X W V T O E I S K U G E L F M H Q E Y S
S H N A L H N D O A I D I P X T U D R U
N E A T P Z T O O B H C U A L H C S L A
E Z U G F A H R T L A J A V X S S K H C
O D T N C X D V K O C S I D I N I M S E
J G O Q K D R S H I Y D J R B I R P P Z
M T B N U G U Q E T R A K R H A F Y O T
N F A U H M E K F M V K M Y U X S Y Y I
T P H D J D R F Z U S S I D A E J B B H
B V N B Q W A G R U B D N A S I Q R V L
```

– 245 –

Welches Wort mit zwei Bedeutungen wird gesucht?

Mein Teekesselchen singt in der freien Natur.

Mein Teekesselchen singt im Konzertsaal.

Jeweils zwei Bilder ergeben zusammengesetzt ein neues Wort. Welche drei Begriffe suchen wir?

Gitterrätsel

Trage die unten stehenden Wörter so in das Gitter ein, dass du ein komplett ausgefülltes Rätsel erhältst. Als kleine Hilfe ist bereits ein Wort vorgegeben.

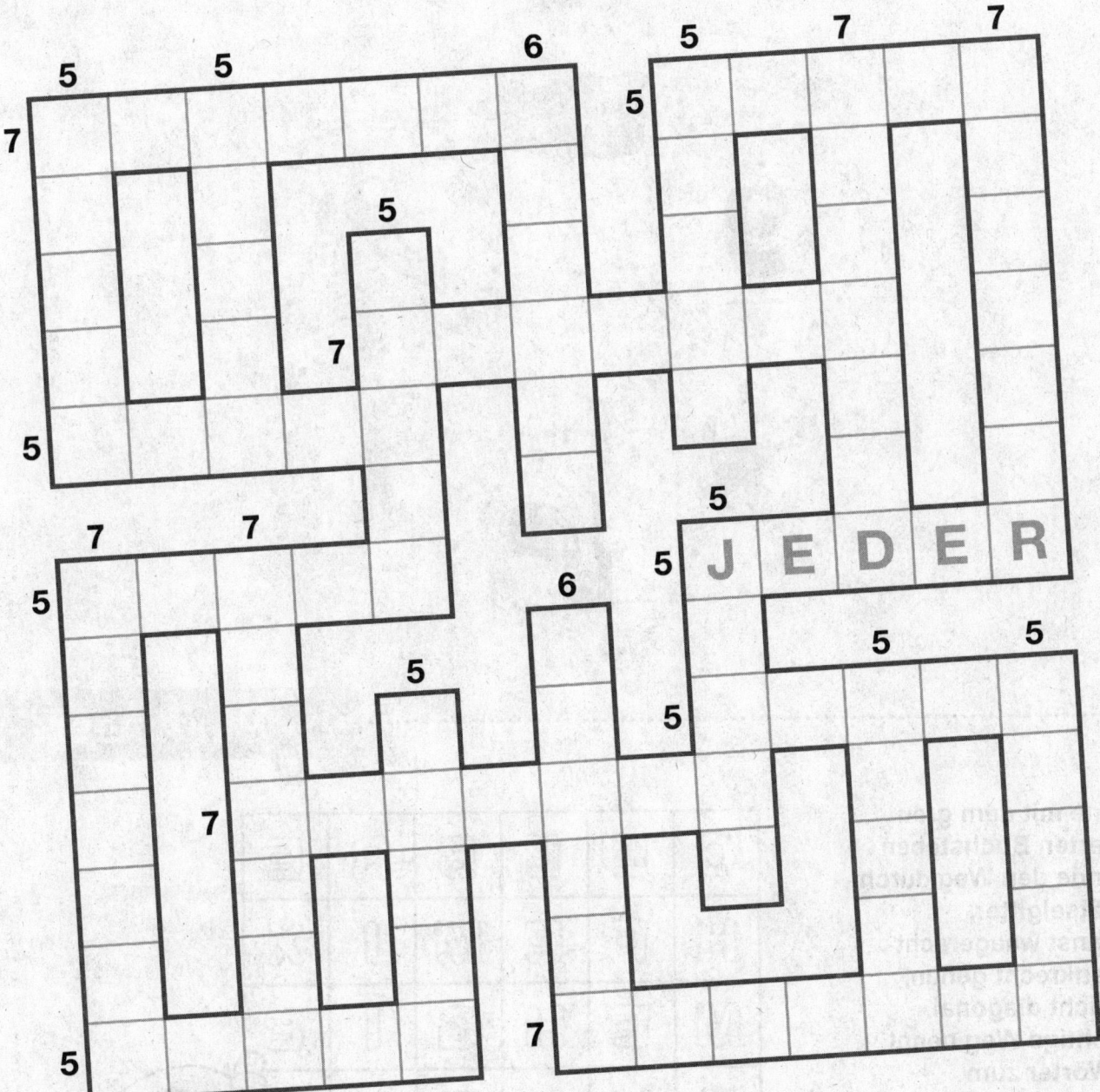

5 Buchstaben:
ASCHE – ASIEN – EICHE – FADEN – FLACH – JOKER – KEULE – MAGIE – PLUMP – PROFI – RADIO – STIRN – UEBEN

6 Buchstaben:
KNACKS – NOTRUF

7 Buchstaben:
DAUERND – FASSADE – IMPFUNG – NEUGIER – PORTION – SEKUNDE – SELTSAM – STRECKE

Finde heraus, welches Wort sich jeweils hinter den Bildern verbirgt. Ihre Anfangsbuchstaben ergeben im Uhrzeigersinn gelesen das Lösungswort. Beginne mit dem Bild oben.

Beginne mit dem grau markierten Buchstaben und finde den Weg durch das Rätselgitter. Du kannst waagerecht und senkrecht gehen, aber nicht diagonal. Der richtige Weg nennt dir 8 Wörter zum Thema Backen.

Welche Rosen sollte man als Kapitän eines großen Schiffes unbedingt an Bord haben?

Füllrätsel

Die Wörter folgender Bedeutungen sind waagerecht in das Diagramm einzutragen.

1 Steuerung,

2 haften bleibend,

3 ein Handy ist ein tragbares ...,

4 Servierbrett,

5 wieder zu Kräften kommen (sich ...),

6 Revolver

Domino

Drehe die Dominosteine so, dass die oberen und unteren Buchstaben jeweils eine Frucht ergeben.

Spinnennetz

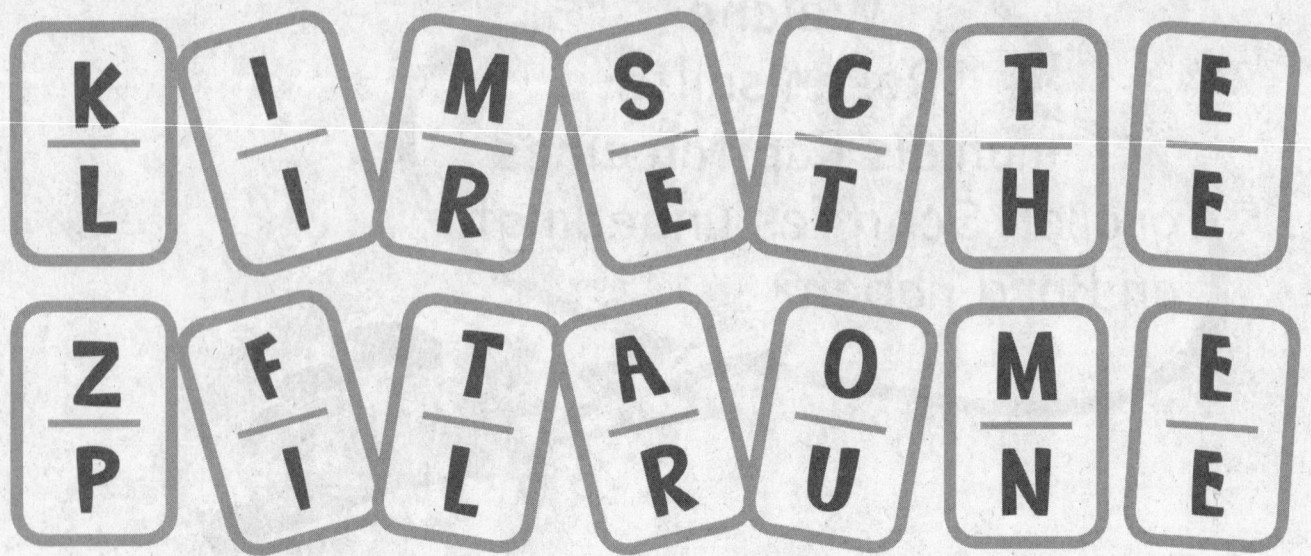

Beginne beim dunkelgrauen Buchstaben und finde den Weg durch das Spinnennetz. Welches Wort ergibt sich, wenn du jedes Feld im Spinnennetz nur einmal durchlaufen darfst?

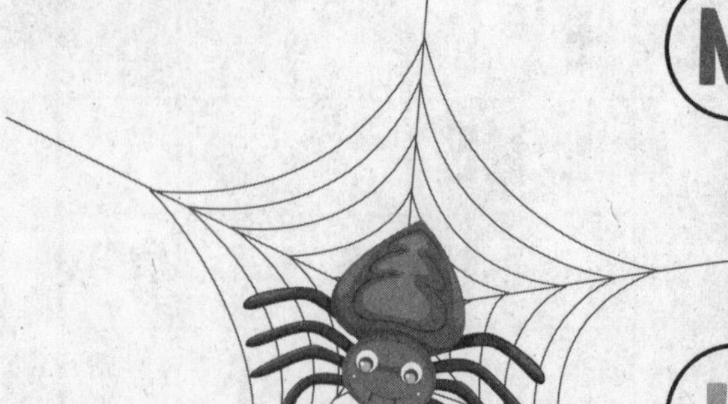

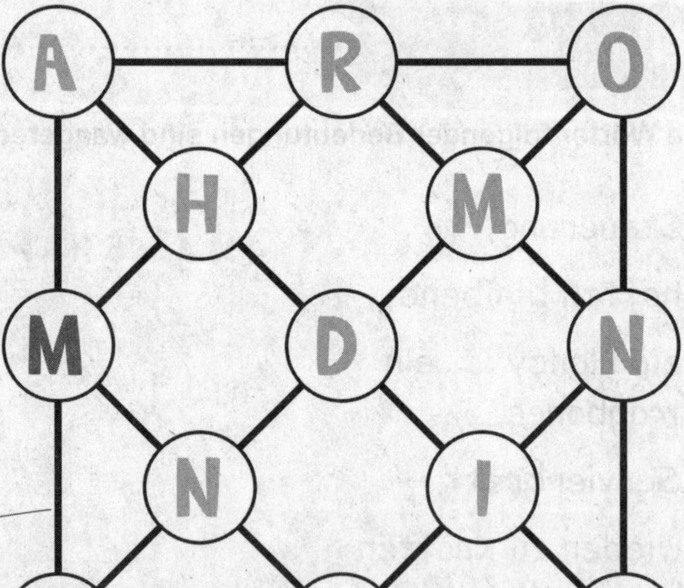

In der Liste stehen jeweils drei Wörter, von denen nur ein Wort ins Diagramm unter derselben Nummer eingetragen werden kann.

1 ASIEN MESSE NELKE	**2** SIEB JUNG LAUT	**3** KOCH BUTT BAST
4 LEID KILO EFEU	**5** NOTIZ ZUCHT APRIL	**6** MAL ZOO ABC
7 MIT ROM NAH	**8** OHNE SOHN PUMA	**9** GRAD TICK MEIN
10 ERSATZ BACKEN PASSEN	**11** BINDE HECKE MUEHE	**12** TENNE PRIMA RINNE
13 BUCHE STEIN RIPPE	**14** KULI BOTE WACH	**15** ENTE FELL WURF
16 EIS BOB CUP	**17** FADE MOOR PULS	**18** RED POL DOM
19 ESEL GIPS TEER	**20** ES WO UM	**21** PANNE MUSSE RAUCH
22 FALLS TATZE UEBEN	**23** PUNKT IMMER TAUFE	**24** EID WIR OST

Diagram numbers: 8, 19, 10, 21, 2, 22, 14, 9, 3, TICK, 5, 16, 4, 11, 23, 18, 13, 1, 6, 17, 20, 7, 12, 24, 15

Sortierquiz

Was befindet sich in welchem Zimmer? Wenn du richtig zugeordnet hast,
ergeben die Buchstaben von oben nach unten gelesen ein Wort für Untergeschoss.

Bett	Bad (L)
Herd	Bad (L)
Dusche	Schlafzimmer (K)
Wanne	Küche (E)
Ofen	Küche (E)
Sofa	Wohnzimmer (R)

Bilderrätsel

Finde heraus, welches Wort sich jeweils hinter den Bildern verbirgt. Die Zahl neben dem
Bild gibt an, welchen Buchstaben des Wortes du brauchst. Der Reihe nach ergeben diese
Buchstaben das Lösungswort.

Kai ist aufgeregt. Mit den Pfadfindern fährt er heute zum Zelten. Was er in seinen Rucksack gepackt hat, erfährst du, wenn du die Buchstaben in die richtige Reihenfolge bringst.

Quiz

1

Mit welchem Gerät kann man den Himmel beobachten?
a) Teleskop
b) Mikroskop
c) Stethoskop

2

Was zählt nicht zu den fünf Sinnen des Menschen?
a) Atmen
b) Hören
c) Schmecken

3

Zu welchem Tier wächst „Das hässliche Entlein" im Märchen heran?
a) Storch
b) Schwan
c) Fasan

Schlafstelle auf Schiffen

Bildergeschichte (Kurzwort)

Assistent

Protestzug, Kundgebung

wenn zwei heiraten, führen sie eine …

Einzelvortrag (Instrument)

Leberfleck: Mutter…

bewusst falsche Aussage

er, …, es

langes Wintersportgerät

winziges Tier, lebt im Fell von Tieren

kleine Brücke

Verkaufshaus (Zeitungen, Süßigkeiten)

männlicher Nachkomme

schüchtern

Behörde

weibliches Schwein

Maus und Haus ist ein …

die Vereinigten Staaten

selbstsüchtiger Mensch

Gesamtheit der Staatsbürger

Schiffsvorderteil

schnelles Kraftfahrzeug

afrikanischer Fluss

Abschiedsgruß, Lebewohl

ein Planet

nicht hoch, sondern …

Heer, Verbund von Soldaten

Empfehlung

großer Stein

nicht sauer, sondern …

zu keiner Zeit

nicht kurz, sondern …

Gewebe, gesäumtes Stück Stoff

Kinderfernsehsender (Abk.)

Vortrag, Ansprache

an dieser Stelle, dort

ein Metall

Froschlurch

Fehllos bei der Lotterie

Mietauto mit Fahrer

Ansehen

Hast

Ruhepause

Anerkennung, Gegenteil von Tadel

Senke im Gelände: Berg und …

ein Laubbaum

ein Huhn legt ein …

modern, angesagt (englisch)

Heilige Schrift

Raum im Eisenbahnwagen

unbestimmter Artikel (ein, …)

In diesem Buchstaben-Wirrwarr sind 14 Wörter versteckt. Sie können in jede Richtung laufen, auch diagonal, rückwärts oder von unten nach oben. Wenn du sie alle gefunden hast, ergeben die übrig gebliebenen Buchstaben ein spannendes Buch.

S	U	N	A	R	U	A	B	M
S	E	N	L	N	E	S	N	E
S	T	T	L	E	N	A	U	R
U	R	E	E	T	N	T	T	K
N	M	A	R	E	O	U	P	U
E	O	U	M	N	S	R	E	R
V	N	E	R	A	R	N	N	O
M	D	A	N	L	E	R	D	E
O	T	U	L	P	A	S	A	N

ALL
ERDE
MARS
MERKUR
MOND
NASA
NEPTUN
PLANETEN
PLUTO
SATURN
SONNE
STERN
URANUS
VENUS

Land gesucht

Das Land, in dem viele Deutsche ihren Sommerurlaub verbringen, hat eine Königin. Es besteht aus der Halbinsel Jütland und etwa 480 Inseln, von denen rund 100 bewohnt sind. Auf der Insel Seeland liegt die Hauptstadt des Landes: Kopenhagen. Von hier führt eine gewaltige Brücke über den Öresund nach Schweden. Öresund schreibt man in dem gesuchten Land übrigens so: Øresund.

Logikrätsel

Beim diesjährigen Bollerwagenrennen der Siedlung Marienglück hat Marlene mit einem anderen Kind zusammen einen der ersten vier Plätze belegt. Mit wem hat Marlene welchen Platz belegt und wie ist die Farbe ihres Bollerwagens? Und kannst du auch die anderen Kinder den Plätzen und den verschiedenen Bollerwagenfarben zuordnen?

Bollerwagenrennen		Farbe				Kind vorne				Kind hinten			
		Blau	Braun	Grün	Rot	Bahar	Conner	Lisa	Luka	Anne	Jan	Marcel	Marlene
Platzierung	1												
	2												
	3												
	4												
Kind hinten	Anne												
	Jan												
	Marcel												
	Marlene												
Kind vorne	Bahar												
	Conner												
	Lisa												
	Luka												

1 Bahar und ihre Freundin landen auf Platz 3. Ihr Bollerwagen ist nicht grün.

2 Der braune Bollerwagen fuhr seine Mannschaft auf Platz 1.

3 Lukas Bollerwagen ist rot. Sie landet nicht auf Platz 4 und fährt auch nicht mit Anne zusammen.

4 Die Farbe von Annes Bollerwagen ist nicht blau.

5 Lisa und Marcel bilden ein Team.

6 Die Platzierung von Lisa und Marcel ist um 1 besser als die von Jan.

Kannst du erraten, welchen Beruf Kurt ausübt?

Tauschrätsel

In jeder Zeile darf nur jeweils ein Buchstabe getauscht werden, um ein neues Wort zu erhalten, und damit aus einem Land ein Kilo werden zu lassen.

Kreuzwort-Puzzle

Wir haben eine Kreuzworträtsel-Auflösung zerschnitten.
Dann haben wir die Einzelteile durcheinandergebracht.
Ein Teil steht bereits an der richtigen Stelle. Die Einzelteile von
außen sollt ihr nun innen so ergänzen, dass eine vollständige
Kreuzworträtsel-Auflösung entsteht.

Pieces:

```
S . B      B E E      E N E      E R D      E . G
T A U      . B .      L . L      . L .      G E L
A . B      H E F      M A L      R E I      E . U
```

```
. S E      C H S      . R G I? 
F E .      A . A      
U E C      K E N      
```

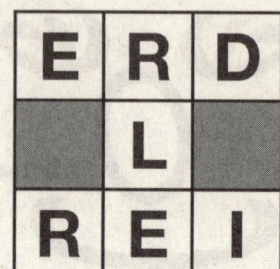

```
T . H
T E E
E . F
```

```
R G I
. A N
E R
```

Die Buchstaben, in die richtige Reihenfolge hintereinandergestellt, ergeben eine Gruppe von Dickhäutern.

Einer stört!

**Einer der vier Begriffe passt nicht zu den anderen.
Welcher ist es?**

Moschee

Dom

Abtei

Kapelle

?

von einer Summe abziehen	Ansteck- nadel, Schmuck- spange	kleines, scheues Waldtier	▼	Sprecher	▼	Gegen- teil von mit	Früchte ein- bringen	▼	⚓	▼	wildes Tier
►		▼							ich, du, er, sie, …	►	
englisch: rot ►		◯ 5		medizi- nische Betäu- bung ►					◯ 4		
►				ölhaltige, gelb blühende Pflanze		Maß- einteilung an Mess- geräten			Schwimm- vogel mit breitem Schnabel		Gleit- schiene (Schlit- ten)
beißender Spott	rau und fast tonlos (Stimme)				Arbeits- nieder- legung ►				▼		▼
►							◯ 1	Gegenteil von alt ►			
⌚			die Erde ist ein … ►						an dieser Stelle, an die- sem Ort		
►				darin schreibt man in der Schule		unbe- stimmter Artikel (…, eine)	wenn zwei heiraten, führen sie eine …	▼			
Farbe von Schnee	sauber zusam- men- legen		kleine Mahlzeit  ►								erste Frau (Adam und …)
Gegen- teil von mutig ►	▼		▼			moderne Musik- richtung	Einfall, Gedanke ►				
►	◯ 2		eine Kletter- pflanze				Reiz- leiter im Körper		◯ 6		
Essen verdaut man im …		ein Baustoff ►					▼	Bezeich- nung		lang- schwän- ziger Papagei	
►		◯ 3		knie- langer Anorak ►						▼	geschlos- sen
unbieg- sam ►						ein Monats- name ►					▼
ein Metall	Fahndung ►							nicht sehr warm ►			

Was haben Elche und Bauarbeiter gemeinsam?

Quiz

Welchen Kontinent entdeckte Christoph Kolumbus?

a) Afrika
b) Amerika
c) Australien

1

In welchem Land war Katharina die Große Kaiserin?

a) Russland
b) Frankreich
c) Österreich

2

Wer ritt auf einem Elefanten über die Alpen?
a) Napoleon
b) Alexander der Große
c) Hannibal

3

Das große Konzert!

Hans, Paul, Georg und Richard haben lange geübt: Endlich können sie den Rocky-Rock in drei Minuten fehlerfrei vorspielen. Aber leider sind Georg und Richard am Tag der Aufführung krank geworden! Wie viele Minuten müssen Hans und Paul jetzt für ihr Stück einplanen?

Brückenrätsel

Ein Fischer hat seine Netze von einem Ufer zum anderen gespannt. Gesucht werden Wörter, die in die Bojen passen und Begriffe ergeben, die das linke Uferwort ergänzen und dem rechten Uferwort vorangesetzt werden können. Die Buchstaben in den grauen Bojen ergeben das Lösungswort.

HIMMEL — ☐ ☐ ▨ ☐ — LAKEN

FUCHS — ☐ ▨ ☐ — ARBEITER

SCHLAG — ☐ ☐ ☐ ▨ ☐ — TORTE

KINDER — ☐ ☐ ▨ ☐ — KOFFER

Finde die gesuchten Begriffe zu den Bildern und trage die ausgewählten Buchstaben dieser Begriffe in den grau unterlegten Streifen im Rätsel als Startwort ein.

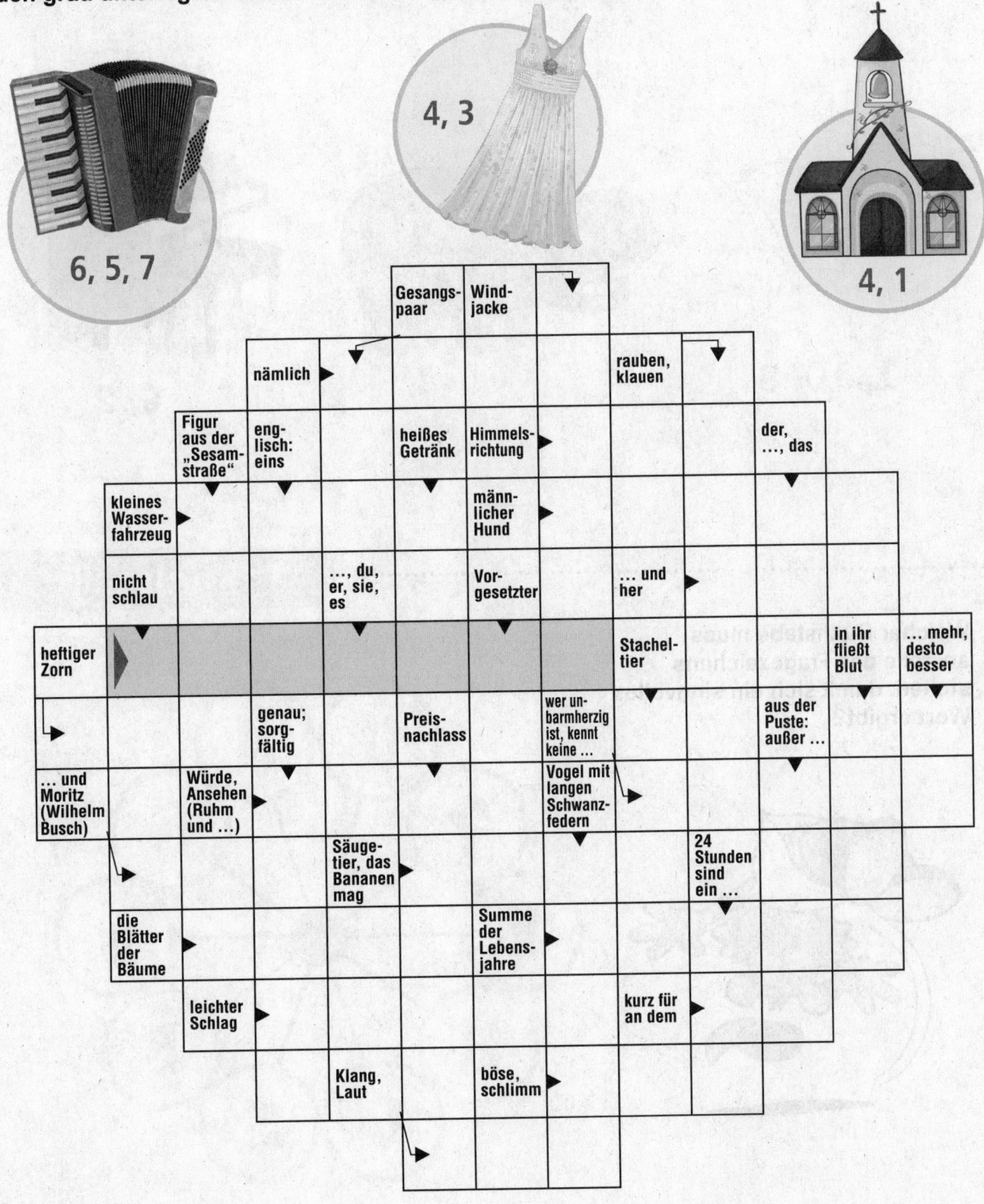

Bilderrätsel

Finde die gesuchten Begriffe zu den Bildern. Die angegebenen Buchstaben ergeben das Lösungswort.

8, 7

1, 10, 3

6, 2

Karussell

Welcher Buchstabe muss anstelle des Fragezeichens stehen, damit sich ein sinnvolles Wort ergibt?

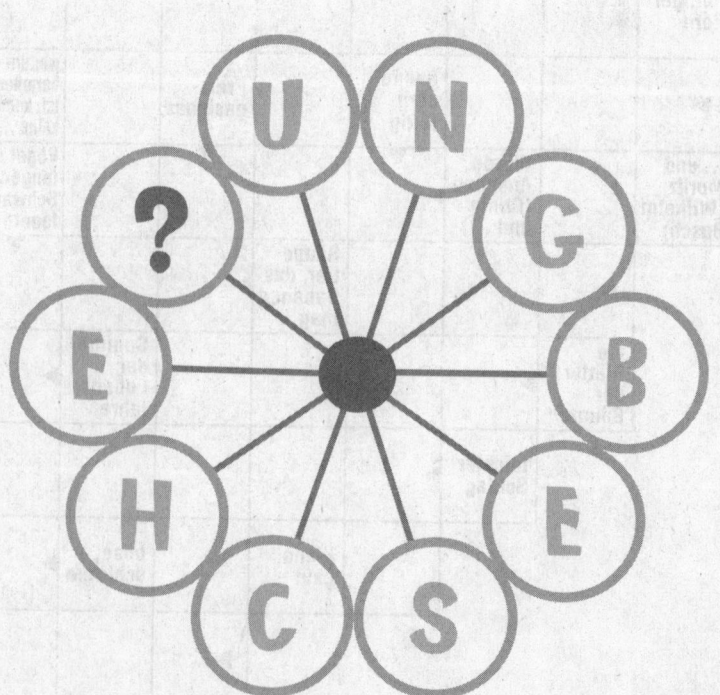

Wörtersalat

Wir haben 19 Wörter zum Thema Eisenbahn in diesem Buchstaben-Wirrwarr versteckt. Die Wörter können in jede Richtung laufen, auch diagonal, rückwärts oder von unten nach oben. Und sie können auch andere Wörter schneiden. Kannst du alle finden?

ABFAHRTSTAFEL – ABTEIL – BAHNHOF – BAHNSTEIG – BORDBISTRO – DIESELLOKOMOTIVE – EINSTIEGSTUER – GEPAECKNETZ – GLEIS – LOKFUEHRER – NACHTZUG – NOTBREMSE – PUFFER – REGIONALEXPRESS – SCHAFFNER – SCHRANKE – STELLWERK – TENDER – WAGGON

```
F Q G K C S R S P Q B O T D P H S G H J
S I I E Y S S E R P X E L A N O I G E R
Y K E S P I N R L C R U S O S Q W L B A
Q J T G P A F R E N F F A H C S U E B M
N X S R G E E Y L M L B U J D D R F Y R
Y X N J Q F T C H U O P K H I O W A B E
F O H I V F X K K R F K C E M U W T X U
O H A I E W J G D N J X S B N K E S D T
H B B B Y X U B B N E E I P Z N E T F S
N A X I R Z I V O R L T N N D P S R C G
H P O J T S U T E L B F Z E L N M H F E
A M D H T G B R O X C G R Y O A P A E I
B S C R D R H K H M H V H G F S C F R T
X A O U E E O M S L M N G R P J H B E S
N X K M U M T C L X N A G S H U T A B N
V U S F O J G K R E W L L E T S F V E I
T E K T X K H L A S I B B B B X I E F B E
J O I T T R T D E E V A I X R Z S S E K
L V D X J Q U K T I O W K L O A Q K B R
E M Q N B O Q B H N S O S C H R A N K E
P Y L M R L A B Y Y L V C T J S S Y T R
```

Welches Wort mit zwei Bedeutungen wird gesucht?

Jedes Kind
hat eine.

Mit einer Schraube
sorgt sie für Zusammenhalt
in der Maschine.

**Jeweils zwei Bilder ergeben zusammengesetzt ein neues Wort.
Welche drei Begriffe suchen wir?**

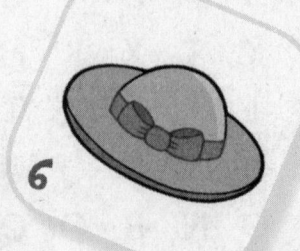

Gitterrätsel

Trage die unten stehenden Wörter so in das Gitter ein, dass du ein komplett ausgefülltes Rätsel erhältst. Als kleine Hilfe ist bereits ein Wort vorgegeben.

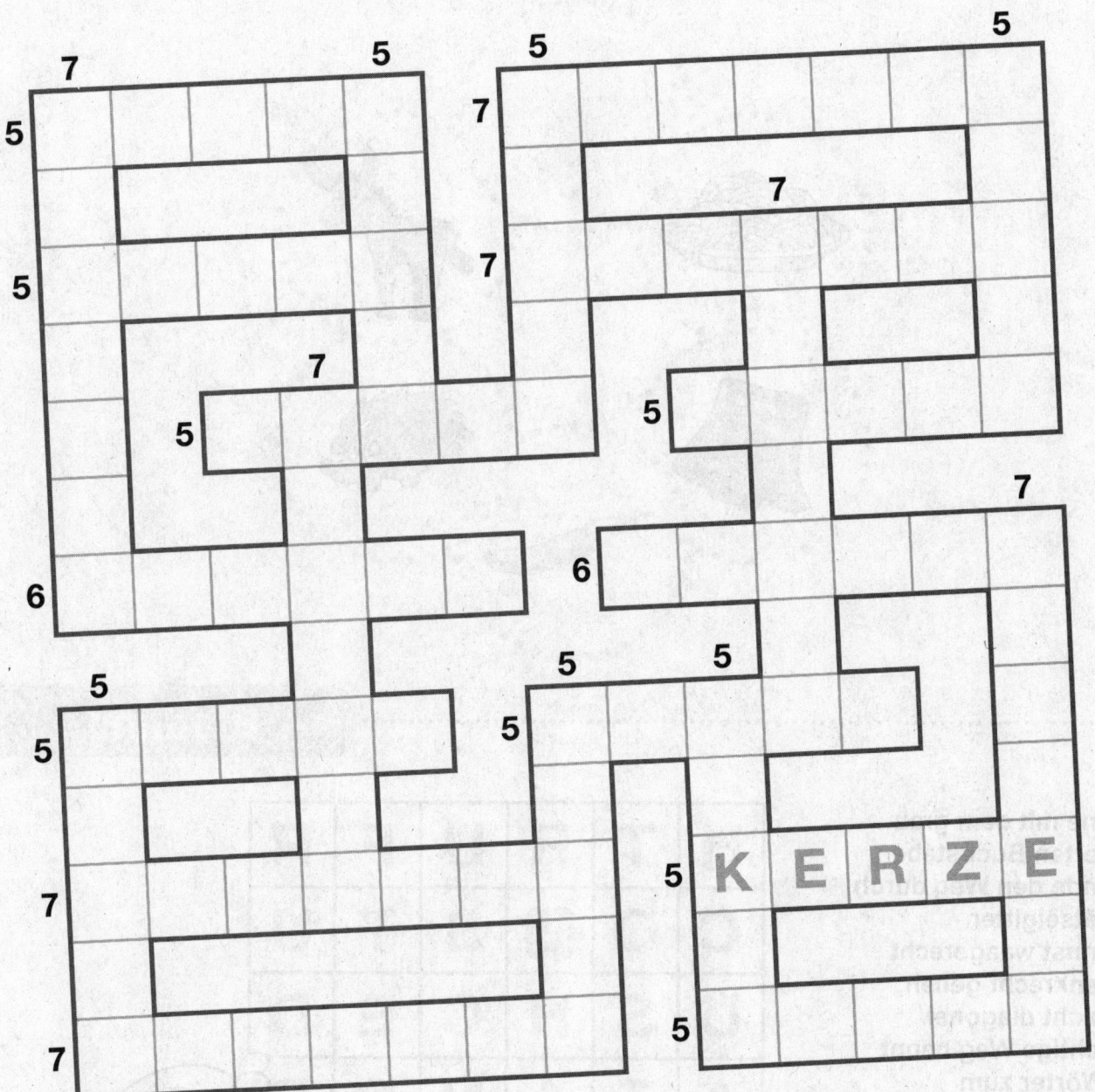

5 Buchstaben:
GENUG – GLATT – GRAMM – KREBS –
LICHT – LOKAL – MAGER – MASKE –
MULDE – MUSIK – RUINE – UMZUG –
WESTE

6 Buchstaben:
ELSTER – FLAMME

7 Buchstaben:
ACHTUNG – ARMBAND – AUTOMAT –
ETIKETT – MARKISE – SCHADEN –
TRAEGER – WARNUNG

Finde heraus, welches Wort sich jeweils hinter den Bildern verbirgt. Ihre Anfangsbuchstaben ergeben im Uhrzeigersinn gelesen das Lösungswort. Beginne mit dem Bild oben.

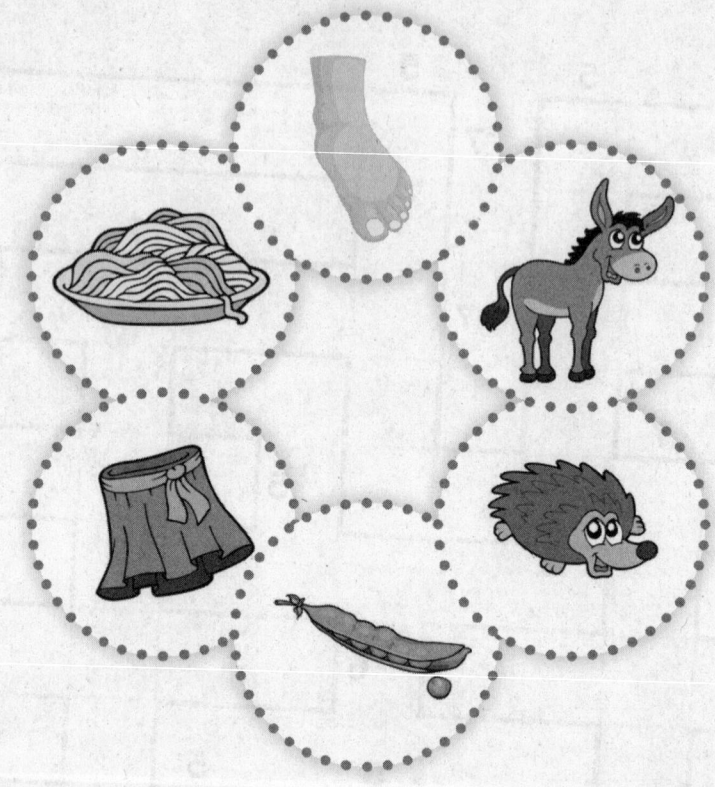

Pfadfinder

Beginne mit dem grau markierten Buchstaben und finde den Weg durch das Rätselgitter.
Du kannst waagerecht und senkrecht gehen, aber nicht diagonal.
Der richtige Weg nennt dir 4 Wörter zum Thema Feuerwehr.

Welche Theke sollte man nicht aufsuchen, wenn man seinen Durst löschen will?

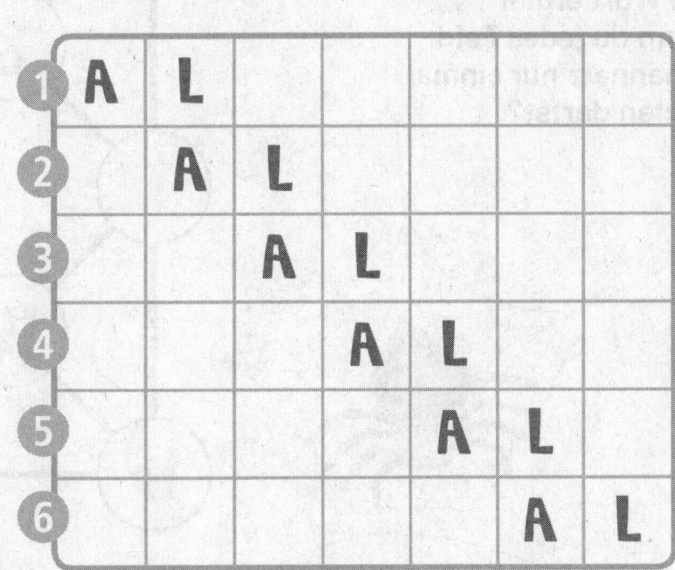

Füllrätsel

Die Wörter folgender Bedeutungen sind waagerecht in das Diagramm einzutragen.

1 Märchengestalt in „1001 Nacht",

2 eine Kunstgattung,

3 schießen,

4 Hohltier (Riff),

5 völlig gefühllos,

6 Schande, Blamage

1	A	L				
2		A	L			
3			A	L		
4				A	L	
5					A	L
6						A	L

Domino

Drehe die Dominosteine so, dass die oberen und unteren Buchstaben jeweils ein Gesellschaftsspiel ergeben.

Spinnennetz

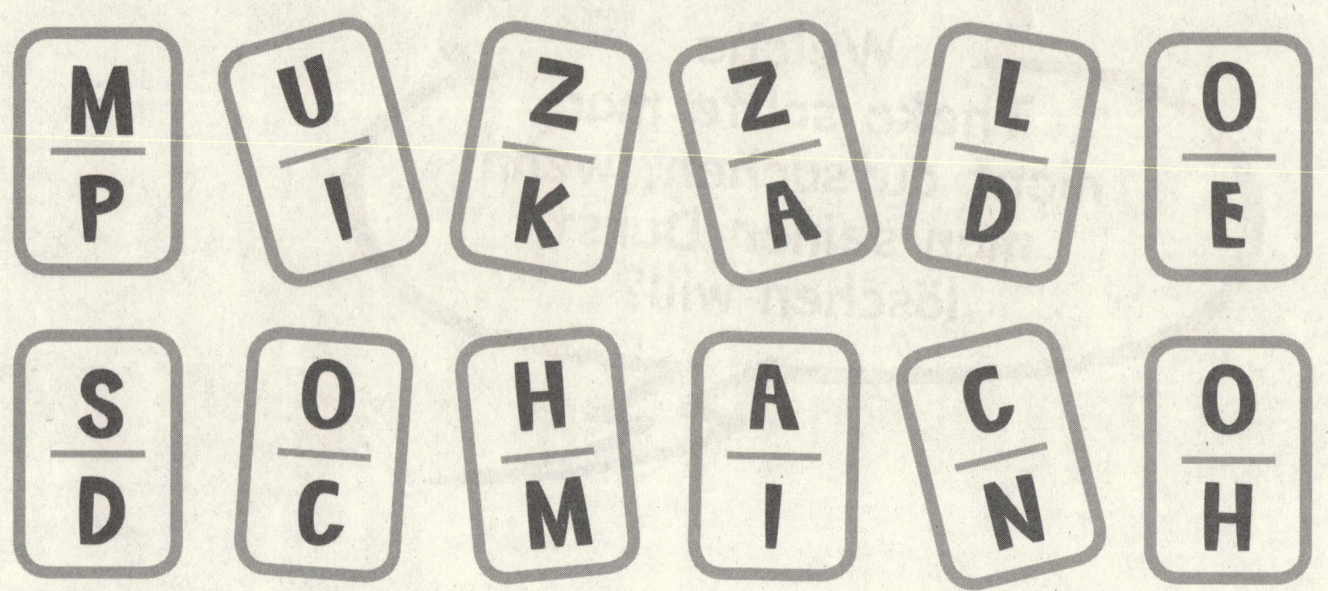

Beginne beim dunkelgrauen Buchstaben und finde den Weg durch das Spinnennetz. Welches Wort ergibt sich, wenn du jedes Feld im Spinnennetz nur einmal durchlaufen darfst?

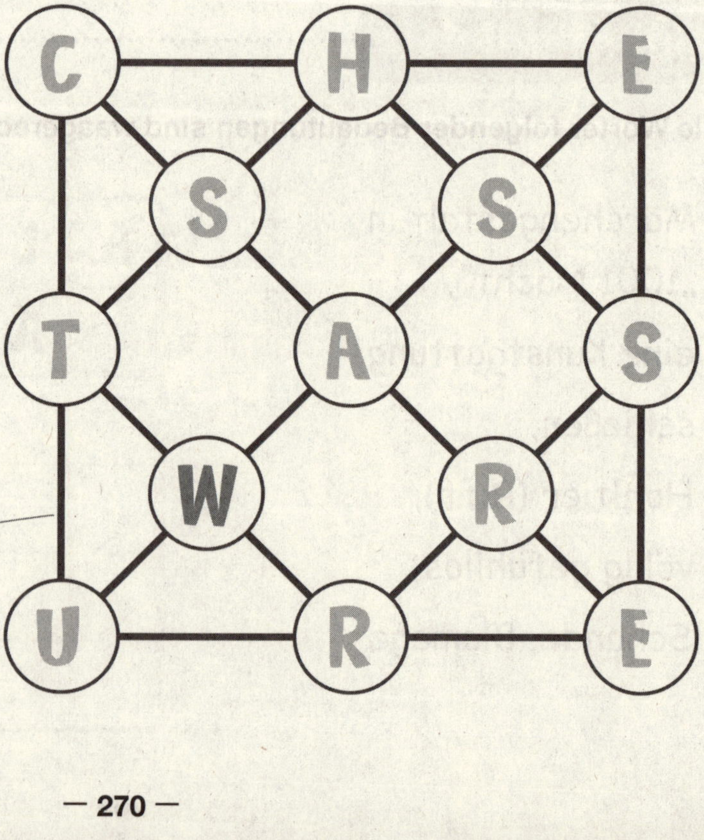

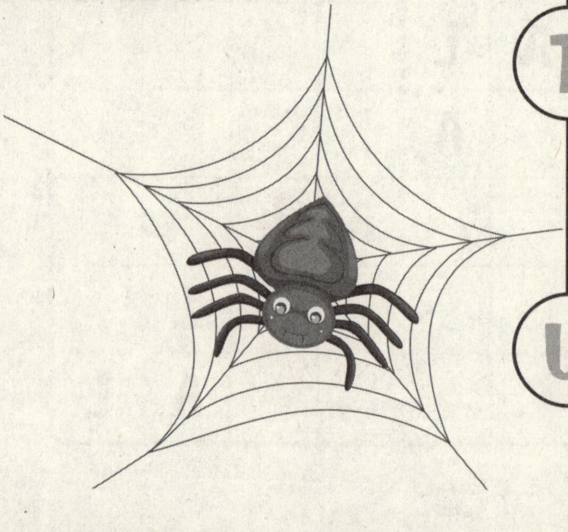

Nur ein Wort passt!

In der Liste stehen jeweils drei Wörter, von denen nur ein Wort ins Diagramm unter derselben Nummer eingetragen werden kann.

1 VOGEL HALLO UEBEN	**2** RADIO MALEN SEGEL	**3** DREI GANG SHOW
4 STEG LAND TIPP	**5** RANGELN STOLLEN ARTIKEL	**6** GEIZ ZORN ALLE
7 FRAGE PIZZA LAUTE	**8** GAST KIND LEID	**9** CLOWN TOBEN LITER
10 TURM ZIMT WITZ	**11** RIND LAUT WABE	**12** TUBE RISS MARS
13 OPER VIEH KAMM	**14** BOTE EINS MOST	**15** JA EI SO
16 HAND PUTZ LAMM	**17** HEFE ERLE NEIN	**18** ALSO GRAF STAU
19 OPA EIN LOS	**20** SEIT KEIN FELS	**21** BUEGEL MAMMUT ROHBAU
22 TOAST ORDEN DANKE	**23** HAUT HIEB REIS	**24** FUSS RUHE EILE

Diagramm:

20	21	18
17		
19	10
3	
22	13	4
O
16	P
7	E	6	14
R
2	5	24
23	
9	12	11
1	15
8	

Welche Figur ist welches Tier? Wenn du richtig zugeordnet hast, ergeben die Buchstaben von oben nach unten gelesen ein Wort für Tierfuß, Tierhand.

Benjamin Blümchen	Faultier **E**
Donald Duck	Ente **F**
Idefix	Hund **O**
Kermit	Elefant **P**
Sid	Frosch **T**

Bilderrätsel

Finde heraus, welches Wort sich jeweils hinter den Bildern verbirgt. Die Zahl neben dem Bild gibt an, welchen Buchstaben des Wortes du brauchst. Der Reihe nach ergeben diese Buchstaben das Lösungswort.

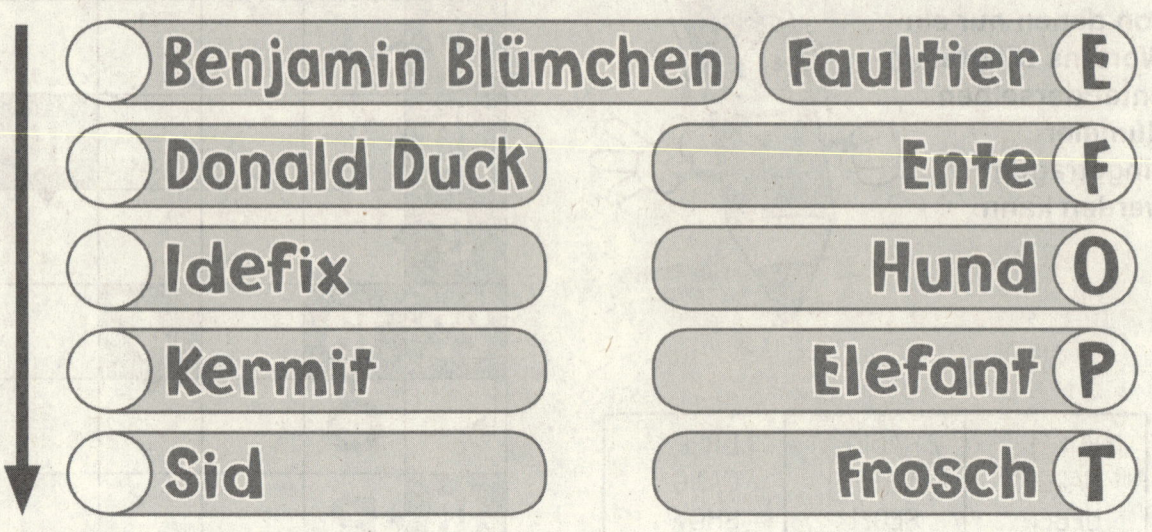

Frida und Daniel freuen sich. Ihre Eltern fahren mit ihnen in den Ferien weg. Wohin die Reise geht, erfährst du, wenn du die Buchstaben in die richtige Reihenfolge bringst.

Quiz

1

Wie heißt Pumuckls Ziehvater?

a) Meister Eder
b) Meister Yoda
c) Meister Petz

2

Wer löscht einen Brand?

a) Feuerwehr
b) Feuersalamander
c) Feuerstein

3

Welcher Monat hat die wenigsten Tage?

a) August
b) Februar
c) Dezember

Zahlungsanweisung		Wassersportart	dicht bei, nicht fern		Hartschalenfrucht	Schneemensch im Himalaja
Absperrung		große Eule			Stockwerk, Geschoss	
Reittier				von der Zeit an: ...dem		ohne Milde, hart
Gespenstertreiben	sie misst die Zeit	anfangs, zunächst			an ... und Stelle	
		ein Laubbaum	Stimmzettelbehälter: Wahl...	Teil des Oberkörpers		auslegen, erklären
österreichisches Bundesland	Unsinn, Schabernack				Abschiedsgruß, Lebewohl	
		Schluss	aus einer Gefahr befreien			
mit der Axt, dem Beil zerkleinern	Hautsalbe	nicht dein, sondern ...		Krach machen		
			Anhänglichkeit		Kram, Sachen	Himmelsrichtung	Gegenteil von alt
wenn zwei heiraten, führen sie eine ...	landwirtschaftlicher Betrieb	von großem Gewicht	Abkürzung für deutsch	vermuten, vorhersehen		
		mehrere Folgen bilden eine TV-...			englisch: eins	
			unbestimmter Artikel (ein, ...)	Insektenlarve	somit, folglich	Gegenteil von Breite
Bildergeschichte (Kurzwort)	trockenes Gras (Viehfutter)		dort wäscht man sich			ein Fragewort (Person)
					von da an: ... hier	
nicht vertraut	Ankündigung, Mitteilung				
			anderes Wort für Kellner		

In diesem Buchstaben-Wirrwarr sind 14 Wörter versteckt. Sie können in jede Richtung laufen, auch diagonal, rückwärts oder von unten nach oben. Wenn du sie alle gefunden hast, ergeben die übrig gebliebenen Buchstaben den Erdteil, auf dem wir leben.

B	B	R	U	E	S	S	E	L
U	W	E	M	W	P	D	B	H
D	U	A	I	A	U	R	E	R
A	O	E	R	B	D	L	R	I
P	N	I	L	S	S	R	L	G
E	S	I	O	I	C	R	I	A
S	N	F	N	P	O	H	N	D
T	I	K	A	M	P	R	A	G
A	I	L	O	N	D	O	N	U

BERLIN
BRUESSEL
BUDAPEST
DUBLIN
HELSINKI
LONDON
MADRID
PARIS
PRAG
RIGA
ROM • SOFIA
WARSCHAU
WIEN

Land gesucht

„Das ist ja ein langes Land", staunte einmal der deutsche Schriftsteller Kurt Tucholsky über den sechstgrößten Staat Westeuropas. Recht hatte er: Von Süd nach Nord erstreckt er sich über 1574 Kilometer. Zum Vergleich: Deutschland ist nur 876 Kilometer „lang". Und während im Süden des Königreiches im Juli die Sonne 17 Stunden scheint, geht sie ganz im Norden gar nicht unter. Viele Menschen kennen das Land – ohne je dort gewesen zu sein – als Heimat von Pippi Langstrumpf und Kalle Blomquist.

Seite 3

Rebus-Rätsel:
Korkenzieher, Krokodil,
Astronaut – Nikolaus

Seite 4

Bilderrätsel:
Fledermaus, Lippenstift,
Treppe – Dampfer

Karussell:
N = Mondschein

Seite 5

Wörtersalat:

Seite 6

Teekesselchen: Artikel

Memo:
Sonnenbrille, Schnecken-
haus, Mondrakete

Seite 7

Gitterrätsel:

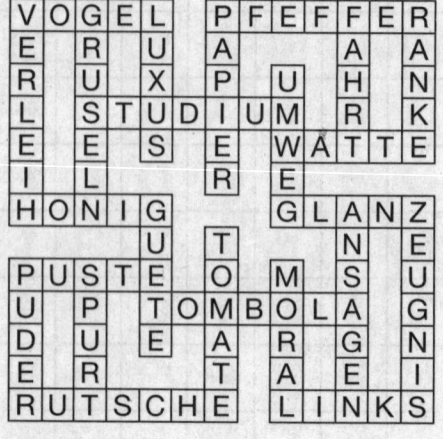

Seite 8

Bilderrätsel:
kegeln
(Klavier, Eichhörnchen,
Glocke, Eimer, Löffel,
Nilpferd)

Pfadfinder:

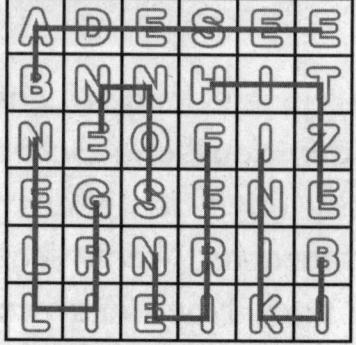

Seite 9

Scherzfrage:
Der Fluss im Flussbett!

Füllrätsel:
1. Technik, 2. stelzen,
3. Laterne, 4. Western,
5. Monster, 6. Pastete

Seite 10

Domino:
Januar, August,
Februar, Oktober

Spinnennetz:
Erdbeerkuchen

Seite 11

Nur ein Wort passt!:

Seite 12

Sortierquiz:
lecker

Bilderrätsel:
Wunschzettel
(Regenwolke,
Fußball, Gärtner,
Sonnenblume,
Schwein, Becher,
Zauberer, Spiegelei,
Blatt, Fotoapparat,
Dreieck, Goldfisch)

Seite 13

Buchstaben-Chaos:
Mond

Quiz:
1A, 2C, 3C

Seite 14
Kreuzworträtsel:

Seite 15
Buchstaben-Wirrwarr:
Baecker

Land gesucht:
Italien

Seite 16
Logikrätsel:

Sitzplatz	Person	Tierart	Tiername
Am Fenster	Mädchen	Hamster	Lore
An der Garderobe	Junge	Katze	Wicky
Neben dem Tisch	Frau	Hund	Alwin
Neben der Tür	Mann	Papagei	Penny

Seite 17
Beruf gesucht:
Pilotin

Tauschrätsel:

L	A	T	Z
H	A	T	Z
H	A	R	Z
H	E	R	Z
H	E	R	D

Seite 18
Kreuzwort-Puzzle:

Seite 19
Schüttel-Buchstaben:
Federballspiel

Einer stört!:
Japan liegt nicht in Europa und passt nicht zu den anderen europäischen Staaten.

Seite 20
Bilder-Kreuzworträtsel:
1–6 Alltag

Seite 21
Scherzfrage:
Der Fotograf

Quiz:
1B, 2A, 3C

Seite 22
Sensation?:
Eine Vase mit der Gravur „9 AC" (9 v. Chr.) muss eine Fälschung sein, denn im Jahr 9 v. Chr wusste noch niemand von Jesus Christus!

Brückenrätsel:
Boden, Fisch, Katzen, Berg – Dieb

Seite 23

Rebus-Rätsel:
Badewanne, Containerschiff, Fragezeichen – waschen

Seite 24

Bilderrätsel:
Kutsche, Kleeblatt, Roboter – Teller

Karussell:
E = Volleyball

Seite 25

Wörtersalat:

Seite 26

Teekesselchen: Mühle

Memo:
Blumenstrauß, Eisbär, Fußballschuhe

Seite 27

Gitterrätsel:

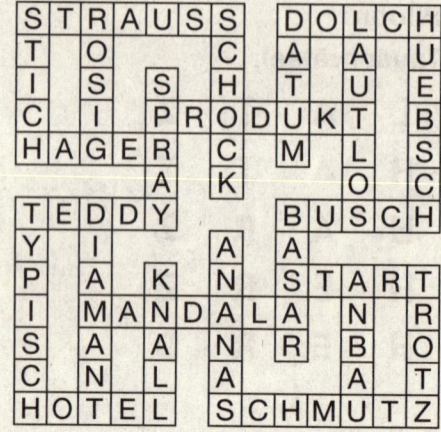

Seite 28

Bilderrätsel:
**Schnee
(Schlittschuh, Computer, Hufeisen, Note, Eiskristall, Engel)**

Pfadfinder:

Seite 29

Scherzfrage:
Zwei Jäger!

Füllrätsel:
1. Teppich, 2. stemmen, 3. Antenne, 4. kentern, 5. spalten, 6. Karotte

Seite 30

Domino:
Lehrer, Anwalt, Glaser, Maurer

Spinnennetz:
Taschenmesser

Seite 31

Nur ein Wort passt!:

Seite 32

Sortierquiz:
Datum

Bilderrätsel:
**Edelstein
(Birne, Erdbeere, Apfel, Wassermelone, Ananas, Weintrauben, Orange, Zitrone, Himbeeren)**

Seite 33

Buchstaben-Chaos:
Katze

Quiz:
1A, 2A, 3C

Seite 34
Kreuzworträtsel:

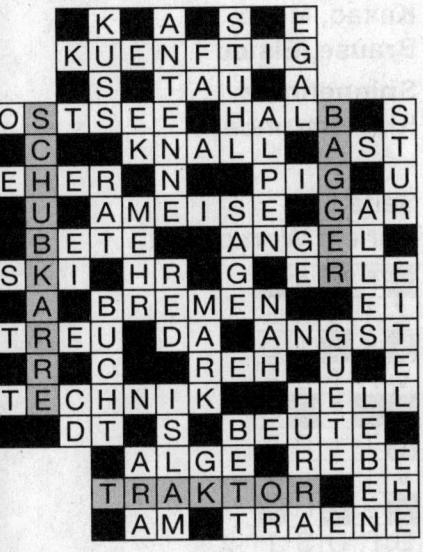

Seite 35
Buchstaben-Wirrwarr:
Krawatte

Lexikon-Rätsel:
Nein! Die Ostseeinsel Rügen gehört nicht zu den Nordfriesischen Inseln. Der Lexikonartikel beschreibt die Insel Sylt.

Seite 36
Logikrätsel:

Wochentag	Uhrzeit Beginn	Dauer	Sendung
Montag	15:30 Uhr	40 Minuten	Sandy und Dee
Dienstag	17:00 Uhr	30 Minuten	Der Elefant
Mittwoch	16:30 Uhr	35 Minuten	Morris
Donnerstag	18:15 Uhr	45 Minuten	Kameratiere

Seite 37
Beruf gesucht:
Zahnarzt
Tauschrätsel:

G A U L
F A U L
F A L L
F E L L
F E L S

Seite 38
Kreuzwort-Puzzle:

S	I	E	G		G	L	U	T
T		F	A	L	L	E		U
U	F	E	R		E	I	L	E
R	A	U		B	I	B	E	R
		L		A	U	S		G
S	T	E	T	S		W	E	R
T	E	I	L		K	A	N	U
E		N	A	T	U	R		C
G	U	S	S		R	E	C	K

Seite 39
Schüttel-Buchstaben:
Radiergummi
Einer stört!:
Die Lerche passt nicht zu den anderen, denn sie ist ein Sperlingsvogel. Die anderen sind Finken.

Seite 40
Bilder-Kreuzworträtsel:
1–6 Alltag

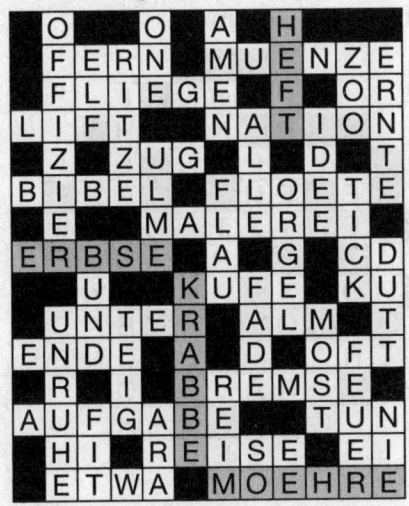

Seite 41
Scherzfrage:
Die Niesmuschel!
Quiz:
1C, 2B, 3A

Seite 42
Wer startet wann?:
1. Gabi, 2. Biggi,
3. Steffi, 4. Moni,
5. Susi
Brückenrätsel:
Musik, Wasser,
Stuhl, Holz –
Satz

Seite 43

Rebus-Rätsel:
Regenbogen, Weintrauben,
Richter – Gewitter

Seite 44

Bilderrätsel:
Flasche, Rettungsring,
Paddel – Fahrrad

Karussell:
U = Armbanduhr

Seite 45

Wörtersalat:

```
OWGRYBKINGKDROSSELSS
BRQQFHUMSADABKCETRSB
IVWGLCINSJAJJYETCRM
RINCCNKKALLRQEHWGWEV
EKVLVMUHGHHQUIQRHFRE
TEJDJPCVDORLAXEUXQAX
SQXVNVKTMBEHDGKLWMEA
LJQPDAWHSOGKIPWHSVHG
EYHBABFOCHEJKYSEMOYR
UMCXRZSRCFEBTNLPVREU
WLREKLRRBVMTAEVNBLVF
UGONILKEUYAMCRAIDCVD
QRTXSMUBIBMJUTLAFEEC
QVSEYRUSIEUQSVARONSR
SBKLPSAEKRGIEFKIKQIG
FAAWSJGTWBIHKWDKNNES
MQSAJMUEZEDWLNEHTIMG
GQRANACHTIGALLSOADFH
GDFOTBWOGPEPLFDEFOND
HKSCHWALBEXYGTHCEPSL
YWQPSXMKTGBLATPDQBR
```

Seite 46

Teekesselchen: Ball

Memo:
Blumentopf, Katzenauge,
Federball

Seite 47

Gitterrätsel:

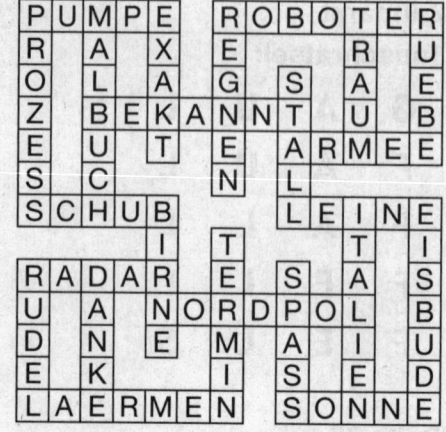

Seite 48

Bilderrätsel:
Morgen
(Maler, Ofen,
Ranzen, Geld,
Eis, Nagel)

Pfadfinder:

Seite 49

Scherzfrage:
Kolumbus!

Füllrätsel:
1. Energie, 2. Rentier,
3. Saenger, 4. Legende,
5. Student, 6. daneben

Seite 50

Domino:
Kakao, Milch,
Brause, Eistee

Spinnennetz:
Klavierstunde

Seite 51

Nur ein Wort passt!:

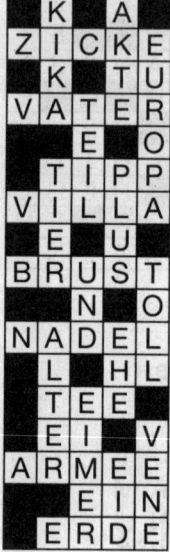

Seite 52

Sortierquiz:
kicken

Bilderrätsel:
Jahrmarkt
(Jeans, Rucksack,
Schirm, Schnorchel,
Ampel, Gitarre,
Harke, Paprika,
Petroleumlampe/
Laterne)

Seite 53

Buchstaben-Chaos:
Skateboard

Quiz:
1C, 2B, 3C

Seite 54
Kreuzworträtsel:

Seite 55
Buchstaben-Wirrwarr:
Waldlauf

Land gesucht:
Die Schweiz

Seite 56
Logikrätsel:

Vorname	Nachname	Spielfigur	Level
Carlos	Schneider	Waldläufer	15
Elisa	Deckert	Zauberer	9
Nina	Zollener	König	13
Till	Essmann	Reiter	11

Seite 57
Beruf gesucht:
Archäologin
Tauschrätsel:

H	E	F	T
H	A	F	T
S	A	F	T
S	A	T	T
S	A	T	Z

Seite 58
Kreuzwort-Puzzle:

Seite 59
Schüttel-Buchstaben:
Regenbogen

Einer stört!:
Das Matterhorn
ist kein Vulkan.

Seite 60
Bilder-Kreuzworträtsel:
1–6 Mikado

Seite 61
Scherzfrage:
Der Mond!
Quiz:
1A, 2B, 3B

Seite 62
Heimweg:
Der kleine Paul
ist so klein, dass
er mit seinem
Finger nur bis
an den Knopf für
die 12. Etage kommt!
Brückenrätsel:
Uhr, Raum, Abend,
Eier – Rabe

Seite 63

Rebus-Rätsel:
**Medaille, Bohrmaschine,
Dose – Limonade**

Seite 64

Bilderrätsel:
**Eiszapfen, Prinzessin,
Nussknacker – Paprika**

Karussell:
D = Schokolade

Seite 65

Wörtersalat:

Seite 66

Teekesselchen: Pony

Memo:
**Bücherwurm, Kartoffelsalat,
Goldkette**

Seite 67

Gitterrätsel:

Seite 68

Bilderrätsel:
**witzig (Wolke,
Indianerzelt,
Tannenbaum,
Zebra, Insel,
Giraffe)**

Pfadfinder:

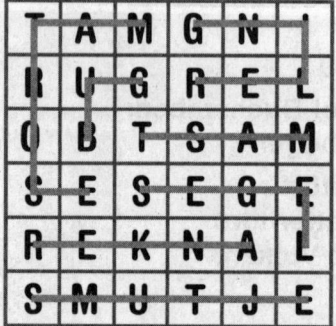

Seite 69

Scherzfrage:
Die Glühbirne!

Füllrätsel:
1. Merkmal,
2. Amerika,
3. Kamerad,
4. taumeln,
5. zaehmen,
6. Vorname

Seite 70

Domino:
**Birke, Tanne,
Linde, Ahorn**

Spinnennetz:
Wellensittich

Seite 71

Nur ein Wort passt!:

Seite 72

Sortierquiz:
Beruf

Bilderrätsel:
**Luftmatratze
(Eichel, Taucher,
Eiszapfen, Elefant,
Kamera, Kompass,
Thermometer, Grill,
Salat, Schildkröte,
Polizist, Spinne)**

Seite 73

Buchstaben-Chaos:
Torwart

Quiz:
1A, 2B, 3C

Seite 74
Kreuzworträtsel:

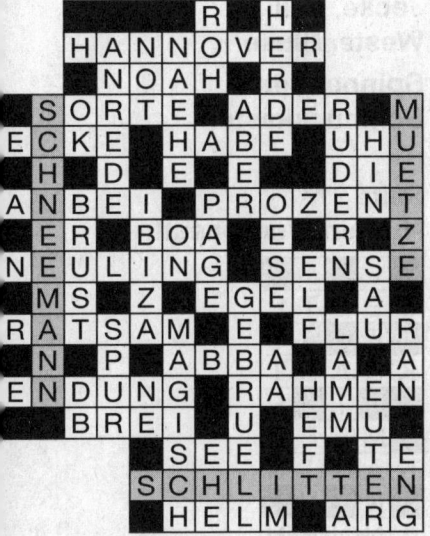

Seite 75
Buchstaben-Wirrwarr:
Verkehr

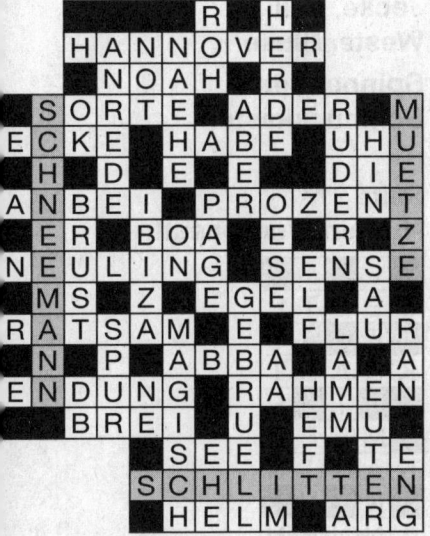

Lexikon-Rätsel:
Nein, das ist nicht wahr!
Als Bananenflanke bezeichnet
man ein Zuspiel beim Fußball
(nach der wie bei einer
Banane gebogenen
Flugbahn des Balles).

Seite 76
Logikrätsel:

Reihenfolge	Besuch	Süßigkeit	Mitbringsel
1	Oma	Kaubonbons	CD
2	Tante Hilde	Kekse	Spiel
3	Marlene	Schokolade	Buch
4	Patrick	Saft	Rätselheft

Seite 77
Material gesucht:
Tapete

Tauschrätsel:

H	O	R	T
H	A	R	T
H	A	S	T
H	A	S	E
N	A	S	E

Seite 78
Kreuzwort-Puzzle:

E	C	H	O		R	A	U	M
T		I	S	L	A	M		I
W	E	R	T		D	E	I	N
A	X	T		T	A	N	N	E
		T		W	A	U		S
B	R	E	I	T		H	E	U
R	A	B	E		B	A	L	L
A		E	S	S	E	N		M
V	E	N	E		I	D	E	E

Seite 79
Schüttel-Buchstaben:
Geburtstag

Einer stört!:
Der Karpfen ist ein
Süßwasserfisch
und passt nicht zu
den anderen, die
im Salzwasser leben.

Seite 80
Bilder-Kreuzworträtsel:
1–6 duften

Seite 81
Scherzfrage:
Mit dem Buchstaben G

Quiz:
1C, 2A, 3C

Seite 82
Wunschboard!:
Nein!
(Rechnung:
Montag 40 Euro,
Mittwoch + 50 Pro-
zent = 60 Euro,
Freitag – 50 Pro-
zent = 30 Euro)

Brückenrätsel:
Lager, Regen, Geld,
Rand – leer

Seite 83

Rebus-Rätsel:
Maus, Fernglas, Iglu –
Ausflug

Seite 84

Bilderrätsel:
Leopard, Zwiebel,
Kissen – Polizei

Karussell:
M = Mittelmeer

Seite 85

Wörtersalat:

Seite 86

Teekesselchen: Schimmel

Memo:
Sägeblatt, Eselsohr,
Brieftaube

Seite 87

Gitterrätsel:

Seite 88

Bilderrätsel:
Gesang
(Geige, Ente,
Sack, Affe,
Nuss, Geier)

Pfadfinder:

N	S	E	H	E	R
R	A	R	H	C	S
E	N	K	S	E	S
F	O	S	L	E	S
N	F	A	T	I	S
I	M	A	K	H	C

Seite 89

Scherzfrage:
Der Fußgänger
steht bei Rot, der
Fußballer geht!

Füllrätsel:
1. England, 2. Rennrad,
3. spenden, 4. Strenge,
5. reizend, 6. wischen

Seite 90

Domino:
Jacke, Pulli,
Weste, Bluse

Spinnennetz:
Schmuckkasten

Seite 91

Nur ein Wort passt!:

Seite 92

Sortierquiz:
Segel

Bilderrätsel:
Goldfisch
(Bügeleisen,
Luftballon, Tee-
beutel, Delfin,
Lagerfeuer,
Bikini, Bluse,
Schal, Knochen)

Seite 93

Buchstaben-Chaos:
Kino

Quiz:
1C, 2A, 3C

Seite 94
Kreuzworträtsel:

Seite 95
Buchstaben-Wirrwarr:
Kletterwand

Lexikon-Rätsel:
Ja, stimmt genau!

Seite 96
Logikrätsel:

Name Kind	Alter Kind	Lieblingstier	Name Tier
Alina	10	Hase	Dolly
Ben	8	Schwein	Esmeralda
Chris	9	Esel	Hexe
Dora	11	Pony	Minnie

Seite 97
Wort gesucht:
Urlaubsreise
Tauschrätsel:

L	A	N	G
L	A	N	D
W	A	N	D
W	A	L	D
W	A	L	L

Seite 98
Kreuzwort-Puzzle:

Seite 99
Schüttel-Buchstaben:
Landwirtschaft

Einer stört!:
Tim. Tick, Trick
und Track sind
die Neffen von
Donald Duck.

Seite 100
Bilder-Kreuzworträtsel:
1–6 Magnet

Seite 101
Scherzfrage:
Weil sie
Angst vor
Viren haben!

Quiz:
1B, 2C, 3A

Seite 102
Großfamilie!:
Fünf!

Brückenrätsel:
Spiel, Haus,
Schlauch,
Frosch –
Puls

Seite 103

Rebus-Rätsel:
Elefant, Fieberthermometer,
Xylofon – Telefon

Seite 104

Bilderrätsel:
Papagei, Rakete,
Bagger – Garage

Karussell:
E = Butterbrot

Seite 105

Wörtersalat:

Seite 106

Teekesselchen: Boxer

Memo:
Giftpilz, Fahrradhelm,
Haustür

Seite 107

Gitterrätsel:

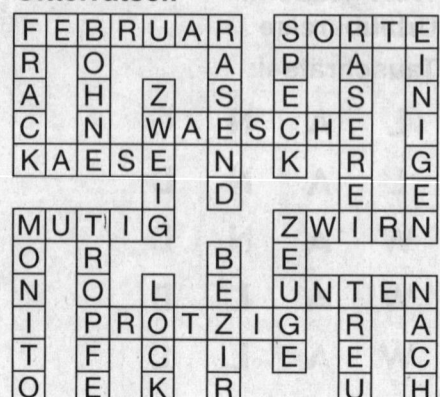

Seite 108

Bilderrätsel:
Puzzle (Pilot, Urkunde,
Zirkus, Zeitung,
Lokomotive, Eisbär)

Pfadfinder:

Seite 109

Scherzfrage:
Der Buchstabe „L" bzw. „l"!

Füllrätsel:
1. Heilung, 2. Ehepaar,
3. Schemel, 4. Neuheit,
5. naschen, 6. Strophe

Seite 110

Domino:
Ingwer, Muskat,
Safran, Kerbel

Spinnennetz:
Klapperstorch

Seite 111

Nur ein Wort passt!:

Seite 112

Sortierquiz:
Sieger

Bilderrätsel:
Schreibtisch
(Pinsel, Schaf,
Schlange, Zebra,
Bett, Pinguin,
Weintrauben, Axt,
Kirschen, Frosch,
Handschuhe,
Schulranzen)

Seite 113

Buchstaben-Chaos:
Hamster

Quiz:
1A, 2A, 3C

Seite 114
Kreuzworträtsel:

			T					
	S	P	O	R	T			
	E	I	N		A			
P	W	E	R		L	U	S	T	W
A	F	F	E		A	R	A		R	O	S	A
A		H		T		U	N		P		E
E	N	D	E	N		P	F	E	F	F	E	R
N	A		O	M	A		B		U	M
Z	E	U	G	N	I	S		E	R	N	T	E
	E		N		S	O	L	O		E
Z	E	R	R	E	N		E		H	E	R	B
C		A		I	G	L	U		C		E
H	E	T	Z	E			C		F	A	H	R	T
T	O	R		E	S	C	H	E		T	A	T
	S	Z		E		A	R	T		N
	T	E	L	L	E	R		E	C	K	E
	H	I	N		T	A	N	K	E	R

Seite 115
Buchstaben-Wirrwarr:
Tierlexikon

```
H A M S T E R T I
A E S C H W E I N
S F H A H N G R P
E U L E L E E X F
M C S P I N N E E
A H I G E L W E R
U S K U H H U N D
S G A N S I R T K
K A T Z E O M E N
```

Lexikon-Rätsel:
Der erste Teil des Eintrags stimmt, der zweite nicht. Die beschriebene Kurzhaarfrisur nennt man natürlich nicht Fohlen, sondern Pony!

Seite 116
Logikrätsel:

Vorname	Nachname	Helfer	Gebäck
Carla	Mallick	Mutter	Sandkuchen
Hendrik	Breuer	Oma	Muffins
Jana	Hamann	Vater	Schokoladenkuchen
Steffen	Kroll	Tante	Plätzchen

Seite 117
Wort gesucht:
Sehenswürdigkeit
Tauschrätsel:

B	U	N	D
B	A	N	D
B	A	L	D
B	A	L	I
M	A	L	I

Seite 118
Kreuzwort-Puzzle:

K	I	T	Z		H	E	E	R
O		E	U	T	E	R		U
S	T	E	G		B	L	U	T
T	O	R		S	E	E	L	E
	T		E	I	N		K
S	A	L	B	E		F	I	T
K	L	E	E		F	U	G	E
A		I	N	N	E	N		I
T	U	B	E		E	D	E	L

Seite 119
Schüttel-Buchstaben:
Autobahn

Einer stört!:
Der Dingo lebt zwar wie die anderen drei Tiere in Australien, ist aber im Gegensatz zu ihnen kein Beuteltier.

Seite 120
Bilder-Kreuzworträtsel:
1–6 Kaktus

			K		S		F		D
R	E	P	A	R	A	T	U	R		I	N
	R	O	M		T	H	E	A	T	E	R
E	R	L	E		T		B	G		N
A		R	E		Z	U	E	G	E	L
S	T	R	A	H	L	E	N		A	R	A
E	I		R	E	I	G	E	N		G
K	N	E	T	E		L		S	I	E
	G			G	E	I	Z		G
	H	E	R	D	E		E	F	E	U
K	U	L	I		L	O		H	A	L	S
E		N	A	B	E	L		E		A
B	L	A	N	K		L	U	C	H	S
S	T	E	T	S		P	A	R	K	A
E		N	E	L	K	E		E	I	N

Seite 121
Scherzfrage:
Die Windmühle!

Quiz:
1B, 2C, 3A

Seite 122
Schwierigkeiten?:
Es ist der Donnerstag.

Brückenrätsel:
Beutel, Futter, Kuchen, Sprossen – Ufer

Seite 123
Rebus-Rätsel:
Erdbeere, Leuchtturm,
Eimer – Brummer

Seite 124
Bilderrätsel:
Gitarre, Lokomotive,
Einhorn – Italien

Karussell:
R = Achterbahn

Seite 125
Wörtersalat:

Seite 126
Teekesselchen: Finne

Memo:
Kugelfisch, Milchreis,
Autofenster

Seite 127
Gitterrätsel:

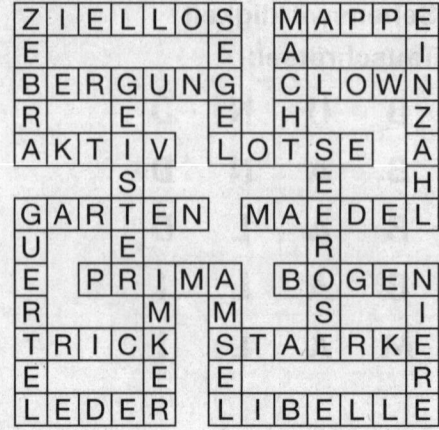

Seite 128
Bilderrätsel:
tapfer
(Topf, Acht,
Pinsel, Flasche,
Erdbeere, Roller)

Pfadfinder:

Seite 129
Scherzfrage:
Der Bienenstich!

Füllrätsel:
1. lebhaft, 2. gleiten,
3. pflegen, 4. Ballett,
5. waehlen, 6. Tabelle

Seite 130
Domino:
Blauwal, Makrele,
Scholle, Muschel

Spinnennetz:
Taucherbrille

Seite 131
Nur ein Wort passt!:

Seite 132
Sortierquiz:
Atlas

Bilderrätsel:
Schulfest (Sattel,
Schokolade, Kuchen,
Hufeisen, Schlauch-
boot, Harfe, Schuhe,
Rassel, Blumentopf)

Seite 133
Buchstaben-Chaos:
Dracula

Quiz:
1C, 2A, 3C

Seite 134
Kreuzworträtsel:

Seite 135
Buchstaben-Wirrwarr:
Reiseziele

Land gesucht:
Australien

Seite 136
Logikrätsel:

Name	Tierart	Stammplatz	Vorliebe
Bobby	Löwe	Kiste	Kuscheln
Krümel	Bär	Regal	Streicheln
Sascha	Krokodil	Bett	Küssen
Wolly	Ente	Stuhl	Drücken

Seite 137
Tier gesucht:
Eichhörnchen

Tauschrätsel:

W	A	L	D
W	A	N	D
B	A	N	D
B	U	N	D
B	U	N	T

Seite 138
Kreuzwort-Puzzle:

Seite 139
Schüttel-Buchstaben:
Adlerhorst

Einer stört!:
Das Einhorn ist
ein Fabelwesen.

Seite 140
Bilder-Kreuzworträtsel:
1–6 Rekord

Seite 141
Scherzfrage:
Der Boxring!

Quiz:
1A, 2B, 3C

Seite 142
Winterfreuden!:
c) ... ruht der See."

Brückenrätsel:
Besen, Flug,
Stein, Brot –
bunt

Seite 143

Rebus-Rätsel:
Seilbahn, Drache, Rose –
Badehose

Seite 144

Bilderrätsel:
Gorilla, Fenster,
Pfanne – Garten

Karussell:
K = Mathematik

Seite 145

Wörtersalat:

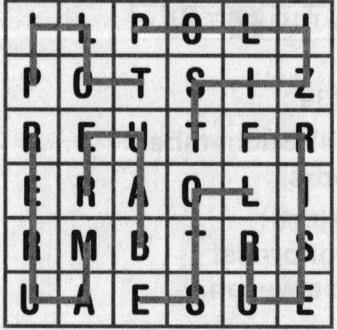

Seite 146

Teekesselchen: Knoten

Memo:
Brillenschlange,
Schweinefleisch, Zahnarzt

Seite 147

Gitterrätsel:

Seite 148

Bilderrätsel:
Papier
(Paket, Ampel,
Pinsel, Insekten,
Esel, Raupe)

Pfadfinder:

Seite 149

Scherzfrage:
Weil Eisbären rund
um den Nordpol leben,
Pinguine aber auf der
anderen Seite der Welt:
rund um den Südpol!

Füllrätsel:
1. erraten, 2. Vertrag,
3. Eieruhr, 4. stoeren,
5. Schwert, 6. Tochter

Seite 150

Domino:
Philipp, Johanna,
Pauline, Bastian

Spinnennetz:
Ferienwohnung

Seite 151

Nur ein Wort passt!:

Seite 152

Sortierquiz:
Raupe

Bilderrätsel:
Stadtpark
(Pinsel, Teekanne,
Astronaut, Teddybär,
Straße, Spaten,
Schaf, Roboter,
Känguru)

Seite 153

Buchstaben-Chaos:
Gitarre

Quiz:
1C, 2B, 3C

Seite 154
Kreuzworträtsel:

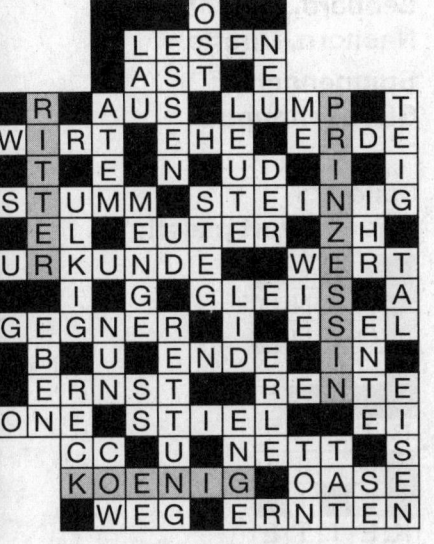

Seite 155
Buchstaben-Wirrwarr:
Sportstunde

Lexikon-Rätsel:
Nein! Ein „Bienengewicht"
gibt es nicht. Richtig wird
der Artikel, wenn man
„Bienengewicht" durch
„Fliegengewicht" ersetzt.

Seite 156
Logikrätsel:

Haken	Kleidung	Patient	Merkmal
Haken 1	Jeansjacke	Brünette Frau	Humpeln
Haken 2	Mantel	Blonde Frau	Pflaster
Haken 3	Steppjacke	Junger Mann	Verband
Haken 4	Blouson	Älterer Mann	Husten

Seite 157
Tier gesucht:
Klapperschlange
Tauschrätsel:

W	A	R	M
W	A	R	E
W	A	B	E
R	A	B	E
R	O	B	E

Seite 158
Kreuzwort-Puzzle:

Seite 159
Schüttel-Buchstaben:
Feuersalamander
Einer stört!:
Origami ist die
japanische Kunst
des Papierfaltens.
Die anderen sind
japanische
Sportarten.

Seite 160
Bilder-Kreuzworträtsel:
1–6 Kasten

Seite 161
Scherzfrage:
Ein Plätzchen im Schatten,
oder ein schattiges Plätzchen.
Quiz:
1B, 2C, 3A

Seite 162
Gehen oder fahren?:
Nein: Zu Fuß braucht
Peter 24 Minuten
zum Hauptbahnhof.
Der Bus braucht
4 Minuten. Peters
Vorsprung von
20 Minuten ist am
Ziel also aufgebraucht,
beide kommen zeit-
gleich an!
Brückenrätsel:
Zimmer, Bett,
Reifen, Tür –
Zeit

Seite 163

Rebus-Rätsel:
Angel, Schlange, Kerzen – Geschenk

Seite 164

Bilderrätsel:
Surfbrett, Laterne, Seehund – Strand

Karussell:
D = Bilderbuch

Seite 165

Wörtersalat:

Seite 166

Teekesselchen: Besen

Memo:
Keksdose, Schaukelpferd, Sägeblatt

Seite 167

Gitterrätsel:

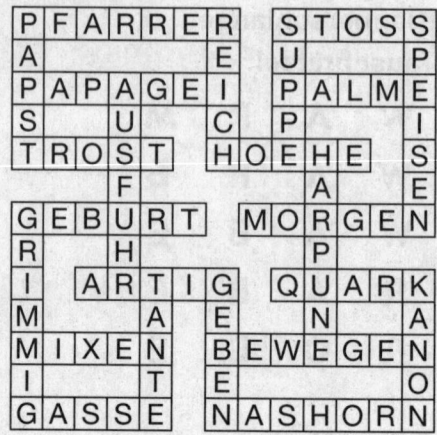

Seite 168

Bilderrätsel:
Wissen
(Wippe, Iglu, Stiefel, Spiegel, Eis, Nase)

Pfadfinder:

Seite 169

Scherzfrage:
Das Wahllokal!

Füllrätsel:
1. Neujahr, 2. uneinig,
3. General, 4. Chinese,
5. koennen, 6. Zitrone

Seite 170

Domino:
Leopard, Elefant, Nashorn, Giraffe

Spinnennetz:
Sternschnuppe

Seite 171

Nur ein Wort passt!:

Seite 172

Sortierquiz:
joggen

Bilderrätsel:
Bratwurst
(Bär, Brot, Tanne, Tasse, Waschbecken, Brunnen, Zebra, Keks, Stern)

Seite 173

Buchstaben-Chaos:
Karate

Quiz:
1A, 2C, 3A

Seite 174
Kreuzworträtsel:

	H		G		R		S		
K	O	T	E	L	E	T	T		
	E		B	E	I		I		
S	C	H	E	U		H	O	L	Z		S
C		L		E	B	E	N		A	L	T
E	H	R	E		H		K	U	H		A
W	A		E	R	B	S	E		N	U	R
B	A	U	C	H		K	L	A	P	S	
M	P		E	T	W	A		S	A	A	T
A	M	E	N		U		T	D		S	O
		E	I	N	S		U	N	T	E	R	F
K	A	N	U			T	O	R	L	A	U	F
L			G	L	E	I	S			L	
I	M	K	E	R		I		T	I	G	E	R
	S	E	I	F	E		G	A		A	
	E	H		L	I	E	B	E	N		
A	N	R	U	F		L	E	I	D		

Seite 175
Buchstaben-Wirrwarr:
Werkstatt

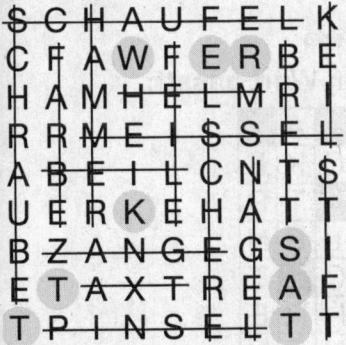

S C H A U F E L K
C F A W F E R B E
H A M H E L M R I
R R M E I S S E L
A B E I L C N T S
U E R K E H A T T
B Z A N G E G S I
E T A X T R E A F
T P I N S E L T T

Grenzen gesucht:
Mit zwei:
Kanada
und Mexiko!

Seite 176
Logikrätsel:

Wochentag	Name	Uhrzeit	Treffpunkt
Montag	Sara	14:30 Uhr	Park
Dienstag	Darius	16:00 Uhr	Eisdiele
Mittwoch	Leila	15:00 Uhr	Springbrunnen
Donnerstag	Hanna	15:30 Uhr	Kino

Seite 177
Gedanken gesucht:
Einfall

Tauschrätsel:

H	A	S	S
H	A	S	T
H	A	R	T
H	O	R	T
F	O	R	T

Seite 178
Kreuzwort-Puzzle:

S	O	H	N		F	I	N	K
U		E	I	S	I	G		N
E	M	I	L		B	L	E	I
D	O	M		B	E	U	T	E
	P		M	A	L		W	
G	E	N	A	U		B	A	D
A	D	E	R		A	L	S	O
N		S	K	A	L	A		C
S	A	T	T		T	U	C	H

Seite 179
Schüttel-Buchstaben:
Kindergarten

Einer stört!:
Galle ist eine Körperflüssig-keit und kein Organ.

Seite 180
Bilder-Kreuzworträtsel:
1 – 6 Nudeln

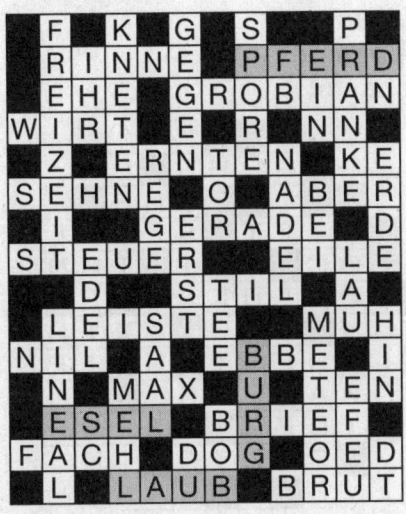

	F		K		G		S		P	
R	I	N	N	E		P	F	E	R	D
	E	H	E		G	R	O	B	I	A	N
W	I	R	T		E		R		N	N
	Z		E	R	N	T	E	N		K	E
S	E	H	N	E		O		A	B	E	R
	I			G	E	R	A	D	E		D
S	T	E	U	E	R		E	I	L	E
	D		S	T	I	L		A	
	L	E	I	S	T	E		M	U	H
N	I	L		A		E	B	B	E		I
N		M	A	X		U		T	E	N
E	S	E	L		B	R	I	E	F	
F	A	C	H		D	O	G		O	E	D
L		L	A	U	B		B	R	U	T

Seite 181
Scherzfrage:
Weil es kein Ei gibt!
Hähne legen keine Eier.

Quiz:
1B, 2C, 3A

Seite 182
Schatzsucher:
Weder Kerze noch Öllampe noch Kamin kommen zuerst dran, sondern natürlich ein Streichholz!

Brückenrätsel:
Messer, Bus, Licht, Feier – Eule

Seite 183
Rebus-Rätsel:
Schnecke,
Vulkan,
Lippenstift –
Schaufel

Seite 184
Bilderrätsel:
Indianer,
Fackel,
Violine –
Delfin

Karussell:
E = Murmeltier

Seite 185
Wörtersalat:

```
R Z Z K N A R H C S R E H C U E B C V Q
B B M U P J S T P P X X Q N V R W R E
S T C K L E I D E R S C H R A N K W K V
Q T F G S G P J X N P F J V D J W C G T
U S R G N A C H T T I S C H C B E G F L
B K R E A H B Q N F J S Q W A S F G Z H
A V J A S B S S U A T A G G S N N A J U
H L I Y Q R F F Y T T E E I S E R D T
C J H W C C N E W A W D E C B N M D F S
S B C D L N O R G Q E B C B E T Q E A L
I U S A N B A U W A N D W T C X G R C E
T R I K W P S H C G L P O A U H B O K K
L D T J S I V B C H C J V M X U J B B U
E C B T E N U V A X B V U C M Q B E A A
K T I Q S N L V D Y J X G O W O Q W E H
C A E H S L H U T S O R E U B Q K R X C
I H R K E E C M M U R U O N G B P S Q S
W R H I L E L R L A U F G I T T E R A Q
P L C F I R B Y U S F L F W D E O G S
B E S F T T E B R E D N I K V U Q O V W
S P F S J I C R G A R T E N T I S C H T
```

Seite 186
Teekesselchen:
Bauer

Memo:
Wasserflasche,
Augenarzt,
Astgabel

Seite 187
Gitterrätsel:

A	U	S	F	L	U	G		K	R	E	I	S
L		E		A		E		I		N		O
B		I		Z		A	E	H		S		N
U		F		W	E	R	T	L	O	S		N
M	I	E	N	E		E		E		A		T
			C			N				T		A
S	T	E	A	K			B	E	Z	U	G	
T		I		L			E					
R		S		H		L		S	T	U	R	Z
O		B	L	A	E	S	S	E		M		W
L		A		U		S		N		B		A
C		E		P		E				A		N
H	O	R	S	T		N	E	I	G	U	N	G

Seite 188
Bilderrätsel:
Tapete
(Triangel,
Anspitzer,
Panda,
Erdbeere,
Tube, Eier)

Pfadfinder:

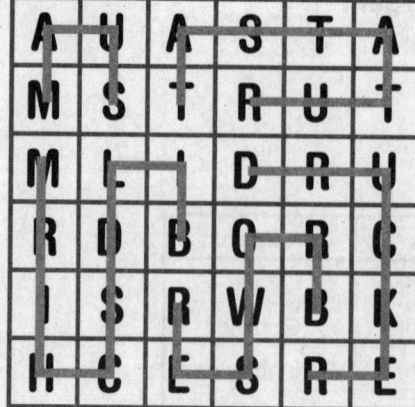

Seite 189
Scherzfrage:
Die Nase!

Seite 189
Füllrätsel:
1. pendeln,
2. sperren,
3. Kapelle,
4. rempeln,
5. trampen,
6. Gerippe

Seite 190
Domino:
Segeln,
Turnen,
Tennis,
Rudern

Spinnennetz:
Goetterspeise

Seite 191
Nur ein Wort passt!:

Seite 192

Sortierquiz:
reich

Bilderrätsel:
Abenteuer
(Lineal,
Bleistift,
Radier-
gummi,
Anspitzer,
Schultüte,
Tafel,
Rucksack
Schulheft,
Rechenschieber)

Seite 193

Buchstaben-Chaos:
Harry Potter

Quiz:
1C, 2A, 3C

Seite 194

Kreuzworträtsel:

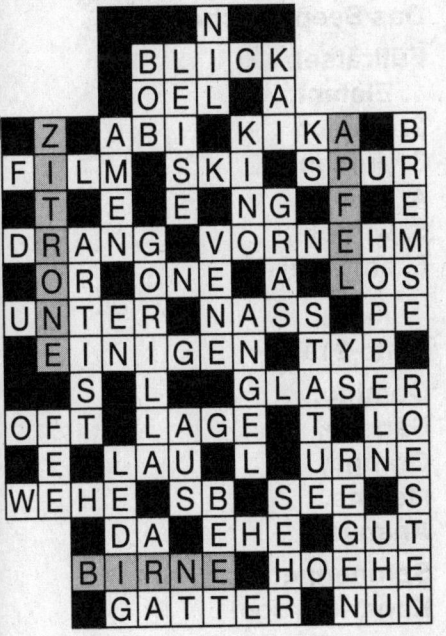

Seite 195

Buchstaben-Wirrwarr:
Buchstaben

Schild gesucht:
d) STOP

Seite 196

Logikrätsel:

Vorname	Nachname	Straße	Instrument
Christine	Schubert	Poststraße	Gitarre
Jonas	Busmann	Fliedergasse	Bass
Melissa	Graber	Rosenweg	Schlagzeug
Paul	Asmuss	Talstraße	Keyboard

Seite 197

Wort gesucht:
Nashorn

Tauschrätsel:

H	A	R	Z
H	A	R	T
H	A	L	T
K	A	L	T
K	U	L	T

Seite 198

Kreuzwort-Puzzle:

Seite 199

Schüttel-Buchstaben:
Sternenhimmel

Einer stört!:
Halle ist
kein Fluss.

Seite 200

Bilder-Kreuzworträtsel:
1–6 Stunde

Seite 201

Scherzfrage:
Die Erde
(NovembER – DEzember)

Quiz:
1C, 2A, 3B

Seite 202

Familienangelegenheit:
Sieben Kinder
(vier Töchter und
drei Söhne)!

Brückenrätsel:
Pilz, Blatt,
Buch, Kino –
Zaun

Seite 203

Rebus-Rätsel:
Roulette,
Liegestuhl,
Kirschen –
Rutsche

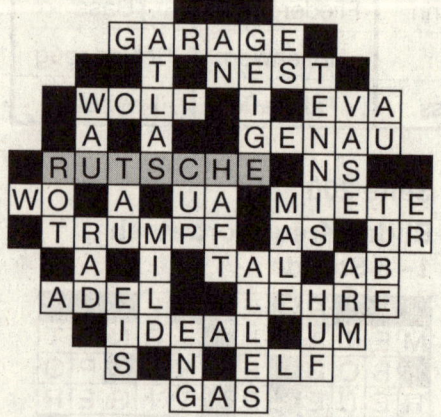

Seite 204

Bilderrätsel:
Schubkarre,
Rucksack,
Windel –
Schaukel

Karussell:
A = Rutschbahn

Seite 205

Wörtersalat:

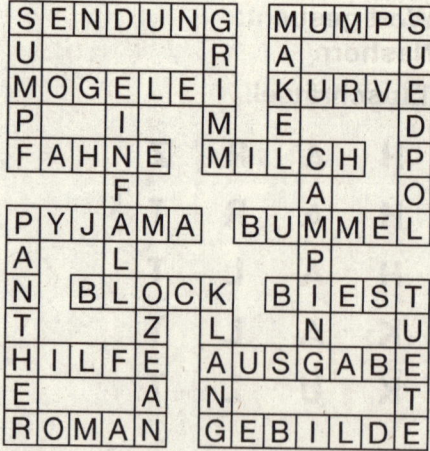

Seite 206

Teekesselchen:
Harz

Memo:
Schirmmütze,
Regenmantel,
Eierbecher

Seite 207

Gitterrätsel:

Seite 208

Bilderrätsel:
Besuch (Badelatschen,
Eichhörnchen,
Schultüte,
Uhr, Cowboy,
Höcker)

Pfadfinder:

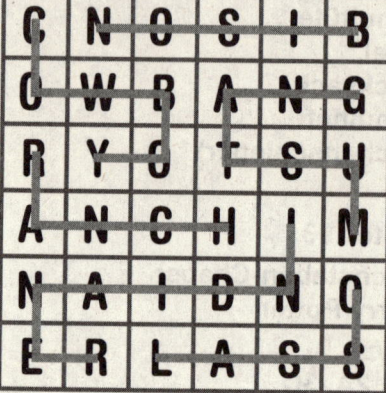

Seite 209

Scherzfrage:
Das Seepferdchen!

Füllrätsel:
1. Elefant,
2. beliebt,
3. prellen,
4. Spieler,
5. wirbeln,
6. schwuel

Seite 210

Domino:
Banane,
Orange,
Melone,
Ananas

Spinnennetz:
Kanarienvogel

Seite 211
Nur ein Wort passt!:

Seite 212
Sortierquiz:
Birne

Bilderrätsel:
Entdecker
(Brille,
Gardine/Vorhang,
Skateboard,
Badeanzug,
Fliege,
Computer,
Fackel,
Federball,
Feuerwehr)

Seite 213
Buchstaben-Chaos:
Muscheln
Quiz:
1C, 2B, 3B

Seite 214
Kreuzworträtsel:

Seite 215
Buchstaben-Wirrwarr:
Obsttorte

Lexikon-Rätsel:
Richtig!

Seite 216
Logikrätsel:

Wochentag	Wer	Hauptspeise	Nachtisch
Montag	Vater	Fisch	Eis
Dienstag	Guido	Auflauf	Pudding
Mittwoch	Verena	Bratwurst	Quark
Donnerstag	Mutter	Spaghetti	Milchreis

Seite 217
Vogelart gesucht:
1. Blaumeise,
2. Amsel,
3. Buchfink
Tauschrätsel:

K	O	R	B
K	O	R	N
K	E	R	N
K	E	I	N
N	E	I	N

Seite 218
Kreuzwort-Puzzle:

Seite 219
Schüttel-Buchstaben:
Kinderparadies

Seite 219

Einer stört!:
Das Barometer passt nicht zu den anderen, denn es misst den Luftdruck. Die anderen sind Längenmesser.

Seite 220

Bilder-Kreuzworträtsel:
1–6 lernen

Seite 221

Scherzfrage:
11 (wenn man das + zwischen 1 und 1 durchstreicht)

Quiz: 1A, 2C, 3C

Seite 222

Gut geteilt!:

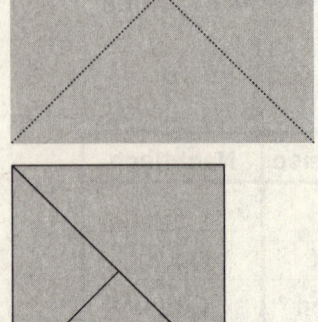

Seite 222

Brückenrätsel:
Schirm,
Reiter,
Scherz,
Welt –
Mehl

Seite 223

Rebus-Rätsel:
Mikrowelle,
Lampe,
Wasserhahn –
Kompass

Seite 224

Bilderrätsel:
Radiergummi,
Blumentopf,
Federn –
Daumen

Karussell:
P = Spielplatz

Seite 225

Wörtersalat:

```
J M U K I L B U P R P Y M F R P Z N A D
D H W S P H G E U R U Q W P G E E V X O
K V J X R R S S O D V X G J Q H P U X M
W O K Q F V S G T V J F S U K C A G S P
Y R N C E E R S D I N L B U R Y R D U T
E S G L R A A O V D A E E D V K T S O E
Y T A D M A O K S H E N G L F L F K D U
N E Z M M Z Z X G G S V H A B X J X K R
Q L N V L O R A R T X S Y R W E G C E X
J L Q A Z C W H L N E E J L T N E J M J
J U T T N K J E H C V J H N Y U H O W I
K N V T V C R R E I E W M I T N E Q A B
I G Z L G L C G B W V I Y S C Y H V W P
T C U E M N H J G E T P T F G N C W W N
S T D Z M U M A I R I S A C W L S G M S
I C E T E E H J U N F H B M I T X M G
T R W R U D J B L U G E A S N A I D J P
R I K T A X U U K Q N W P L M C E C S A
A L S J I E G D T O K M Y L L I P W J I
Y O N M N O X S R A L J J W T W Q B E M
K S M E N K N K Q K A Y S R E G I T I V
```

Seite 226

Teekesselchen:
Schale

Memo:
Tomatensalat,
Goldfisch,
Hühnerei

Seite 227

Gitterrätsel:

```
R E G E L   Z U S T A N D
A   A   I   E     P   U R
T   U   N   O     R I C
H   K N I P S E N   I   C
A   L   E   U   K E L C H
U   E   R   R   E
S T R O M       L O T T O
        U   R     A   E
P E L L E   U P   K   F
F   A   D O P P E L T   F
I   S   E   P   D L O   N
F   S   I   I   A L O   E
F R O S T I G   L E S E N
```

Seite 228

Bilderrätsel:
Verein
(Vogelnest,
Eiffelturm,
Raupe,
Ente,
Instrumente,
Netz)

Pfadfinder:

Seite 229

Scherzfrage:
In den Stollen!

Füllrätsel:
1. rechnen,
2. Predigt,
3. streben,
4. Schreck,
5. spueren,
6. Gitarre

Seite 230

Domino:
Barsch,
Zander,
Hering,
Dorsch

Spinnennetz:
Eisprinzessin

Seite 231

Nur ein Wort passt!:

Seite 232

Sortierquiz:
Freund

Bilderrätsel:
Brombeere
(Tube, Bürste,
Knopf, Schirm,
Banane, Brille,
Feuer, Robbe,
Birne)

Seite 233

Buchstaben-Chaos:
Blumen

Quiz:
1B, 2B, 3B

Seite 234

Kreuzworträtsel:

Seite 235

Buchstaben-Wirrwarr:
Vornamen

Land gesucht:
Brasilien

Seite 236

Logikrätsel:

Name	Alter	Tellerfarbe	Brotbelag
David	7	Rot	Honig
Edith	10	Gelb	Käse
Lukas	8	Grün	Aufschnitt
Paula	5	Blau	Marmelade

Seite 237

Wort gesucht:
Landebahn

Tauschrätsel:

B	A	S	T
R	A	S	T
R	O	S	T
R	O	S	E
R	O	B	E

Seite 238

Kreuzwort-Puzzle:

Z	A	H	L		L	A	C	K
A		E	I	T	E	L		I
H	E	L	D		U	L	M	E
N	I	L		S	T	E	I	L
	N		W	I	E		N	
L	I	L	I	E		B	U	S
E	G	A	L		N	A	S	E
C		G	L	E	I	S		I
K	L	E	E		E	S	E	L

Seite 239

Schüttel-Buchstaben:
Schiedsrichter

Einer stört!:
Frodo ist
eine Hauptfigur
aus „Der Herr
der Ringe".
Harry, Hermine
und Ron sind
Hauptfiguren
aus den Harry-
Potter-Romanen.

Seite 240

Bilder-Kreuzworträtsel:
1–6 Eistee

Seite 241

Scherzfrage:
Die Hand!

Quiz:
1A, 2C, 3B

Seite 242

Notenspiegel:
Rolf ist am
schlechtesten.

Brückenrätsel:
Feld, Korb,
Post, Schleier –
Dose

Seite 243

Rebus-Rätsel:
Zeppelin,
Storch,
Knoten –
Zitrone

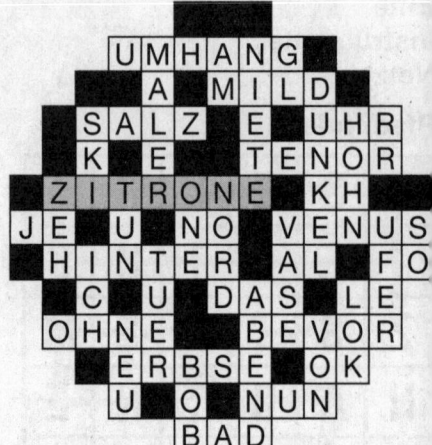

Seite 244

Bilderrätsel:
Fliegenpilz,
Astronaut,
Flamingo –
Zeitung

Karussell:
M = Himmelbett

Seite 245

Wörtersalat:

```
F W Q R H X J X S T A U C H E N V D N D
E G V O F X U Q K V E L Q V G X V K F L
D C T O E K D O B E Q N Q I V Q H X L O
P E A H R K F Y W O E D L A G Q A I U Q
L S B S I F P U P I E R F L U H C S G B
M U N C E T B G T U H H O R T S Q R Z L
P H X R N E N G F S G Q N T D L R O E Y
D J E L L I R B N E N N O S Q N D M U T
R S M T M S C H I F F A H R T A I G M
V L B M E I I W P P E O T T A M S R I R
L J J C P M P F V G X F E A M Q E N T K
X W V T O E I S K U G E L F M H Q E Y S
S H N A L H N D O A I D I P X T U D R U
N E A T P Z T O O B H C U A L H C S L A
E Z U G F A H R T L A J A V X S S K H C
O D T N C X D V K O C S I D I N I M S E
J G O Q K D R S H I Y D J R B I R P P Z
M T B N U G U Q E T R A K R H A F Y O T
N F A U H M E K F M V K M Y U X S Y Y I
T P H D J D R F Z U S S I D A E J B B H
B V N B Q W A G R U B D N A S I Q R V L
```

Auflösungen

Seite 246

Teekesselchen:
Star

Memo:
Ritterburg,
Apfelkuchen,
Piratenschiff

Seite 247

Gitterrätsel:

Seite 248

Bilderrätsel:
fragen
(Flugzeug,
Rutsche,
Ameise,
Gabelstapler,
Elch, Neun)

Pfadfinder:

Seite 249

Scherzfrage:
Matrosen!

Füllrätsel:
1. Lenkung,
2. klebrig,
3. Telefon,
4. Tablett,
5. erholen,
6. Pistole

Seite 250

Domino:
Kirsche,
Limette,
Zitrone,
Pflaume

Spinnennetz:
Mundharmonika

Seite 251

Nur ein Wort passt!:

Seite 252

Sortierquiz:
Keller

Bilderrätsel:
Zeltplatz
(Pizza, Fenster,
Zwiebel, Arzt,
Antilope,
Liegestuhl,
Tomate, Blitz,
Herz)

Seite 253

Buchstaben-Chaos:
Schlafsack

Quiz:
1A, 2A, 3B

Seite 254

Kreuzworträtsel:

Seite 255

Land gesucht:
Dänemark

Seite 255
Buchstaben-Wirrwarr:
Abenteuerroman

```
S U N A R U A B M
S E N L N E S N E
S T T L E N A U R
U R E E T N T T K
N M A R E O U P U
E O U M N S R E R
V N E R A R N N O
M D A N L E R D E
O T U L P A S A N
```

Seite 256
Logikrätsel:

Platzierung	Farbe	Kind vorne	Kind hinten
1	Braun	Lisa	Marcel
2	Rot	Luka	Jan
3	Blau	Bahar	Marlene
4	Grün	Conner	Anne

Seite 257
Beruf gesucht:
Schornsteinfeger
Tauschrätsel:

L	A	N	D
L	I	N	D
K	I	N	D
K	I	N	O
K	I	L	O

Seite 258
Kreuzwort-Puzzle:

```
S   B   S E C H S
T A U F E   A   A
A   B U E C K E N
B E E T   H E R D
    B   T E E   L
H E F E   F R E I
E N E R G I E   G
L   L   A N G E L
M A L E R   E   U
```

Seite 259
Schüttel-Buchstaben:
Elefantenherde

Einer stört!:
Das Wort Abtei
passt nicht zu
den anderen.
Eine Abtei ist
ein Kloster.
Die anderen
sind Gebets-
häuser.

Seite 260
Bilder-Kreuzworträtsel:
1–6 Kaiser

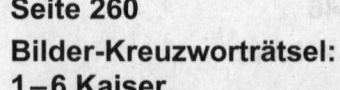

```
          R   O     A     B
A B R E C H N E N   E S
  R E D   N A R K O S E
H O H N   E   N E     T
  S   E R   S T R E I K
S C H R A N K E   N E U
H E   P L A N E T   F
W E I S S   L   E H E
    S   H A S E     I
  F E I G E   I D E E
D A R M   F P   N E R V
L   B E T O N   C   A
S T E I F   P A R K A
  E I S E N   M A E R Z
N   S U C H E   L A U
```

Seite 261
Scherzfrage:
Die Schaufeln!
Quiz:
1B, 2A, 3C

Seite 262
Das große Konzert!:
Drei Minuten,
denn ein Musik-
stück wird
dadurch nicht
länger, dass es
von weniger
Musikern
gespielt wird!
Brückenrätsel:
Bett, Bau,
Sahne, Arzt –
Tanz

Seite 263

Rebus-Rätsel:
Akkordeon,
Kleid,
Kirche –
Dreieck

Seite 264

Bilderrätsel:
Spinnennetz,
Flusspferd,
Klavier –
Stiefel

Karussell:
R = Bescherung

Seite 265

Wörtersalat:

```
F Q G K C S R S P Q B O T D P H S G H J
S I L E Y S S E R P X E L A N O I G E R
Y K E S P I N R L C R U S O S Q W L B A
Q J T G P A F R E N F F A H C S U E B M
N X S R G E E Y L M L B U J D D R F Y R
Y X N J Q F T C H U P K H I O W A B E
P O H I V F X K K R F K C E M U W T X U
O H A I E W J G D N J X S B N K E S D T
H B B B Y X U B B N E E I P Z N E T F S
N A X I R Z I V O R L T N N D P S R C G
H P O J T S U T E L B F Z E L N M H F E
A M D H T G B R O X C G R Y A P A E I
B S C R D R H K H M H V H Q F S C F R T
X A Q U E E O M S L U R G R R J H B E S
N X K M U M T C L X N A G S H U T A H
V U S F O J G K R E W L L E T S F V E I
T E K T X K H L A S I B B B X I E F B E
J O I T T R T D E E V A I X R Z S S E K
L V D X J Q U K T I O W K L O A Q K B R
E M Q N B O Q B H N S O S C H R A N K E
P Y L M R L A B Y Y L V C T J S S Y T R
```

Seite 266

Teekesselchen:
Mutter

Memo:
Cowboyhut,
Weltkarte,
Käsefuß

Seite 267

Gitterrätsel:

Seite 268

Bilderrätsel:
feiern
(Fuß, Esel,
Igel, Erbse(n),
Rock, Nudeln)

Pfadfinder:

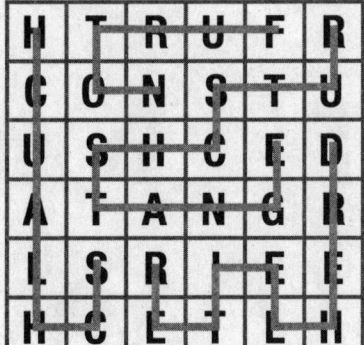

Seite 269

Scherzfrage:
Die Apotheke

Füllrätsel:
1. Ali Baba,
2. Malerei,
3. knallen,
4. Koralle,
5. eiskalt,
6. Skandal

Seite 270

Domino:
Mikado,
Puzzle,
Schach,
Domino

Spinnennetz:
Wasserrutsche

Seite 271

Nur ein Wort passt!:

Seite 272

Sortierquiz:
Pfote

Bilderrätsel:
Schwimmer
(Schnecke, Schrank,
Fisch, Schwert,
Zitrone, Schneemann,
Wohnmobil, Dusche,
Giraffe)

Seite 273

Buchstaben-Chaos:
Nordsee

Quiz:
1A, 2A, 3B

Seite 274

Kreuzworträtsel:

Seite 235

Buchstaben-Wirrwarr:
Europa

Land gesucht:
Schweden

Buchstaben-Chaos:
Schatzkiste

Seite 304

Buchstaben-Chaos

Der Pirat hält fieberhaft nach etwas Ausschau. Was er sucht, erfährst du, wenn du die Buchstaben in die richtige Reihenfolge bringst.